宁夏珍稀方志丛刊　胡玉冰◇主编

国家社会科学基金项目「宁夏地方文献整理与研究」成果

乾隆 银川小志

柳玉宏◇校注

中国社会科学出版社

圖書在版編目（CIP）數據

（乾隆）銀川小志／柳玉宏校注．—北京：中國社會科學出版社，2015.10
ISBN 978 - 7 - 5161 - 6284 - 2

I. ①乾… Ⅱ. ①柳… Ⅲ. ①銀川市—地方志—清代 Ⅳ. ①K294.31

中國版本圖書館CIP數據核字（2015）第131028號

出 版 人	趙劍英
選題策劃	張　林
責任編輯	張　林
特約編輯	鄭成花
責任校對	韓海超
責任印製	戴　寬

出　　版	中國社會科學出版社	
社　　址	北京鼓樓西大街甲158號	
郵　　編	100720	
網　　址	http://www.csspw.cn	
發 行 部	010 - 84083685	
門 市 部	010 - 84029450	
經　　銷	新華書店及其他書店	
印　　刷	北京市大興區新魏印刷廠	
裝　　訂	廊坊市廣陽區廣增裝訂廠	
版　　次	2015年10月第1版	
印　　次	2015年10月第1次印刷	
開　　本	710×1000　1/16	
印　　張	11.75	
插　　頁	2	
字　　數	202千字	
定　　價	46.00元	

凡購買中國社會科學出版社圖書，如有質量問題請與本社營銷中心聯繫調換
電話：010 - 84083683
版權所有　侵權必究

總　　序

胡玉冰

　　地方舊志在中國傳統的古籍"四分法"中屬於史部地理類，但它所記載的內容遠遠超出了歷史學、地理學範疇，舉凡政治、經濟、語言、文學等亦多有涉及，故舊志往往被稱為一地之全史，其學術研究價值也就不言而喻。對舊志進行規範整理與研究，既有助於準確理解其內容，也有助於客觀分析其價值，從而達到古為今用、推陳出新的目的。規範的舊志整理會為今人研究提供極大的便利，否則就會有誣古人，貽誤後人。開展陝甘寧三省地方舊志整理與研究工作，是以筆者為學術帶頭人的學術團隊長期堅持的學術方向。2012年，筆者著《寧夏地方志研究》由中國社會科學出版社正式出版。該書首次對寧夏舊志進行了系統全面的研究，基本摸清了寧夏舊志的家底，尤其梳理清楚了寧夏舊志的版本情況。同年，筆者主持的"寧夏地方文獻整理與研究"獲批為國家社科基金重點項目。以此為契機，筆者提出了全面整理寧夏舊志的科研設想，計劃用三年左右（2015—2018）的時間，將傳世的寧夏舊志全部規範整理，成果分批出版，匯編為叢書《寧夏珍稀方志叢刊》。

　　自元迄清，嚴格意義上的寧夏舊志有38種，[1] 傳世的寧夏舊志有33種，[2] 其中9種為孤本傳世。寧夏舊志中，元代《開成志》成書時代最早，惜已亡佚，完整傳世者最早編修於明代，清代編成者傳世數量最多。傳世舊志中，成於明代者6種，成於清代者20種，成於民國者7種。從

---

[1] 參見胡玉冰《寧夏地方志研究》，附錄一《寧夏地方文獻（舊志）基本情況一覽表》，中國社會科學出版社2012年版，第524頁至527頁。

[2] 參見胡玉冰《寧夏地方志研究》，附錄二《傳世的寧夏地方文獻（舊志）基本情況一覽表》，中國社會科學出版社2012年版，第528頁至529頁。

舊志編纂類型看，有通志7種，分志（州志、縣志）26種。除中國外，日本、美國等也藏有寧夏舊志。日藏數量最多，種類較全，8家藏書機構共藏有13種原版舊志，其中兩種為孤本，主要通過商貿活動與軍事掠奪這兩種方式輸入寧夏舊志。寧夏舊志整理研究工作主要始於20世紀80年代，在文獻著錄、綜合或專題研究、文本整理刊佈等方面取得了一定的成就，[1]為寧夏文史研究奠定了資料基礎。但也要實事求是地認識到，隨著各種與寧夏有關的新資料的不斷發現，尤其是多學科研究視角的不斷創新，已有成果中存在的諸多不足越來越明顯。如在文獻著錄時因部分舊志未能目驗，或者學術見解不同，致使著錄內容存在分歧甚至錯誤。研究成果多為概括性、提要式介紹，多角度、多學科深入分析的成果缺乏。整理成果只是部分解決了舊志存在的文字或內容問題，整理方法不規範、質量不高的現象較為突出。學術發展的需要，要求舊志整理要更加規範化，整體質量要進一步提高。整理研究寧夏舊志，需要科學的理論與方法來指導。在充分吸收他人學術經驗的基礎上，通過整理研究實踐工作，我們也形成了一些自己的認識，在此想總結出來，與大家一起探討。

一　整理前的準備工作

整理舊志，前期需要全面了解整理對象，對其編修者、編修經過、主要內容、文本的語言風格、版本傳世情況等要深入研究。規範整理舊志，要以扎實的研究成果為基礎，以便選擇最佳底本，準備合適的參校文獻，制定規範的整理方法。

（一）確定整理對象

為保證舊志整理工作的順利開展，提高工作效率，確定整理對象是正式開始舊志整理前首先要做的，也是必須要做的工作。確定整理對象時，要綜合分析其學術價值、史料價值、傳世情況及今人閱讀理解該對象的困難程度等，一方面要認真通讀原作，另一方面，要同步查檢古今目錄文獻對原作的著錄情況。

---

[1] 參見胡玉冰《寧夏地方志研究》，附錄三《寧夏舊志整理出版情況一覽表》、附錄四《寧夏舊志及其編纂者研究論文索引》，中國社會科學出版社2012年版，第530頁至542頁。

通讀原作，有助於全面了解志書的內容及其史源、結構體例及其語言特點等情況。對內容及其史源的了解，可以幫助我們確定該志有無整理的必要。如傳世的民國十四年（1925）朱恩昭修纂 6 卷本《豫旺縣志》一直被學界當作寧夏同心縣重要的地方文獻在利用。實際上，這部舊志是撮抄之作，並非編者獨立編修。編纂者直接把（民國）《朔方道志》中與同心縣前身鎮戎縣有關的內容撮抄出來，參考《朔方道志》的體例，再雜以（光緒）《平遠縣志》的部分內容，把資料匯為一編，取名《豫旺縣志》行世。在明晰了《朔方道志》與《豫旺縣志》的關係後，我們認為沒有必要再整理《豫旺縣志》，只需將《朔方道志》整理出來即可。

對舊志結構體例的了解有助於對舊志存真復原。如天津古籍出版社 1988 年版《寧夏歷代方志萃編》、海南出版社 2001 年版《故宮珍本叢刊》等叢書都影印出版了明朝楊壽等纂修的（萬曆）《朔方新志》，所據底本原有補版塊象，某些版面的內容重複，特別在卷二有幾處嚴重的錯頁、錯版現象，天津、海南的影印本都未能給予糾正。這些問題若不能發現，整理成果就會出現內容錯亂現象。

每種舊志的編修都有其具體的時代背景，舊志的語言與內容一樣具有時代性，通讀舊志，了解其語言特點，掌握其語言規律，有助於更好地開展標點、分段工作。凡古籍，遣詞造句都有一定的時代風格和特點，只要其內容或文字無誤，就不能按當代行文習慣或理解對原文進行增、刪、改等，否則就是替古人寫書。有些舊志語句原本就是通順的，符合特定時代的語言規範，若整理者在原志語句中隨意增加"之""於""以"等字，看似符合當代人的閱讀習慣了，實則畫蛇添足。

同步查檢古今目錄文獻對舊志原作的著錄情況，將著錄內容與通讀舊志時了解的情況相對照，一方面，可以加深對舊志基本情況的了解，使得對舊志的了解更具條理性。另一方面，可以驗證著錄是否準確，糾正存在的問題，以求對舊志基本信息的了解更符合實際。如朱栴編修的《寧夏志》，明朝周弘祖編《古今書刻》上編中就有著錄，這是目錄學著作中最早著錄《寧夏志》的。張維 1932 年編《隴右方志錄》時，據（乾隆）《寧夏府志》所載內容著錄《寧夏志》，由於他未經眼《寧夏志》，以為該書已佚，故著錄其為佚書，且將書名誤著錄為《永樂寧夏志》，《寧夏地方志存佚目錄》《稀見地方志提要》等，都沿襲了張維的錯誤。較早披露日藏《寧夏志》信息的是《日本主要圖書館研究所所藏中國地方志總合目録》，但將"朱㭎"誤作"朱栯"。《中國地方志聯合目録》《寧夏地方文獻聯合目録》《甘肅省圖書館藏地方志目録》《中國地方志總目提要》等對《寧夏志》也作了著録或提要。其中《中國地方志聯合目録》以《寧夏志》重刻時間定其書名爲《萬曆寧夏志》，巴兆祥《中國地方志流播日本研究》下編《東傳方志總目》沿襲此說。

（二）了解整理對象的研究現狀

確定整理對象，並對其有基本的認識和了解後，還需要梳理、分析整理對象的學術研究現狀，主要包括目録著録、研究論著、整理成果等三方面的信息。

1. 目録著録

查檢古今目録的著録内容，可以對舊志修纂者、卷數、流傳、内容、館藏、版本等情況有基本的了解。對著録的每一條信息，都要結合原志進行核查，發現問題，一定要深入研究。如《中國地方志聯合目録》《甘肅省圖書館藏地方志目録》均著録了一部（乾隆）《平凉府志》，爲"清乾隆間修，光緒增修，抄本"。[①] 此書孤本傳世，原抄本藏於南京圖書館，甘肅省圖書館有傳抄本，筆者在開展陝甘舊志中寧夏史料輯校工作時，最初設想把此志作爲重要的參校文獻。國家圖書館出版社 2012 年版《南京圖書館藏稀見方志叢刊》第十五和第十六册即爲《平凉府志》。筆者通過研究發現，古代目録書中没有著録過乾隆時期編修的《平凉府志》，且乾隆以後的平凉各舊志的編纂者也未曾提到過乾隆時期編修《平凉府志》一事，通過對比發現，南圖藏本實際上是撮抄（乾隆）《甘肅通志》中的平凉府部分而成，且成書時間不會早於同治十三年（1874），故其雖爲孤本，但無校勘整理價值，所以我們放棄了以此書做參校本的最初設想。

2. 研究論著

充分梳理、分析他人對整理對象的研究成果，一方面，可以使我們清晰地看到學界對整理對象研究的角度及深入程度，避免重複勞動。另一方面，發現已有成果中存在的問題，結合自己的研究糾正這些問題，提高對整理對象的研究水準。如現藏於日本東洋文庫的海内外孤本（光緒）《寧

[①] 中國科學院北京天文臺編：《中國地方志聯合目録》，中華書局 1985 年版，第 212 頁。

靈廳志草》是研究寧靈廳的一手材料，張京生最早撰文研究，① 巴兆祥研究最爲詳實，② 胡建東、張京生提供了整理文本。③ 各家整理研究各有優長，部分整理研究成果亦多值得商榷之處。通過研究，我們的結論是：該本係編纂者稿本，正文内容有 67 頁。是書類目設置上全同《甘肅通志》，撰寫方法及輯録内容則多同（嘉慶）《靈州志蹟》。因其非定稿，故編修體例、内容、文字等方面尚需進一步完善、充實、修訂，但其在研究寧靈廳歷史、地理、經濟、教育、語言等方面的價值還是應該值得肯定。

3. 整理成果

充分重視研讀已有的整理成果，可以幫助我們了解目前整理所達到的水準，明確重新整理所要達到的目標。如《寧靈廳志草》出版過兩種整理本，通過比較研究，我們發現，兩種整理本在整理體例、整理方式、整理結論等方面都存在缺憾。兩書出現多處標點錯誤，誤識原抄本文字，任意剪接原書内容，變亂原書體例，校勘粗糙，原稿中的多處錯誤未能校出，注釋不嚴謹，出現多處誤注現象，等等。有鑒於此，儘管《志草》已出版了兩種整理本，但我們決定還是要重新整理它。

（三）確定底本，選擇參校本及其他參考文獻

通過查檢目録著録，實地開展館藏調查，將目驗的各本進行分析比較，梳理出舊志的版本系統後，最終確定一種爲工作底本。原則上，底本當刊刻或抄録質量較優，内容最全。底本確定後，還要確定一批參校本和他校資料。一般而言，若舊志版本系統不複雜，建議將傳世各本都列爲參校本，以最大限度地發現底本中存在的問題，整理出最優的文本。

他校資料的選擇，在通讀舊志時就開始着手進行。整理者可在通讀原本的基礎上，將舊志中明確提到的他書文獻進行梳理，列爲基本參考文獻，並在其後的整理實踐中不斷充實、完善。他校資料的確定，有的可以根據舊志本身提供的信息來選擇。如《弘治寧夏新志·凡例》言："宦蹟在前代者據正史，在國朝者序其時之先後而不遺其人，備參考也。"這就

---

① 張京生：《〈寧靈廳志草〉考述》，《圖書館理論與實踐》1992 年第 1 期；《歷史的見證——日本藏清稿本〈寧靈廳志草〉的學術價值探析》，《圖書館理論與實踐》2008 年第 6 期。

② 巴兆祥：《日本藏孤本寧夏〈寧靈廳志草〉考述》，《寧夏社會科學》2002 年第 5 期。

③ 《寧靈廳志草》，寧夏人民出版社 2008 年版胡建東整理本；陽光出版社 2010 年版張京生整理本。

提示我們，校勘《弘治寧夏新志》的《人物志》《宦蹟》時，一定要以正史如《史記》《漢書》等為他校材料。《凡例》又說："沿革、赫連、拓跋三《考證》，悉據經史及朱子《通鑒綱目》、本朝《續綱目》摘編。"這提示我們，《弘治寧夏新志》的三卷考證內容，必須要以宋朝朱熹、趙師淵撰《資治通鑒綱目》、明朝商輅撰《續資治通鑒綱目》為基本的對校資料。《凡例》之後的《引用書目》列舉了編修《弘治寧夏新志》所引的42種文獻，基本按引書成書時代排序。這些文獻，只要有傳世，就一定要將其列入參考文獻之中，因為它們都是《弘治寧夏新志》最直接的史料來源。

選擇他校資料時，切不可畫地為牢，只關注某一地區，而是要結合一地的地理沿革情況，擴大他校資料的搜集範圍。歷史上，西北地方陝甘寧三地的地緣關係和政治、文化等關係都非常密切。寧夏在明朝隸屬陝西布政使司管轄，在清朝則隸屬甘肅省管轄，成於明清時期的陝西、甘肅地方文獻特別是舊地方志中，散見有非常豐富且重要的寧夏歷史資料。（嘉靖）《陝西通志》、（萬曆）《陝西通志》、（康熙）《陝西通志》等三志是陝西舊通志中寧夏史料最豐富者。（嘉靖）《平涼府志》所載明朝固原州、隆德縣史料非常系統、豐富。（乾隆）《甘肅通志》、（宣統）《甘肅新通志》是甘肅舊通志中寧夏史料最豐富者。上述六種陝甘舊志中的寧夏史料，為明清寧夏舊志編纂提供了最豐富、最系統的基本史料。明清寧夏舊志多因襲陝甘通志的材料和編纂體例。如寧夏（萬曆）《朔方新志》自（嘉靖）《陝西通志》取材，嘉靖、萬曆《固原州志》自（嘉靖）《平涼府志》取材，（光緒）《花馬池志蹟》自（嘉慶）《定邊縣志》取材，（乾隆）《寧夏府志》、（民國）《朔方道志》從體例到內容分別受（乾隆）《甘肅通志》、（宣統）《甘肅新通志》的影響，等等。同時，明清時期的寧夏舊志也是研究陝甘文史、整理陝甘舊志的重要資料，如明朝正德、弘治、嘉靖三朝《寧夏志》成書時間均早於（嘉靖）《陝西通志》，都可為整理後者提供重要的參校資料。所以，整理陝、甘、寧任何一省的舊志，尤其是通志及相鄰地區的舊志，確定他校資料一定要同時關注另外兩省的舊志資料。

另外，出土文獻和檔案材料也是重要的他校資料，過去的研究者均未予重視。如慶靖王朱㮵之名，文獻中還出現過"朱栴""朱㮵"等兩種寫法，筆者據出土於寧夏同心縣的《慶王壙志》，結合明清傳世文獻，考證認為，慶王之名當為"朱㮵"而非"朱栴"，更非"朱㭎"。再如，《寧夏府志》卷十三《人物》載，寧夏鄉賢謝王寵"壽七十三卒"，而據寧夏靈武出土的《清通義大夫謝觀齋墓誌銘》載，謝王寵生於康熙十年（1671），卒於雍正十一年（1733），享年六十三（虛歲），故可據以改正《寧夏府志》記載的錯誤。

（四）編寫校注說明

校注說明的主要作用有二，一是規範整理方法，二是方便利用整理成果。校注說明要扼要、準確，方法力求易於操作，切忌繁瑣。一篇規範的校注說明是需要反復完善的。舊志正式整理之前，可先據常規的古籍整理規範，就標點、注釋、校勘等工作草擬出基本的校注要求，選擇部分舊志內容先開展預備性整理工作。再結合遇到的具體問題，對校注說明不斷完善。凡多人合作開展舊志整理工作，或在相對固定的時間內整理多部舊志時，校注說明的這些完善步驟尤其重要。必要時，可選擇典型問題，集體討論，形成統一意見。待整理方法合乎規範、易於操作之後，再最後定稿校注說明，讓它成為大家都要遵守的原則要求，不能輕易改變。

二　整理的具體環節及方法

整理的前期準備工作結束後，就進入具體的整理環節了。下面主要從"錄文""標點""校勘""注釋"等幾方面談談具體的整理方法。

（一）錄文、標點

具體整理舊志的第一個環節就是錄文。高質量地將底本文字轉錄為可以編輯的文檔，可以有效減少由出版機構照原手稿重新錄排造成的錯誤。一般來說，錄文要求在內容上一仍底本原貌（包括卷帙、卷次、文字、分段等），不改編，以保持內容的原始性、完整性和獨立性，便於整理者與底本對校。將以繁體字出版的舊志，特別需要重視底本存在的異體字、俗體字、通假字、古今字等用字現象，除因特殊的出版要求外，志書原字形不當以意輕改。如有的整理者改"昏"為"婚"，改"禽"為"擒"，改"地里"為"地理"，等等，均顯係誤改。利用軟件進行繁簡字轉換時，要注意其識別率。有些簡體字，軟件無法將其轉換成繁體字，有些甚至會轉換錯誤，如動詞"云"誤轉作"雲"，地支"丑"誤轉作"醜"，職官名"御史"誤轉作"禦史"，表示距離的"里"誤轉作"裏"。因出版要求，還要注意新舊字形問題，如"戶""呂""吳""黃""彥"等為舊字形，相對應的新字形則是"户""吕""吴""黄""彦"。舊志用字，常有字形前後不一現象，如"強、彊、强""蹟、跡、迹""敕、勅、勑""為、爲"等幾組字，可能會在同一部舊志中交替出現，這類字的字形統一當慎重。整理時原則上遵從舊志原版的用字習慣，盡量用原書字形（俗字或異體字）。多種字形混用者，可統一為出現頻次較多的字形。但有的整理者將"並、幷、竝、併""采、彩、綵、採""升、陞、昇"三組字分別統改為"並""采""升"，就很值得商榷了。

不同的字形，若有其特殊的用途或意義，就不能隨意地合并統改。特別是地名用字，一定不能以今律古。如寧夏平羅縣之"平羅"係清朝開始使用的地名用字，（萬曆）《朔方新志》卷一《地理》中作"平虜"，（康熙）《陝西通志》卷二《疆域·寧夏衛》避清朝諱改作"平羅"。整理時不能將《朔方新志》的"平虜"改為"平羅"，因為明朝原本就叫"平虜"，清朝因避諱而改，因此不能因其今名而改動明朝舊志的地名用字。同樣，整理清朝舊志，就需要把明朝的地名回改為當時的用字。如《乾隆寧夏府志》卷二《地里·疆域·邊界》"北長城"條"雖有平虜城""以故於平虜城北十里許"兩句，"平虜"原均作"平羅"，當據《朔方新志》卷二《外威·邊防》回改為"平虜"。

整理者錄文時對文稿要做一定的文檔編輯工作，認真閱讀原志，合理區別內容層次及隸屬關係，規範標注各級標題。舊志常用不同的版式風格和大小字體來區分不同類型的內容，錄文時要給予充分的考慮。舊志常用不同類型的符號來標示內容的層級隸屬關係，充分理解了這一點，有助於錄文時對內容進行分段。舊志原版中多雙行小字，有的雙行小字是補充說明性質的文字，有的雙行小字是解釋性文字。錄文排版舊志原版中的雙行小字，若字體、字號同正文文字，就有可能使讀者不能正確判斷原志內容的隸屬關係，有的還可能造成標點符號的混亂，影響對文意的理解。故錄文時，最好以不同的字體、字號把舊志原版雙行小字與正文區別開來。

處理舊志中的地圖等圖像文獻時要注意，舊志往往不用一整幅版面來呈現完整的圖像，而是分兩個半版來呈現，今人整理時最好能將其合二為一。合成後的圖像文獻盡可能保持版面清晰，必要時可將原版中模糊不清的字蹟、綫條等修飾清晰，以便他人的正確利用，但有一個原則，那就是不能以意亂改。不要改變原字體，不能改變原綫條走向等，盡量保持原版原貌。有些整理者會請專業的繪圖人員照舊圖另外繪製新圖，上述原則也應該遵守。修飾原版中模糊不清的文字時，盡量結合正文中的相應内容如《疆域》《城池》等内容，避免出錯。

舊志標點，可根據現行標點符號的用法，結合古籍整理的通例，進行規範化標點，具體可參考中華書局編寫的《古籍校點釋例（初稿）》（原載《書品》1991年第4期）。爲統一舊志的標點工作，某些要求可以細化。如整理寧夏舊志時統一規定，凡原書中用以注明具體史料出處的"通志""府志""郡志""縣志""新志""舊志"之類，能考證確定所指文獻者，在正文中均加書名號，標點作《通志》《府志》《郡志》《縣志》《新志》《舊志》，並腳注說明具體所指文獻。如："府志：指（乾隆）《寧夏府志》。"凡不能確定具體所指者，則不加書名號，亦腳注說明。如："縣志：具體所指文獻不詳。"

（二）注釋

以往舊志整理，多注重對疑難字詞、典故、人名、地名等的注解，爲進一步提高舊志的利用價值，還應加强以下幾方面内容的注釋工作：

1. 史料出處的注釋。舊志於行文中有時會注明史料出處，但無定制，如朱栴《寧夏志》卷上《河渠》所引史料出處包括："酈道元水經""周禮""西羌傳""唐吐蕃傳""李聽傳""地理志""會要""元和志""元世祖紀""張文謙傳""郭守敬傳"等，考諸其文，分别指酈道元《水經注》、《周禮·地官司徒·遂人》、《後漢書》卷八七《西羌傳》、《新唐書》卷二一六下《吐蕃傳》、《新唐書》卷一五四《李晟傳附李聽傳》、《新唐書》卷三七《地理志》、《唐會要》、《元和郡縣圖志》、《元史》卷五《世祖本紀》、《元史》卷一五七《張文謙傳》、《元史》卷一六四《郭守敬傳》，如果整理者不對其引文細加考究並給予注明，讀者恐怕很難判斷引文的具體出處。

2. 原文體例中資料互見者的注釋。地方舊志行文時，常常會出現"見前""見《進士》""見《藝文》""詳見《人物》""詳見《鄉賢》"等字樣，對這些内容進行注釋，一方面可以驗證原志記載是否可信，另一方面，省去讀者查檢之勞。

3. 干支紀年及缺省內容的注釋。舊志紀年多以干支為主，有的会承前省略帝王年号，有些行文中常常不出現人物全名，只稱某公，或只稱其職官名，具體年代及人物在原文中沒有交代，故整理者當結合上下文來注釋，以幫助讀者正確理解。如多種寧夏舊志中均收錄有唐朝楊炎《靈武受命宮頌并序》一文，其中有"丁卯，廣平王俶、太尉光弼、司徒子儀、尚書左僕射冕、兵部尚書輔國"句。"丁卯"指何時，廣平王等具體指何人，若不熟悉該序寫作時間及歷史背景的話，很難搞清楚。整理者通過查檢文獻注明，"丁卯"即唐玄宗李隆基開元十五年（727），人物分別指廣平王李俶、太尉李光弼、司徒郭子儀、尚書左僕射裴冕、兵部尚書李輔國，這樣的說明顯然有助於更好地理解原文。

（三）校勘

以往寧夏舊志的整理本中，有價值的校勘成果非常少見，由此更說明，舊志整理一定要加強校勘工作。校勘的方法，常用的是校勘四法，即對校、本校、他校、理校，此四法往往需要綜合運用，不能只是简单地運用其中的某一種方法。筆者校勘《寧夏志》卷上《祥異》"永樂甲戌歲金波湖產合歡蓮一"句，查明成祖"永樂"年號紀年干支名（自癸未至甲辰，1403—1424）中無"甲戌"。《寧夏志》卷下《題詠》錄有凝真（朱栴之號）七律《戊戌歲金波湖合歡蓮》一首，所詠即為永樂年間金波湖出"祥瑞"合歡蓮一事。故知"永樂甲戌歲金波湖產合歡蓮一"句中"甲戌"當作"戊戌"，永樂戊戌歲即永樂十六年（1418）。

古籍整理要充分吸收已有研究成果，以最大限度地減少原始文本中存在的錯誤，避免利用者以訛傳訛。朱栴編修《寧夏志》卷下錄有兩篇重要的西夏文獻，其中《大夏國葬舍利碣銘》有"大夏天慶三年八月十日建"句，朱栴考證後認為，葬舍利時間"乃夏桓宗純佑天慶三年、宋寧宗慶元二年丙辰也"。寧夏舊志編者甚至許多當代學者都認同這一結論。據牛達生《〈嘉靖寧夏新志〉中的兩篇西夏佚文》考證，"天慶三年"句當作"大慶三年"，故朱栴的考證結論當改作"乃夏景宗元昊大慶三年、宋仁宗景祐五年戊寅也"。

校勘所用他校資料不能失之過簡，亦不能失之過濫，某些關係明確的他書資料當作為重要的他校資料重點利用，如《寧夏府志》大量內容來自（萬曆）《朔方新志》和（乾隆）《甘肅通志》，我們就要將這兩種舊志作爲《寧夏府志》最主要的他校資料。關於這一點，可以結合整理前要進行參校文獻篩選工作來理解。校勘成果的表達要規範、簡練，術語使用要準確。校勘時凡改必注，改動一定要有堅實的證據，否則只出異文即可。

三 整理研究舊志規範

（一）整理力求存真復原

整理舊志，不能變亂舊式，隨意在原文中增加原本没有的文字内容，切忌以今律古。舊志，特别是明清舊志，都有一定的編修體式，不應隨意去變亂它。如許多舊志每條凡例之前都會有"一"這一符號，以使凡例眉目清晰，可有的整理者誤認爲其爲序號，將其改成阿拉伯數字或漢語數目字等。有舊志整理者爲便於讀者統計，往往在山名、河名、人名、詩題、文題等之前添加序數詞，看似眉目清晰了，實則違反了古籍整理的原則。實際上，古人在刻舊志時，往往有一套符號系統表示層次及隸屬關係，今人的隨意增加，實在有畫蛇添足之嫌。更有甚者，會調整原書内容的次序、位置，任意删併原志，這就完全變成是當代整理者編修的地方志了。宋人彭叔夏在其《文苑英華辨證自序》中記載："叔夏嘗聞太師益公先生（指宋人周必大）之言曰：'校書之法：實事是正，多聞闕疑。'"舊志整理要力求做到存真復原，按照一定的整理原則對舊志進行規範的整理。

（二）研究需要實事求是

評價舊志，一定要事實求是，充分了解舊志編纂的時代性特點，不可苛求古人、求全責備。評價一部舊志的價值，常常從體例、内容兩方面着手，而内容猶重。譚其驤先生曾說過："舊方志之所以具有保存價值，主要在於它們或多或少保留了一些不見於其他記載的原始史料。"[1] 這實際上要求我們，在評價舊志内容價值時，要區別看待，只有獨見於志書的内容價值才更高些，而那些因襲其他志書，或者自其他史書中摘抄的内容，

---

[1] 譚其驤：《地方史志不可偏廢，舊志資料不可輕信》，載《中國地方史志論叢》，中華書局 1984 年版，第 12 頁。

其價值就要另當別論了。如寧夏舊志，其科舉、賦稅、公署、學校、藝文等資料多獨見於志書者，而人物類資料多自他志承襲，評價內容價值時，就要慎言人物類資料的價值。另外，寧夏舊志承襲前代史料時多未加以辨別考證，致使其中的錯誤也被承襲，甚至錯上加錯。如隋朝人柳彧徙配地在"朔方懷遠鎮"，自明朝《弘治寧夏新志》始，一直被作為流寓寧夏的歷史名人而載之史冊。明朝胡侍《真珠船》"懷遠鎮"條考證認為，柳彧徙配地"朔方懷遠鎮"在遼東，與今寧夏無關。《弘治寧夏新志》《嘉靖寧夏新志》《嘉靖陝西通志》《朔方新志》等均誤以為柳彧流放在今寧夏故地，故載柳彧為寧夏流寓者。（乾隆）《甘肅通志》亦襲其說。過去研究寧夏舊志者都僅限於舊志本身談其價值，沒能從史料流傳上分析其價值。如評價《銀川小志》內容及學術價值時，有學者認為該志幾乎將與寧夏有關的歷代詩文全部輯錄在志書中，所輯錄的水利、學校、風俗等資料都很有研究價值，等等，這些觀點值得進一步商榷。實際上，《銀川小志》相當多的內容都是照錄明朝人所編寧夏舊志，並非汪繹辰的獨創。從內容的完整性和全面性來看，該志尚不能與明朝所編的寧夏舊志相比。有學者認為，寧夏舊志中以資料而論有三條最為珍貴，其中的一條就是《寧夏府志》中的《恩綸記》。可事實上此段史料最早出自《平定朔漠方略》，《寧夏府志》還將左翼額駙"尚之隆"誤抄作"尚之龍"。

　　加強舊志的比較研究，會有助於提升舊志的研究水準。比如，以往從事西北古代文史研究特別是寧夏古代文史研究者常將寧夏舊志當作第一手資料來利用，而從史源學角度看，這些資料實際上並非"一手"，而多是從陝甘地方志中輯錄的。從現有的寧夏舊志整理成果看，學者也多沒有把陝甘方志資料當作必需的參校資料來利用，致使寧夏舊志沿襲自陝甘方志的文字錯訛衍倒、內容遺漏及新增的文字、內容錯誤問題都沒有得到糾正，使後人以訛傳訛。同時，從事陝甘古代文史研究、開展陝甘舊方志整理研究，也要注意借鑒寧夏舊志的整理研究成果。辨明史料正誤，以避免以訛傳訛。

（三）成果確保完整呈現

　　一部完整的舊志整理之作，至少要包括五部分內容：第一，前言。主要介紹舊志的整理研究現狀、編修始末、編修者、版本、內容、價值等方面。第二，校注說明。說明底本、校本等選擇情況，列舉標點、注釋、校勘等原則。第三，新編目錄。舊志一般都有原編目錄，但不便今人利用，故要據整理成果編輯眉目清晰、層次分明、使用方便的新目錄。第四，舊志正文。第五，參考文獻。目前出版的舊志中，有些不列舉參考文獻，有些參考文獻或按文獻出版時間排序，或按在文中出現的順序排序，或按書名、作者名首字的音序排序，這些都起不到指導學術研究的作用。參考文獻要便於按圖索驥，最好能分類編排。依四庫法進行排列，就是很好的選擇。某些舊志，可根據需要增加索引、附錄等內容。編索引可方便使用者查找相關專題資料，附錄可在一定程度上彌補舊志正文內容不足的缺點。如民國時期寧夏地區對土地、資源等進行過較為詳細地調查，形成的調查報告是最原始的檔案資料，這些資料往往散見且不能單獨成書，但它們對有關舊志而言具有很好的補充作用，故應該在附錄中予以保留。

作為《寧夏珍稀方志叢刊》主編，筆者非常感謝對本叢書出版給予支持的各位學界同仁、學校領導、研究生、責任編輯及家人們。劉鴻雁、柳玉宏、邵敏、蔡淑梅等寧夏大學人文學院青年教師作為本叢書首批成果的作者，盡心盡力，不厭其煩，堅持不懈，保證了書稿的學術質量，為完成好本項目帶了個好頭。按計劃，田富軍、安正發等老師將會在本叢書計劃框架內陸續出版整理成果，期待他們也能推出高質量的學術成果。2011年為寧夏大學"學科建設年"，感謝何建國校長、謝應忠副校長，感謝部門領導王正英、李建設、陳曉芳等老師的大力支持，在他們的直接推動下，以筆者為學術帶頭人，配合學校開展的學科基層組織模式改革試點工作，組建了"寧夏地方民族文獻整理及阿拉伯伊斯蘭文化研究"學術團隊。寧夏大學提供的制度保障和經費支持促成本學術團隊不斷推出新成果，步入了良性發展階段，本叢書順利出版，當是本團隊對學校的最好回報。人文學院研究生在本叢書出版過程中也貢獻良多。孫佳、韓超、孫瑜、曹陽等是本叢書首批成果的作者，張煜坤、何玫玫、馬玲玲、魏舒婧、穆旋、徐遠超、孫小倩、李甜、李荣、張倩、曲絨、張娜娜、劉紅、蒲婧、王敏等同學在舊志整理、書稿校對過程中也付出了辛勤的勞動。這些同學中有的已畢業離校，有的還將繼續求學。無論他們將來身處何方，從事何種工作，大家共同追求學術的這段經歷應該是難忘的。研究生同學的青春朝氣讓我更加堅信：薪火相傳，學術常新。出版社張林等責任編輯的精心審讀，也讓本叢書學術質量得到了提升。本叢書的順利出版，也要感謝各位作者家人的理解與支持——你們默默無聞的奉獻精神，已幻化成萬千文字，在作者的成果中熠熠生輝。學術成績從來就不是無源之水，無本之木。有了巨人的肩膀，我們才會看得更高、更遠。在寧夏，有一批從事地方文獻整理與研究的學者，他們的探索和努力為我們今天的成績奠定了堅實的基礎，吳忠禮、陳明猷、高樹榆等老一輩學者更為我們樹立了治學的榜樣。因篇幅所限，對學界各位同仁，恕不一一列舉大名。

　　此次全面整理寧夏地方舊志，主要由我策劃並組織實施。舊志整理的每一個環節，由我提出具體建議，各舊志底本的選擇、《總序》《前言》《校注說明》的撰寫等也皆由我完成。具體整理過程中，各團隊成員所取得的注釋或校勘等學術成果大家互享，這也體現了我們團隊合作的特色。宋朝沈括在《夢溪筆談》卷二五《雜志二》記載："宋宣獻博學，喜藏異書，皆手自校讎，常謂'校書如掃塵，一面掃，一面生。故有一書每三四校猶有脫謬。'"宋綬（謚曰"宣獻"）家藏萬卷，博校經史，猶有"校書如掃塵"的感慨，我輩於整理寧夏地方舊志而言，只能說："盡心而已！"更如《诗經·小雅·小旻》所詠："战战兢兢，如臨深淵，如履薄冰。"我們從主觀上力求圓滿，但因學識水平所限，成果中訛誤之處肯定在所難免，敬請學界同仁批評指正。

2015 年 7 月 23 日於寧夏銀川

目　錄

前言 …………………………………………… 胡玉冰(1)
校注説明 ……………………………………………… (1)

〔汪繹辰記〕……………………………………………… (1)
銀川小志目次 ………………………………………… (1)
疆域 …………………………………………………… (1)
星野 …………………………………………………… (2)
山川 …………………………………………………… (3)
水利 …………………………………………………… (14)
城池 …………………………………………………… (20)
學校 …………………………………………………… (24)
風俗 …………………………………………………… (25)
古蹟 …………………………………………………… (33)
　夏州八景 …………………………………………… (51)
　靈州八景 …………………………………………… (54)
　韋州四景 …………………………………………… (57)
　中衛十景 …………………………………………… (58)
祠宇 …………………………………………………… (61)
寺觀 …………………………………………………… (63)
臨幸 …………………………………………………… (69)
藩封 …………………………………………………… (74)
竊據 …………………………………………………… (80)
　遺事七則 …………………………………………… (88)
叛亂 …………………………………………………… (92)

宦蹟 …………………………………………………… (97)

鄉賢　附忠孝節義、流寓 ……………………………… (108)

官署 …………………………………………………… (126)

物産　附坊市 …………………………………………… (126)

榷税 …………………………………………………… (129)

邊防 …………………………………………………… (130)

關隘 …………………………………………………… (134)

災異 …………………………………………………… (146)

參考文獻 …………………………………………… (148)

　一　古代文獻 ………………………………………… (148)

　二　現當代文獻 ……………………………………… (153)

前　言

胡玉冰

　　寧夏舊志中，編修於清代的存世數量最多。從文獻記載看，有清一代，相當於寧夏總志的編修活動至少有4次，都發生在乾隆時期，其中編修成書且傳世的有兩種，另外兩次僅有動議而無成書。據清人工宋雲《〈寧夏府志〉後序》記載："乾隆癸酉，寧夏道定州楊公有志欲新之，未成而罷。"[①] 乾隆十八年（癸酉年，1753），寧夏道員楊灝（乾隆十一年即1746年任）欲修寧夏志書，由於他於當年離任，故未成。這是目前所知的第一次寧夏總志編修活動。第二次發生在乾隆十九年至二十年（1754—1755），寧夏知府趙本植私塾先生汪繹辰編修《銀川小志》1卷成，今傳。學者多已指出，《銀川小志》之"銀川"並非特指今寧夏銀川市，實際上，該志所記內容是以今銀川市為中心，輻射周邊賀蘭、平羅等各縣的地理、物產、風土民情、自然災變等事，勾勒出了明末清初寧夏府的基本概貌。

　　乾隆十九年（1754），汪繹辰受聘為寧夏知府趙本植的私塾先生，二十年（1755）編成《銀川小志》。該志為傳世的清朝寧夏總志中成書時間最早的一部。手抄本曾一度深藏於南京圖書館，為孤本古籍，少有人知，故目錄書亦少著錄，僅有的著錄也存在一些問題。

一　整理與研究現狀

　　《中國地方志聯合目錄》《甘肅省圖書館藏地方志目錄》將《銀川小

[①] （清）張金城等修纂：《乾隆寧夏府志》，陳明猷點校，寧夏人民出版社1992年版，第943頁。

志》誤著錄為銀川市舊志，實際上該志相當於寧夏總志。① 《寧夏地方文獻聯合目錄》著錄為清乾隆二十五年（1760）稿本，顯誤，當為乾隆二十年（1755）稿本。《中國邊疆圖籍錄》將該志歸屬於甘肅省，編者"汪繹辰"誤印作"王繹辰"。

高樹榆《寧夏方志考》《寧夏方志錄》《寧夏方志述評》《寧夏回族自治區地方志述評》，王桂雲《銀川方志述略》等論文對《銀川小志》都有提要式的介紹。趙志堅撰《〈銀川小志〉初探》、郭曉明《淺談〈銀川小志〉》、李洪圖《簡談〈銀川小志〉》、張鐘和《千年古城一春秋——〈銀川小志〉簡介》、陳健玲《（乾隆）〈銀川小志〉述評》等論文專題評介《銀川小志》。《方志與寧夏》第二章《寧夏歷代修志綜覽》對《銀川小志》也有簡單介紹。

學者在《銀川小志》內容、編纂特點及學術價值等方面的研究上都取得了一定的成績，如大家都認為，《銀川小志》記載的寧夏地震資料、書名中"銀川"的取名意義等，在方志文獻中是非常珍貴的，這些研究成果為進一步深入研究奠定了很好的基礎。同時，研究也存在一些不足。如關於《銀川小志》的編纂，有學者認為是寧夏知府趙本植督請汪繹辰編修的；評價《銀川小志》內容及學術價值時，有學者認為該志幾乎將與寧夏有關的歷代詩文全部輯錄在志書中，所輯錄的水利、學校、風俗等資料都很有研究價值，等等。這些觀點都值得進一步商榷。實際上，《銀川小志》是汪繹辰個人所編，沒有資料證明是趙本植督請的。該志相當多的內容都是照錄明朝人所編寧夏舊志，並非汪繹辰的獨創。從資料的完整性和全面性來看，該志尚不能與明朝所編的寧夏舊志相比。

《銀川小志》稿本僅見藏於南京圖書館，所藏為八千卷樓抄孤本。《八千卷樓書目》卷八《史部·地理類》有著錄。稿本開本 24.8 × 17.5（釐米）。汪繹辰《〈銀川小志〉記》每半頁 9 行，行 24 字，落款後有"繹辰""代笠亭客"陽文方印。正文每半頁 10 行，行 26 字。雙行小字每半頁 20 行，行 25 字。首頁鈐蓋有"泰來印""卷勺主人""嘉惠堂丁

---

① 高樹榆、郭曉明等先生對各目錄著錄《銀川小志》時存在的錯誤已有所辨明。參見高樹榆《寧夏方志考》（《寧夏圖書館通訊》1980 年第 1 期）；郭曉明《管窺〈中國地方誌聯合目錄〉寧夏書目》（《銀川市志通訊》1989 年第 2 期）。

氏藏""嘉惠堂藏閲書""即是深山館"等朱文印。①

　　爲便於學者進一步研究，甘肅省圖書館於 1957 年 5 月據南京圖書館藏八千卷樓抄本傳抄，寧夏圖書館於 1980 年又油印若干本傳世。天津古籍出版社 1988 年出版《寧夏歷代方志萃編》，影印甘肅省圖書館抄本《銀川小志》。同年，寧夏人民出版社出版《寧夏地方志叢刊》，影印寧夏圖書館油印本《銀川小志》。蘭州古籍書店 1990 年出版《中國西北文獻叢書》第一輯《西北稀見方志文獻》，其第 51 卷爲影印甘肅省圖書館藏抄本《銀川小志》。鳳凰出版社等 2008 年出版《中國地方志集成·寧夏府縣志輯》，影印甘肅省圖書館 1957 年 5 月抄本。

　　2000 年，寧夏人民出版社出版張鐘和、許懷然點校本《銀川小志》。此次點校以甘肅省圖書館 1957 年傳抄本爲底本，以（正統）《寧夏志》、（嘉靖）《寧夏新志》（下文簡稱《嘉靖寧志》）、（乾隆）《寧夏府志》等爲參校本，對原文進行校勘箋注。爲便於瞭解乾隆時期銀川的地理方位及城市佈局，點校者把《寧夏府志》所附《寧夏輿地全圖》《寧夏府城圖》《寧夏滿城圖》等 3 幅地圖置於《銀川小志》最前。點校者對原書分段標點，注釋了部分人名、地名、典故等，校勘了部分文字訛誤，爲學界提供了便於利用的整理成果。但整理也存在一些問題。以汪繹辰撰《〈銀川小志〉記》的整理爲例，此"記"本無題目，點校者加一"序"字，置於"記"正文之前充當題目。古籍整理原則是存真復原，不當隨意增加原書所無的文字。即使補寫題目，也當據其內容補作"記"而不當作"序"。原"記"有"寧夏舊志，成於弘治辛酉，至萬曆丁巳，凡經四修"句②，點校者注釋"舊志"一詞曰："指《弘治寧夏新志》《嘉靖寧夏新志》和《萬曆朔方新志》。"③ 原文明確談到舊志"凡經四修"，但注釋只提及 3 部舊志，當據史實補萬曆年間羅鳳翱修《朔方志》。再如，《竊據》中多

---

① 清代浙江杭州有著名的丁氏藏書家族，丁掌六藏書樓曰"八千卷樓"，其孫丁丙於光緒五年（1879）建"嘉惠堂"儲藏其家所藏《四庫全書總目》著録之書，並築"小八千卷樓"，辟"善本書室"，藏宋元刊本。光緒三十三年（1907），"以經商失敗，虧公帑，盡鬻其産，而藏書遂爲金陵圖書館物矣"（楊立誠、金步瀛合編：《中國藏書家考略》，上海古籍出版社 1987 年版，第 2 頁）。

② （清）汪繹辰纂：《銀川小志》，張鐘和、許懷然校注，寧夏人民出版社 2000 年版，第 1 頁。按：標點未盡從校注本。

③ 同上書，第 2 頁。

處補寫了原文没有的"曰"字，如"諡曰武烈皇帝""諡曰昭英皇帝""諡曰聖文皇帝"等句之"曰"，《銀川小志》原無此字，句意通順，不會產生歧義，點校者增加"曰"字，顯係不當。對有些内容的史源若深入分析的話，存疑的問題可以更好地解決。如《銀川小志·鄉賢·孝》引李華《二孝贊》"程氏三年"句，校注者注曰："在《乾隆寧夏府志》中作'二年'，待考。"① 實際上，《二孝贊》在《嘉靖寧志》、（萬曆）《朔方新志》中都徵引了，"程氏三年"句原無誤，但《朔方新志》誤引作"程氏二年"，《寧夏府志》因襲了《朔方新志》，故以訛傳訛了。

二　汪繹辰生平

汪繹辰字陳也，號代笠亭客，新安（今安徽歙縣）人，祖籍錢塘（今浙江杭州），生卒年不詳。《國朝畫徵續録》載其事蹟。汪泰來之子，庠生。能世家學，工畫花卉，有《即是深山館詩集》。有乾隆二十年（1755）編《銀川小志》稿本傳世，是傳世的清朝寧夏舊志中成書時間最早的一部。

繹辰之父汪泰來，字陛交，錢塘諸生，好學，工詩文。《浙江通志》卷一六七《人物·循吏》載其事蹟。康熙五十年（1711）中順天辛卯鄉試，五十一年（1712）特賜壬辰科進士出身，授廣東潮州府同知。有《後山文集》、《半舫詩》梓行問世。

三　編修始末

《銀川小志》編修始末，只在汪繹辰《〈銀川小志〉記》中有記述，其他文獻中罕有述及者。故研究該志編修始末，需要從分析汪繹辰所記入手。汪繹辰於乾隆二十年（1755）四月（乙亥孟夏）記曰："寧夏舊志，成於弘治辛酉，至萬曆丁巳，凡經四修。考訂失實，重複脫略，無以徵信。明命既訖，我朝列聖相傳，制度大備，而中間曠隔幾二百餘年，又經兵燹震災，時遠事湮，文獻無傳，後之操觚者綦難補綴矣。乾隆甲戌，寧

---

① （清）汪繹辰纂：《銀川小志》，張鐘和、許懷然校注，寧夏人民出版社2000年版，第206頁。

夏太守趙公竹堂延余課子。講解之暇，刪摘舊志，旁蒐他帙。文人、野老之傳聞，殘碣、斷碑之紀載，以及塵封案牘，靡不廣詢博稽。寒燈永夜，藉此銷磨。明年春，太守筮占無妄，境別菀枯，從旅邸，無聊憂傷感喟中粗成《小志》。殊慚儉於搜剔，冀他日修志者或有所采焉。"①

從汪繹辰所記可以看出，他對現有的寧夏舊志編修質量是不太滿意的。他認為，從胡汝礪於弘治辛酉年（1501）編成《寧夏新志》始，到萬曆丁巳年（1617）楊壽修《朔方新志》，加上嘉靖年間管律修《寧夏新志》、萬曆年間羅鳳翱修《朔方志》，總共有過 4 次編修寧夏志書的記錄，內容上均存在"考訂失實，重複脫略，無以徵信"的特點。自胡汝礪修志至乾隆二十年（1755），相隔了 200 多年，這期間又發生過萬曆二十年（1592）的"壬辰兵燹"和乾隆三年（1738）寧夏大地震等事，很多事情時過境遷，已經鮮為人知了，傳世的資料中也少有記載，這就在無形中增加了後來修志者取材的難度。乾隆十九年（1754），時任寧夏知府趙本植延聘汪繹辰做自己孩子的私塾老師。汪繹辰利用講課之餘，從寧夏舊志中刪摘相關資料，另外又親自調查走訪，並從殘碣、斷碑和官府塵封的公文檔案中廣泛搜集與寧夏有關的資料，非常辛苦地編輯，也借此來消磨時光。

趙本植，號竹堂，浙江杭州人，生卒年不詳。乾隆十八年（1753）四月任寧夏知府，《寧夏府志》卷十二、（民國）《朔方道志》卷十五《職官志·宦跡》有傳。《寧夏府志》載："風厲有能名。官吏積弊，下至市肆情偽瑣細，廉察無遺，人畏其明。……國初以來，寧夏未有書院。本植捐買民房一所，創立銀川書院。……人文日起，皆其所留遺雲。"②《朔方道志》內容同此。本植後因軍需事被參劾，乾隆二十年（1755）遭革職。甘肅省圖書館藏乾隆二十六年（1761）刻趙本植纂《新修慶陽府志》42 卷（存卷一至卷二八、卷四一至卷四二），另有該志的抄本 10 冊（全）。

乾隆二十年（1755）遭革職是知府趙本植仕途上發生的重大變化，

---

① （清）汪繹辰纂：《銀川小志》，張鐘和、許懷然校注，寧夏人民出版社 2000 年版，第 1 頁。按：標點未盡從校注本。另，"幾二百餘年"，校注本誤作"凡二百餘年"；"銷磨"，校注本誤作"消磨"。

② （清）張金城等修纂：《乾隆寧夏府志》，陳明猷點校，寧夏人民出版社 1992 年版，第 420—421 頁。

汪繹辰稱之為"無妄"之災。"無妄"是《周易》第25卦，卦辭曰："元亨，利貞。其匪正有眚，不利有攸往。"① 言筮遇此卦，若其所為不正，則有災異，而不利有所前往，意為當往則往，不當往則不往也。《清實錄·高宗乾隆皇帝實錄》卷四八一載，乾隆二十年（1755）正月壬辰，協辦陝甘總督劉統勳等參奏："寧夏府知府趙本植承喂馬匹，偷漏草料，請革職審擬。"② 此事令乾隆震怒，下令："當此軍興伊始，即如此玩縱貽誤，非嚴行治罪不足示懲。趙本植著革職拿問，交該督撫將侵肥偷漏情弊嚴行究訊。如果侵肥屬實，即應照軍法從事，以為玩誤軍需者戒。"③ 這場未曾料到的災禍讓趙本植差一點丟了性命。同書卷四九〇載，乾隆二十年（1755）六月壬子，軍機大臣會同三法司議復，趙本植侵扣軍需一案，經過審理，實屬通融辦理，並無侵扣實例，建議將原定擬的斬決之處，照例改流。乾隆也認可這樣的改判。就這樣，趙本植死裏逃生，被抄沒家產，革職處理。

汪繹辰大概也因此案所累，不能在趙府繼續執教了，就辭歸故里，沿途旅居客店時繼續編輯《銀川小志》。乾隆二十年（1755）四月，《銀川小志》粗成，其時趙本植案尚未最後判決，汪繹辰對於趙本植的命運也非常關心，對於人生無常、時事變遷心生感慨，於是在《銀川小志記》中有"憂傷感喟"之語。對於《銀川小志》，汪繹辰謙稱道："殊慚儉於搜剔，冀他日修志者或有所採焉。"實際上，他無意當中在寧夏舊志的編修史上留下了重要的一筆。

四　編修方法、輯錄內容

上文提及，汪繹辰對前朝所修寧夏志書的質量是不太滿意的，加之清朝立國以來，寧夏尚無新編志書傳世，故利用講課之閑，搜集資料，編修寧夏志書。該志從開始編修到"粗成"，只用了一年左右的時間，無論是編修體例還是內容輯錄上都沒有大的創新。

---

① 高亨：《周易古經今注》（重訂本），中華書局1984年版，第231頁。

② 吳忠禮、楊新才主編：《〈清實錄〉寧夏資料輯錄》（上冊），寧夏人民出版社1986年版，第230頁。按：劉統勳奏疏及乾隆聖旨參見《平定準噶爾方略》正編卷五"乾隆二十年春正月壬辰"條。

③ 同上書，第230頁。

该志不分卷，全書共設25類目，包括：《疆域》《星野》《山川》《水利》《城池》《學校》《風俗》《古跡》《祠宇》《寺觀》《臨幸》《藩封》《竊據》《叛亂》《宦跡》《鄉賢》（附《忠孝節義》《流寓》）《公署》①《物產》（附《坊市》）《榷稅》《邊防》《關隘》《災異》。類目設置上均沿襲明朝舊志類目，如設《疆域》《藩封》《竊據》《叛亂》等。從該志內容看，大部分材料都是從明朝寧夏舊志特別是《朔方新志》中刪摘的，同時補充了部分清朝的史料。如《竊據》由三部分內容組成，內容全部襲自（弘治）《寧夏新志》（下文簡稱《弘治寧志》）。第一部分為《弘治寧志》卷五《赫連夏考證》開篇胡汝礪之按語，第二部分為《弘治寧志》卷六《拓跋夏考證》之西夏史概述部分，第三部分為《遺事七則》②，內容全同《弘治寧志·拓跋夏考證》之8則遺事。《叛亂》內容主要刪摘《朔方新志》卷三，最後又補充了兩條清朝"叛亂"之事，即順治三年（1646）和康熙年間花馬池民變，這兩條民變僅是簡單提及，沒有進一步的展開說明。

具體內容的編排體例仿《嘉靖寧志》《朔方新志》，將與所述之事有關的詩文輯入當條事下，以補充闡述說明。這等於是把應該編入《藝文》的內容分散到了其他部分裏了，所以《銀川小志》也就沒有再專設《藝文》類目。如《山川》類目，於"賀蘭山"條下輯錄唐王維《老將行》，明慶王朱㮵《賀蘭大雪歌》、李夢陽《胡馬來》、孟霦《寧夏吟》等12首詩，展示出一幅歷代文人筆下的賀蘭風景圖。在《古跡》類目中，於"知止軒"條下輯錄明人楊守禮《知止軒說》，"靈州鐵柱泉"條下輯錄管律《鐵柱泉記》，一覽便知此軒、此泉來歷及故事。若全文照錄或摘錄自舊志，汪繹辰會加以說明。如《古跡》類目，於"夏州八景"條下輯錄材料，注明"三山陳德武《八景詩序》摘略"；《寺觀》後附張秋童、永濟尚師、黑禪和尚、海珠和尚等4人故事，隨文注曰："四則俱載舊志。"③

汪繹辰對於從舊志中輯錄的資料有時也略加辨析，如《鄉賢·孝》

---

① 正文標目作"官署"。
② 所輯遺事為八則，但標題作"遺事七則"，疑誤。
③ （清）汪繹辰纂：《銀川小志》，張鐘和、許懷然校注，寧夏人民出版社2000年版，第124頁。

載唐朝靈武二孝事，後引《孝行贊》，辨析曰："舊志不載作'贊'者姓氏，並不志官爵裏居，疑是萬曆間總制石茂華筆，因序中有'華奉使朔陲'語，係益都人，曾修《寧夏鎮志》，書此俟考。"① 汪繹辰所言"舊志"當指《朔方新志》，該志卷三《孝》載靈武二孝事，後附對孝事之《贊》，未載作者姓名。汪繹辰對贊序略加辨析，據序中"華奉使朔陲"句，推測可能是明朝石茂華作。實際上，此"贊"是唐朝李華所作，"華奉使朔陲"句中"華"指李華而非石茂華。李華著《李遐叔文集》卷一輯錄《二孝贊並序》。② 《嘉靖寧志》卷二《人物》亦載靈武二孝事，其後即附唐朝李華作《二孝贊》，並標注了作者姓名。

五　編修質量及文獻價值

《銀川小志》係"粗成"，編成後大概沒有進行精心的修訂，故多種從其他寧夏舊志中輯錄的資料出現了一些文字上的錯誤，這是利用時要注意的。以《寺觀》後附4條與釋道傳說有關的資料為例。《銀川小志》輯錄了張秋童、永濟尚師、黑禪和尚、海珠和尚等4人事，汪繹辰注明是從"舊志"中輯錄的。查檢寧夏舊志，朱栴《寧夏志》卷上《名僧》中最早錄永濟尚師、黑禪和尚等2位西夏僧人事，《祥異》中錄張秋童事。《弘治寧志》卷二《仙釋》補錄海珠和尚事，《嘉靖寧志》卷二《仙釋》、《朔方新志》卷三《仙釋》全同《弘治寧志》的內容，亦錄4人故事。

通過對這幾種志書中所載材料進行比較後發現，以《寧夏志》為源頭，從《弘治寧志》開始就出現了文字輯錄上的錯誤了。"永濟尚師"條中，"通三學"，《弘治寧志》誤作"通五學"；"釋氏之宗"，誤作"釋氏之定"；"祖師馬"誤脫作"祖師"。《嘉靖寧志》完全沿襲了《弘治

---

① （清）汪繹辰纂：《銀川小志》，張鐘和、許懷然校注，寧夏人民出版社2000年版，第199頁。按：校注者對汪氏辨析的失誤亦有分析。"石茂華"，校注者認為原抄本脫"華"，據《乾隆寧夏府志》補。

② 李華文章名，唐白居易原本、宋孔傳續撰《白孔六帖》卷二五，宋李昉等編《文苑英華》卷七八〇、姚鉉編《唐文粹》卷二四，明王志慶編《古儷府》卷五、賀復徵編《文章辨體彙選》卷四六四等輯錄時均同李華《李遐叔文集》，題作《二孝贊》。《朔方新志》《銀川小志》附引時都用了文章的簡稱，非原名。

寧志》的錯誤。《朔方新志》除"釋氏之宗"不誤外，其他兩條也沿襲了《弘治寧志》的錯誤。《銀川小志》則誤同《弘治寧志》《嘉靖寧志》。

《寧夏志》卷上《祥異》載張秋童得錢事曰："洪武甲戌，護衛軍人張秋童入賀蘭山伐木，時秋童方十六歲。深入谷中，見二老者坐石上，問秋童'何為而來'，對以'伐木'。呼使之前，與之錢盈掬。復往視，則無見矣。錢至今有收得者。二老果仙者歟？莫可得而知也。"《弘治寧志》卷二《仙釋》轉載曰："洪武二十七年，中屯衛軍人張秋童入賀蘭山伐木，穀中見二者坐石上，問秋童何為，對曰：'伐木。'呼使之前，與之錢盈掬。歸，復往視之，則無見矣。錢至今有收得者。"很明顯，《弘治寧志》對《寧夏志》進行了刪節、改寫，將干支"甲戌"換成"二十七"，未錄最後兩句，這都不影響對原文的理解。但"護衛"作"中屯衛"、脫"老者"之"老"則是不應該的。"時秋童方十六歲"句也是非常重要的資訊，不當刪去。《嘉靖寧志》轉錄《弘治寧志》時，將《弘治寧志》"二者"的錯誤糾正改為"二老"，但其他問題都沿襲下來了，且"賀蘭山"3字後衍"後"字。《朔方新志》全同《嘉靖寧志》。文淵閣《四庫全書》本《甘肅通志》卷四一《仙釋》亦錄張秋童事，基本同《弘治寧志》。《銀川小志》全部沿襲了前3種寧夏志書的問題，"中屯衛軍人張秋童"句又脫"人"字。"海珠和尚"條最早出現在《弘治寧志》中。《嘉靖寧志》、《朔方新志》全同《弘治寧志》，無誤，《銀川小志》脫最後一句"未傳"兩字。

作為清代寧夏的第一部志書，《銀川小志》屬私人學者個人編修，沒有官方修志的背景，有的內容記述非常簡略，但仍然保存了一些珍貴資料。如於各類目中補充的清朝初期與寧夏有關的各種記載，為研究清朝初期寧夏政治、經濟、軍事等情況提供了難得的資料。再如《學校》中詳細記載寧夏知府趙本植修建"銀川書院"事，《物產》中準確描述賀蘭硯、石空寺牛油石、中衛產石炭、寧夏裁絨床毯等特產的特點，這些是其他文獻中所不多見的。

特別值得一提的是，在《災異》最後所述乾隆三年（1738）大地震之事。這條資料是汪繹辰個人親自調查所得。他說："此災異之見於前代者，從舊志採錄。本朝自順治至雍正年間，雖屢地震，無從細考。乾隆三年，震災最重，備書於後。"① 此次調查的對象是倖免於難的趙本植知府府中一位劉姓老伙夫並二三故老，地震的時間、地點、地震前兆、震時地表現象以及震後的損失破壞程度都有涉及，"寧夏地震，每歲小動，民習為常。大約春冬二季居多，如井水忽渾濁，炮聲散長，群犬圍吠，即防此患。至若秋多雨水，冬時未有不震者。乾隆三年十一月二十四日，地大震，數百年來，震災莫甚於此。……是夜更初，太守方宴客，地忽震。有聲在地下如雷，來自西北往東南。地搖盪掀簸，衙署即傾倒。……地多裂，湧出黑水，高丈餘。是夜，動不止，城堞、官廨、屋宇無不盡倒。"② 汪繹辰在《銀川小志》中有多處提到地震對寧夏造成的破壞。如《寺觀》載："以上諸寺觀，乾隆三年地震後，或廢或存，或重建或增修，不能細考，記此以存舊跡。"③

另外，某些材料對於研究清朝初期寧夏回族活動情況也有獨特的價值。如《寺觀》類目中有"回紇禮拜寺"條，《弘治寧志》《嘉靖寧志》《朔方新志》等三志中均有本條，前兩志記載其方位在寧靜寺北，《朔方新志》記載其在寧靜寺北東向。《銀川小志》內容更豐富，載曰："在城內寧靜寺北，震災後盡坍，回回重建殿宇，巍煥工麗，正殿供萬歲牌，不設別像。每逢七日，回回俱到寺中禮拜，白布裹首，去鞋，口喃喃誦番經。"④ 在寧夏志書中，這樣詳細的記載還是第一次。這則內容不僅包括禮拜寺的方位，更重要的是說明了當時回回民族的宗教禮俗，如不崇拜偶像，7日一次"主麻"聚禮，禮拜的服飾，口誦《古蘭經》經文，等等。

---

① （清）汪繹辰纂：《銀川小志》，張鐘和、許懷然校注，寧夏人民出版社2000年版，第255頁。

② 同上書，第255—256頁。按：標點未盡從校注本。另，"群犬圍吠"，原抄本"犬"下為"□"，即表示脫1字的符號，因不知何字，故以"□"符號代之，校注本誤補作"圍"，且注曰："原本脫漏，試補之，備考。""十一月"，原抄本誤作"十二月"，校注者校改。

③ 同上書，第124頁。

④ 同上書，第120頁。

校注說明

一　本書主要以標點、校勘、注釋等方式對（乾隆）《銀川小志》進行整理，以清朝乾隆二十年（1755）稿本（南京圖書館藏八千卷樓抄孤本）爲底本，以（嘉靖）《陝西通志》、（萬曆）《朔方新志》、（乾隆）《甘肅通志》、（乾隆）《寧夏府志》等爲對校本，部分成果參考寧夏人民出版社2000年版張鐘和、許懷然點校本。

二　整理成果以繁體橫排形式出版。校勘和注釋條目均以當頁腳注形式注明，用圈碼①、②、③之類排序，圈碼均放在表示停頓的標點之後右上角。正文或腳注中以"□"符号表示原本漫漶不清或破損的文字，一個"□"符號代表一個字；原本缺漏内容較多者腳注說明，並以"……"符號表示；正文中以"〔　〕"符號括注的文字，均係整理者增加。

三　以"［校］"字樣當頁腳注校勘成果。校勘以校異文爲主，酌校内容異同。因用字習慣不同而出現人名、地名、族名等同名異寫現象，均出校說明。底本或對校本中存在明顯的誤、脫、衍、倒等現象，於正文中校改後出校說明。雖有異文但意可兩通者，不改正文，僅在校記中說明。除特殊需要外，校本有誤，一般不出校。

四　《銀川小志》明顯誤抄之字，如"曆"誤作"歷"、"戌"誤作"戊"或"戍"，校勘時徑改，不一一出校說明。《銀川小志》因避當朝名諱而改前朝文字者，均據原字或原書回改，僅於首見處出校說明，餘皆徑改，不再一一出校。

五　底本用字中存在的異體字、俗體字、通假字、古今字等現象，一律不出校說明其字形相異。某些不規範的異體字、俗體字、古今字等，或前後用字不一者，均按出版要求適當統改成規範、統一的字體，不出校記。《銀川小志》轉引他書文字内容，引文若與該書通行版本文字不同，除引文確實有誤，如誤錄人名、地名、時間等需要出校說明外，凡不影響文意理解者一般不改動引文。

六　當頁腳注徑出注釋條目。注釋内容主要包括：原文易致惑者（如文獻簡稱或省稱、干支紀年等）、原文提及的詩文或史料出處、原文體例中資料互見者、整理者對輯補史料的出處說明和整理者的補充文字等。

七　腳注中，凡言"本志"者，均指《銀川小志》。凡言"本志書例"者，均指《銀川小志》編修體例。徵引文獻之版本，凡"中華書局點校本"簡稱"中華本"，"文淵閣《四庫全書》本"簡稱"《四庫》本"。書名較長者沿用習慣簡稱，具體簡稱參見《參考文獻》。凡引古代文獻，均只注明書名、卷次、篇名等，其作者、版本等詳見《參考文獻·古代文獻》。凡引現當代文獻，均只注明作者、書名或論文篇名、頁碼等，其出版社、刊物名、發表時間等詳見《參考文獻·現當代文獻》。若被引用古代文獻已有整理成果，一般直接吸收其合理意見，不再重複敘述校注理由，注明"參見××"字樣。引文出處、他校資料或他人校勘、考證成果，亦注明"參見××"字樣。

八　《參考文獻》分《古代文獻》和《現當代文獻》分別著錄。其中，《古代文獻》分陝甘寧舊志、經部、史部、子部、集部等五類著錄，《現當代文獻》分著作、論文兩類著錄。

〔汪繹辰記〕

寧夏舊志成於弘治辛酉,[①] 至萬曆丁巳,[②] 凡經四修[③]。考訂失實,重複脫略,無以徵信。明命既訖,我朝列聖相傳,制度大備。而中間曠隔幾二百餘年,又經兵燹震災,時遠事湮,文獻無傳,後之操觚者綦難補綴矣!乾隆甲戌,[④] 寧夏太守趙公竹堂延余課子,講鮮之暇,刪摘舊志,旁蒐他帙。文人野老之傳聞、殘碣斷碑之紀載,以及塵封案牘,靡不廣詢博稽。寒燈永夜,藉此銷磨。明年春,太守筮占旡妄,境別菀枯。從旅邸,無聊憂傷感喟中,粗成《小志》。殊慚儉於搜剔,冀他日修志者或有所採焉。

乙亥孟夏,[⑤] 古杭代笠亭客汪繹辰記。

銀川小志目次

疆域　星野　山川　水利　城池　學校　風俗　古蹟　祠宇　寺觀　臨幸　藩封　竊據　叛亂　宦蹟　鄉賢忠孝、節義附,並流寓。　公署[⑥]　物產附坊市。　權稅　邊防　關隘　災異

疆　域

寧夏,古雍州域朔方地也。春秋時,羌戎所居。秦為北郡地。[⑦] 漢置

---

① 弘治辛酉:明孝宗朱祐樘弘治十四年（1501）。
② 萬曆丁巳:明神宗朱翊鈞萬曆四十五年（1617）。
③ 凡經四修:蓋指明朝胡汝礪編《弘治寧志》、管律編《嘉靖寧志》、羅鳳翱編《朔方志》及楊壽編《朔方新志》。參見胡玉冰《寧夏地方志研究》,第 122 頁。
④ 乾隆甲戌:清高宗弘曆乾隆十九年（1754）。
⑤ 乙亥:乾隆二十年（1755）。
⑥ ［校］公署:本志正文標目作"官署"。
⑦ ［校］北郡:原作"上郡",據《漢書》卷二八下《地理志》、《乾隆甘志》卷三《建制沿革》改。

朔方郡。① 晉亂，赫連氏僭都於此。後魏始置夏州。西魏置弘化郡。後周改懷遠郡。唐置夏州，② 唐末，拓跋思恭鎮夏州，遂世有其地。宋景德間，其孫德明城懷遠鎮為興州；元昊陞興慶府，又改中興府。元置寧夏路。③ 明初，④ 改寧夏府。洪武九年，⑤ 改置寧夏衛。東南連延、慶，西南接固、蘭。賀蘭右屏，黃河左帶，山河之腋背皆為虜巢。所屬有五路，内設寧、左、右、前、中，外列後、中，共七衛，暨靈州、興武、平虜三所，隸陝西都司。慶王藩封在焉。関鎮備邊，⑥ 以武臣鎮守。正統間，設巡撫都御史，贊理軍務。

國朝順治年間，仍設巡撫。康熙年間，以衛、所統寧夏道，隸陝西省。雍正二年，改寧夏府，隸州一縣四：靈州、寧夏、寧朔、中衛、平羅。五年，⑦ 又增設新渠、寶豐二縣，屬甘肅省。乾隆三年地震，後裁新增二縣。

府轄地袤四百八十里，廣倍之。東至省嵬墩外境二百里，西至賀蘭山外境一百里，南至慶陽府界三百六十里，北至西瓜山外境二百九十里，東南至延綏界三百五十里，西南至固原界四百里。至北京三千六百四十里。

星　野

寧夏屬雍州，天文井、鬼分野。以其地偏西，兼得尾、柳斗樞。

---

① 西漢、東漢之朔方郡在今內蒙古境內，均與今寧夏無關，彼時寧夏處於北地郡與安定郡轄下。下文所列赫連夏在政權及後魏之夏州、西魏之弘化郡、唐之夏州等均在今陝西轄境內，均與今寧夏無關。

② 唐朝夏州之轄境與今寧夏無關，明清史籍特別是寧夏舊志均言唐朝之夏州轄今寧夏地，蓋襲《元史》卷六〇《地理志》之誤。參見吳忠禮《寧夏志箋證》，第4—5頁《箋證》[七]。

③ 《元史》卷六〇《地理志》載："元至元二十五年（1288），置寧夏路總管府。至元八年（1271），立西夏中興等路行尚書省。元貞元年（1295），革寧夏路行中書省，併其事於甘肅行省。"

④ 《明史》卷四二《地理志》載，寧夏衛於"洪武三年為府"。

⑤ 《明史》卷四二《地理志》載，洪武二十六年（1393）七月置立寧夏衛，與本志載洪武九年（1376）置立寧夏衛之時間有異。《明史》有誤。參見吳忠禮《寧夏志箋證》，第13頁《箋證》[二四]。

⑥ [校] 関鎮：《朔方新志》卷一《總鎮圖說》作"開鎮"。

⑦ [校] 五年：《乾隆甘志》卷三作"四年"。《清史稿》卷六四《地理志》載，乾隆"五年，置新渠縣。七年，置寶豐縣。"

山 川①

賀蘭山，在城西六十里，峰巒蒼翠，崖壁險削，延亘六百餘里，②邊方倚以為固。上有寺宇百餘並元昊故宮遺址。

老將行　唐　王維
少年十五二十時，步行奪取胡馬騎。③
射死陰山白額虎，④肯數鄴下黃鬚兒。⑤
一身轉戰三千里，一劍曾當百萬師。
漢兵奮迅如霹靂，虜騎崩騰畏蒺藜。
衛青不敗由天幸，李廣無功緣數奇。
自從棄置便衰朽，世事蹉跎成白首。
昔時飛鵰無全目，⑥今日垂楊成左肘。
路傍時賣故侯瓜，門前學種先生柳。
茫茫古木連窮巷，⑦寥落寒山對虛牖。
誓令疏勒出飛泉，不似潁川空使酒。
賀蘭山下陣如雲，羽檄交馳日夕聞。
節使三河募年少，詔書五道出將軍。
試拂鐵衣如雪色，聊持寶劍動星文。
願得燕弓射天將，⑧恥令越甲鳴吾君。⑨

---

① ［校］山川：此二字標題原無，據本志《銀川小志目次》補。
② ［校］六百：《嘉靖寧志》卷一《寧夏總鎮·山川》、《朔方新志》卷一《山川》作"五百"。
③ ［校］胡馬：《王右丞集箋注》卷六作"蕃馬"。
④ ［校］射死陰山：《王維集校注》卷二、《文苑英華》卷三三三均作"射殺山中"。
⑤ ［校］數：原作"教"，據《王維集校注》卷二、《文苑英華》卷三三三、《朔方新志》卷五《詞翰·詩·老將行》改。
⑥ ［校］昔時飛鵰無全目："昔時"，《文苑英華》卷三三三作"昔年"。飛鵰，原作"飛箭"，據《王右丞集箋注》卷六改。
⑦ ［校］茫茫：《文苑英華》卷三三三、《王維集校注》卷二作"蒼茫"。
⑧ ［校］天將：《王右丞集箋注》卷六、《文苑英華》卷三三三、《王維集校注》卷二均作"大將"。
⑨ ［校］吾君：原作"吳軍"，據《王右丞集箋注》卷六引清朝趙殿成校勘結論改。

莫嫌舊日雲中守，猶堪一戰樹功勳。①

賀蘭大雪歌② 明 慶王㮵③

北風吹沙天際吼，雪花紛紛大如手。
青山頃刻頭盡白，平地湞臾盈尺厚。
胡馬迎風向北嘶，越客對此情淒淒。
寒凝氈帳貂裘薄，一色皚皚四望迷。
少年從軍不為苦，④長戟短刀氣如虎。
丈夫志在立功名，青海西頭擒贊普。
君不見，牧羝持節漢中郎，嚙氈和雪為朝糧。
節毛落盡不改志，⑤男兒當途湏自強。⑥

胡馬來⑦ 李夢陽

冬十二月胡馬來，白草颯颯黃雲開。
沿邊十城九城閉，賀蘭之山安在哉？
傳聞清水不復守，遊兵早扼黃河口。
即看烽火入甘泉，已詔將軍屯細柳。
去年穿塹長城裏，萬人齊出千人死。
陸海無毛殺氣蒸，五月零冰凍河水。

---

① [校] 樹：《王右丞集箋注》卷六、《王維集校注》卷二作"立"，《文苑英華》卷三三三、《樂府詩集》卷九〇作"取"。

② [校] 賀蘭大雪歌：《弘治寧志》卷八《雜詠類》、《嘉靖寧志》卷七《文苑·詩》題均作《賀蘭大雪》。

③ [校] 㮵：原作"栴"，據《慶王壙志》、《明史》卷一〇〇及卷一〇二《諸王世表》、卷一一七《慶王㮵傳》改。下同。

④ [校] 少年：《弘治寧志》卷八《雜詠類·賀蘭大雪》、《嘉靖寧志》卷七《文苑·詩·賀蘭大雪》均作"年少"。

⑤ [校] 不改志：《弘治寧志》卷八《雜詠類·賀蘭大雪》、《嘉靖寧志》卷七《文苑·詩·賀蘭大雪》、《朔方新志》卷五《詞翰·詩·賀蘭大雪歌》均作"志不改"。

⑥ [校] 男兒：《弘治寧志》卷八《雜詠類·賀蘭大雪》、《嘉靖寧志》卷七《文苑·詩·賀蘭大雪》均作"男子"。

⑦ [校] 胡馬來：《石倉歷代詩選》卷四四七《明詩次集八十一》題作《胡馬來再贈陳子》。

當時掘地云備胡,① 胡人履之猶坦途。
聞說南侵又西下,② 韋州固原今有無。
從來貴德不貴險,英雄豈可輕為謀。③
尚書號令速雷電,抱玉誰敢前號呼？
遂令宵旰議西討,茲咎只合歸吾徒。
我師如貔將如虎,九重按劍赫斯怒。
惜哉尚書謝歸早,不覩將軍報平虜。

寧夏吟　孟霦

賀蘭山連北海頭,河水西來出塞流。
邊城盡是披甲士,滿眼旌旗拂戍樓。
健卒登高望胡騎,將軍倚馬防烽燧。
角聲入耳暮雲愁,殺氣淩空飛鳥避。
秦皇逐虜至今談,揮劍曾將虎穴探。
當時拓地稱荒遠,今望長城更在南。

賀蘭山歌　周弘禴

幅員率土,惟王之疆。
天子命我,閱彼朔方。
朔方正漠漠,河水偏湯湯。
狝猴愁絕嶠,特地陵穹蒼。
西望川底,東望咸陽,北指黃甫,南眺甘涼。
原隰目寥廓,霸氣常昂藏。
炎漢開基入圖版,徧遣官田置恒產。④
七橋九壩稻花肥,浮白沉糟照青眼。
渡江失却麒麟符,伊洛割裂爭五胡。⑤

---

① ［校］掘地：《石倉歷代詩選》卷四四七《明詩次集八十一》作"掘此"。
② ［校］聞說：《嘉靖寧志》卷七《文苑・詩・胡馬來》、《朔方新志》卷五《詞翰・詩・胡馬來》作"聞道"。
③ ［校］謀：《石倉歷代詩選》卷四四七《明詩次集八十一》作"謨"。
④ ［校］徧遣：《朔方新志》卷五《詞翰・詩・賀蘭山歌》作"偏遣"。
⑤ ［校］五胡：原作"五湖",據《朔方新志》卷五《詞翰・詩・賀蘭山歌》改。

鐵弗小兒恣驕虐，負嵎竊據傍雄圖。
蒸土築墻錐不入，統萬城邊白骨枯。
白骨枯，勃勃死；赫連亡，拓跋起。
没羽射鵠竟何如，卜骨燒羊總徒耳。
吴張號川真么麽，韓范經略看敝屣。
住鴿冲飛飛上天，組練僕姑哀好水。
堂堂四葉朝諸侯，忍向降夷稱父子。
從此名山接大荒，李家渠畔露瀼瀼。
豈無城社同羌羗，從有衣冠似夜郎。
六百年来一翻掌，八千里外通朝享。
熊羆列隊共揚旌，犬羊編户齊稽顙。
瑞崖珮璫登仙壇，瓊枝鸚鵡巢青鸞。
赤木崔嵬長瑤艸，莎蘿汗漫浮紫瀾。
積雪冷冷見堆土，喬松謖謖鳴層巒。
遥想匡廬、峨眉、太室九峰，形勝相上下。
噫嘻！賀蘭山兮，非復昔日之賀蘭。

楊得章監憲賀蘭山圖① 元 貢泰父②
太陰為峰雪為瀑，萬里西來一方玉。
使君坐對蘭山圖，③不數江南衆山綠。

將至寧夏望見賀蘭山④ 金幼孜
匹馬何時出帝閿，⑤今晨初見賀蘭山。
風沙近塞居人少，斥堠連雲邏卒閒。

---

① [校] 楊得章監憲賀蘭山圖：《弘治寧志》卷八《雜詠類》題作《題楊得章監憲賀蘭山圖》，《嘉靖寧志》卷一《山川》題作《蘭山圖》。

② 貢泰父：即元朝貢師泰，字泰甫，《元史》卷一八七有傳。

③ [校] 蘭山圖：《玩齋集》卷五、《御定歷代題畫詩類》卷二七皆作"賀蘭圖"。

④ [校] 將：此字原脱，據《正統寧志》卷下《題詠·將至寧夏望見賀蘭山》、《弘治寧志》卷八《題詠類·將至寧夏望見賀蘭山》補。

⑤ [校] 閿：原作"闕"，據《正統寧志》卷下《題詠·將至寧夏望見賀蘭山》、《弘治寧志》卷八《題詠類·將至寧夏望見賀蘭山》改。

白海堆塩封磧外，黃河引水注田間。
邊城按堵全無警，聖德於今徧百蠻。

出郊觀獵至賀蘭山
賀蘭之山五百里，極目長空高挿天。
斷峰迤邐煙雲潤，古塞微茫紫翠連。
野曠旌旗明曉日，高風鷹隼下長川。①
昔年僭偽俱塵土，猶有荒阡在目前。

巡行登賀蘭山　　吳鴻功
潦倒浮生莫問年，相看意氣賀蘭邊。
深林隱映豺狼舞，峭壁嶙峋雲日懸。
几點神州落杖底，一聲長歎震胡天。
飄然我欲遺身世，蘿月松風乞火還。

前題②　尹應元
何緣攜手賀蘭顛，一望華夷在眼前。
萬木常籠青嶂日，孤嶒倒映白雲天。
胡人渾酪山中獻，漢使聲名域外傳。
笑指穹廬休遯避，壯心直欲掃祁連。

〔前題〕　王道增
尹廉憲、吳參伯登賀蘭，余以役不獲從，賦此以志神遊。
峭壁挿空翠欲流，賀蘭名勝跨神州。
招尋羨尔饒佳句，牢落憐予阻壯遊。
萬疊芙容足底現，八千世界望中收。
平生煞有吞胡志，願與勒銘冣上頭。

---

①　[校]高風：《弘治寧志》卷八《雜詠類·出郊觀獵至賀蘭山》、《嘉靖寧志》卷七《文苑·詩·出郊觀獵至賀蘭山》作"風高"。
②　前題：即《巡行登賀蘭山》。

賀蘭懷古　安塞王　樗齋

朝嵐掃黛半陰晴，涼透葛衣輕。野黍離離，水禽唽唽，隴麥青青。百年遺址埋煙草，此日又重經。浮生幾許，可堪回首，觸處牽情。

右調寄《朝中措》。

娑羅模山，城西南一百里，近賀蘭山靈武口，水自地湧出。舊有龍王祠，禱祈多應。

慶靖王《夢記》曰：余以蒐出，軍次峽口，遇天大雪，苦寒，夜夢謁於神祠，問之守者，曰："此為莎羅模龍神祠也。"殿閣門廡，金碧燦然。余登自東階，見服霞帔若后妃者南面坐，旁侍二女，前列一几，上置牛首，拜茵織成山川五彩狀。余欲拜，見衣玄衣、執圭若王者令人答拜。及去，余始就拜茵，① 有一青衣答拜。余欲退，霞帔者起坐仇酒飲。予以辭，尋自飲已，復仇酒授予，② 知辭不獲，竟飲而寤。實改元春正月廿五夜也。③ 明日問之地著，對曰：④ "去此西不三舍，信有所謂莎羅模山焉，下有三泉湧出池中，⑤ 瑩綠澄清，其深叵測，而為莎羅模、祈答剌模、失哈剌模三龍王之蟄窟。⑥ 於禱旱澇雨暘輒應，一方賴之。昔有祠，燬於元季。"與余夢符。及遣官致祭，雪寒如昨，既竣事，則陰霾四開，太陽宣精。遂新其棟宇，歲舉祭事。永樂二年冬十月廿八日，命金陵王遜撰《莎羅模龍王祠記》，⑦ 刻於麗牲之碑。

峽口山，古名青銅硤，在城西南一百四十里。兩山相夾，黃河經其間，上列古塔甚多。

---

① ［校］拜：此字原脫，據《正統寧志》卷下《文·寧夏莎羅模龍王祠碑記》補。
② ［校］授：原作"投"，據《正統寧志》卷下《文·寧夏莎羅模龍王祠碑記》改。
③ 改元：明惠帝朱允炆建文元年（1399），朱楩避朱棣篡位之諱而稱"改元"。
④ ［校］曰：原作"以"，據《正統寧志》卷下《文·寧夏莎羅模龍王祠碑記》改。
⑤ ［校］池中：此同《朔方新志》卷四《詞翰·文·莎羅模龍王祠碑記》，《正統寧志》卷下《文·寧夏莎羅模龍王祠碑記》作"地中"。
⑥ ［校］失哈剌模：此同《正統寧志》卷下《文·寧夏莎羅模龍王祠碑記》，《正統寧志》卷上《山川》、《朔方新志》卷一《山川》均作"石哈剌模"。
⑦ ［校］莎羅模龍王祠記：《正統寧志》卷下《文》作"寧夏莎羅模龍王祠碑記"。

峽口吟① 齊之鸞
生犀飲河欲北渡，海月忽來首東顧。
馮夷舉手揮神鞭，鐵角半摧河上路。
至今夜行水泣聲，罔象欷歔鬼姦露。
土人作渠灌稻田，玄靈委順不敢怒。

峽口山② 張舜民
青銅峽裏韋州路，③十去從軍九不回。
白骨似沙沙似雪，④漫君莫上望鄉臺。⑤

省嵬山，城東北一百四十里，踰黃河。
居中山，城東南二百六十里。
黃草山，城北二百二十里，⑥其上草色多黃。
西瓜山，城北二百八十里。⑦
石嘴山，城東北二百里，突出如嘴。
麥垛山，城東北三百里。
黑山，城東北二百里，賀蘭山尾也。形如虎踞，飲河抗隘。
黃河，發源星宿海，伏流千里，至積石而再出，遠不具載。⑧自蘭、會北流，兩崖皆崇崖峭壁，河狹而水勢迅駛，商市莊寧山木順流而下，日可行四五百里，⑨以其流急也。府之宮室、廨署、棟柱、椓楔類資用，經中衛縣入硤口。灑為漢、唐諸渠，灌田數萬頃。逕府東北，過新秦，出龍門，繞延綏南注，至華陰而東入河南境，因有河套之地。

---

① [校]峽口吟：《嘉靖寧志》卷七《文苑·詩》題作《硤口》。
② 此詩原為《西征》二絕中的一首，《峽口山》題係後人擬。
③ [校]青銅峽：《仇池筆記》卷下《東原錄》、《類說》卷十作"青岡峽"。
④ [校]沙沙：《仇池筆記》卷下、《類說》卷十作"山山"。
⑤ [校]漫君莫上："漫君"，《東坡志林》卷四、《畫墁集》卷四、《苕溪漁隱叢話》前集卷五二、《詩人玉屑》卷十八均作"將軍"。"莫上"，《東原錄》、《畫墁集》卷四作"休上"。
⑥ [校]二十里：《康熙陝志》卷三《山川·寧夏衛》作"二十二里"。
⑦ [校]北：《嘉靖陝志》卷四《土地二·山川下》作"東北"。
⑧ [校]載：《朔方新志》卷一《山川》作"論"。
⑨ [校]四五百里：《朔方新志》卷一《山川》作"二百里"。

黑水河，① 城東九十里。番名哈剌兀速，西流注黃河。

清水河，② 鳴沙州南，距府二百五十里，古所謂葫蘆河者是也。河流甚狹，自平涼界來，西注於黃河。③

快活林，府城西十里，豐水草，宜孳牧。

高臺寺湖，在城東十五里。

三塔湖，在城東北三十里。

巽湖，城東南三十五里。

觀音湖，城北九十三里，④ 賀蘭山大水口下。

月湖，城北三十五里，⑤ 以形名。

長湖，城南十五里。⑥ 泛舟出蒲灣，渟泓浩晶，湖光澄碧，山色送青，遊覽有餘思焉。

沙湖，在城東二十里。

暖泉，在城西北八十里。⑦

按：寧夏黃河襟帶東南，賀蘭蹲跱西北。天造地設之險，屹然一雄鎮也。本朝邊備盡善，外虞歇貢，民享其樂，利非復前代烽燧時舉矣。桑土綢繆之計，猶有望於深計者焉。

癸丑防秋過暖泉亭⑧　周懋相

一泓澄碧玉，纍石傍亭明。

沁骨清形色，流光入壯蘅。

---

① [校] 黑水河：《康熙陝志》卷三《山川·寧夏衛》作"黑水"。
② [校] 清水河：《康熙陝志》卷三《山川·寧夏衛》作"清水"。
③ [校] 西注：疑當作"北注"。參見吳忠禮《寧夏志箋證》，第56頁《箋證》[二九]。
④ [校] 城北九十三里："北"，《嘉靖陝志》卷四《土地二·山川下》、《朔方新志》卷一《山川》均作"西北"。"九十三里"，此同《弘治寧志》卷一、《嘉靖寧志》卷一《寧夏總鎮·山川》，《大明一統志》卷三七《寧夏衛》作"九十五里"，《嘉靖陝志》卷四《山川下·寧夏衛》作"九十里"。
⑤ [校] 三十五里：此同《嘉靖陝志》卷四、《康熙陝志》卷三、《大清一統志》卷二〇四《寧夏府》、《乾隆甘志》卷六《山川》、《嘉靖寧志》卷一《寧夏總鎮·山川》，《弘治寧志》卷一《寧夏總鎮·山川》、《大明一統志》卷三七《寧夏衛》均作"七十五里"。
⑥ [校] 南：《嘉靖陝志》卷四《土地二·山川下》作"西南"。
⑦ [校] 城西北八十里：《乾隆甘志》卷六《山川》作"寧夏所北三十里"。
⑧ 癸丑：萬曆四十一年（1613）。

壬子行邊暖泉暫憩① 文球
涓涓曲水遶山河，獨喜陽春此地多。
蕩盡腥羶流不竭，洗兵何用挽天河。

前題 劉尚朴
驅車歷旱海，此際水泓然。
脉涌崑崙石，溫生黍谷泉。
蓬蘆清眼界，柳樹媚風煙。
為念荷戈士，投醪惠百川。

靈州
金積山，在州西南一百餘里。② 產文石，山有牛首寺。
磁窑山，州東北六十里，③ 為陶冶處。
炭山，州南五十里。④
平山，州東北八十里，以形名。
馬鞍山，州東北五十里，以形名。
天麻川，在州東北。
孛羅臺湖，⑤ 州南一十里。⑥
草塌湖，州南三十里。
滾泉，金積山東，水自地湧出，⑦ 高丈許，其沸如湯。

---

① 壬子：萬曆四十年（1612）。
② ［校］一百餘里：此同《弘治寧志》卷三、《嘉靖寧志》卷三《靈州守禦千戶所》，《嘉靖陝志》卷四《土地二·山川下》作"二百里"。
③ ［校］東北：此同《弘治寧志》卷三、《嘉靖寧志》卷三《靈州守禦千戶所·山川》、《嘉靖陝志》卷四《山川下·靈州守禦千戶所》，《乾隆甘志》卷六《山川》作"東"。
④ ［校］南：《嘉靖陝志》卷四《土地二·山川下》作"東南"。
⑤ ［校］湖：此字原脫，據《弘治寧志》卷三《靈州守禦千戶所·山川》、《嘉靖陝志》卷四《土地二·山川下》補。
⑥ ［校］一十里：《弘治寧志》卷三《靈州守禦千戶所·山川》作"二十里"，《朔方新志》卷一《山川》作"五十里"。
⑦ ［校］地：《嘉靖陝志》卷四《土地二·山川下》作"池"。

滴水，滾泉東北崖上。① 一石板突出，下瞰水自石板亂滴如雨，禱雨多應。

靈州諸山為西陲巨屏，北控河朔，南引慶延。②

韋州

打剌坡山，在城南四十里。

大蠡山，在韋州城西二十餘里。③ 層巒叠嶂，蒼翠如染。以其峰如蠡，故名。四傍皆平地，屹然獨立。上多奇木、異卉、良藥，山北有顯聖祠。雨晹禱輒應，永樂間載之祀典。

小蠡山，在大蠡山南。④

三山，⑤ 在城東百里，⑥ 三峰列峙。

樟子山，在三山南，溪澗險惡，豺虎所居。

狼山，在城東五里。⑦

琥八山，在城南八十里，⑧ 胡名。⑨ 華言"色駁雜"也。

黑鷹山、鹿山，二山皆近琥八山。

東湖，在城東。

鴛鴦湖，在東湖北。

富泉，大蠡山南，⑩ 引以灌田。

---

① ［校］東北：原作"北"，據《弘治寧志》卷三、《嘉靖寧志》卷三《靈州守禦千戶所·山川》改。

② ［校］慶延：《朔方新志》卷一《山川》作"慶凉"。

③ ［校］二十餘里：《弘治寧志》卷三《韋州·山川》作"三十里"，《嘉靖陝志》卷四《土地二·山川下》作"二十里"。

④ ［校］南：《正統寧志》卷上《山川》、《嘉靖陝志》卷四《土地二·山川下》作"東北"。

⑤ ［校］三山：《正統寧志》卷上《山川》、《弘治寧志》卷三《韋州·山川》及《弘治寧志》、《嘉靖寧志》附《國朝混一寧夏境土之圖》、《嘉靖陝志》卷六《土地四·寧夏衛》所附《寧夏衛疆域圖》等均作"三山兒"。

⑥ ［校］百里：《嘉靖陝志》卷四《土地二·山川下》作"二百里"。

⑦ ［校］東五里：《康熙陝志》卷三《山川·寧夏衛》作"東南二百九十里"。

⑧ ［校］南八十里：《嘉靖陝志》卷四《土地二·山川下》作"西南八十里"。《弘治寧志》卷三《韋州·山川》、《朔方新志》卷一《山川》作"南八十餘里"。

⑨ ［校］胡名：原作"湖名"，據《嘉靖陝志》卷四《土地二·山川下》作"夷名"，據《弘治寧志》卷三《韋州·山川》改。

⑩ ［校］南：《嘉靖陝志》卷四《土地二·山川下》作"下"。

暖泉，在塩池西南三十里。泉水環遶，樹木陰欝。

後衛
靈夏肘腋，環慶襟喉。

興武
靈夏重區，平慶要藩。

興武暫憩① 楊一清
簇簇青山隐戍樓，暫時登眺使人愁。
西風畫角孤城曉，②落日晴沙萬里秋。
甲士解鞍休戰馬，農兒持券買耕牛。
翻思木葉邊牆日，③曾得清平似此否？④

興武形勢⑤ 邱璐
沙磧茫茫忽見城，相傳原是李王營。
皇家建閫屯千騎，軍國經儲積萬楹。
稼穡寡秋人重粒，牛羊多息野無苹。
来遊莫訝人煙少，舊斬樓蘭有傅卿。

中衛
石空寺山，城東七十里。
米鉢山，城南七十里，因山有米鉢寺，故名。

---

① ［校］興武暫憩：《弘治寧志》卷八《雜詠類》題作《興武營》，《康熙陝志》卷九六、《明詩綜》卷二八題均作《孤山堡》。

② ［校］曉：原作"晚"，據《弘治寧志》卷八《雜詠類·興武營》、《康熙陝志》卷九六、《明詩綜》卷二八《孤山堡》改。

③ ［校］翻：《康熙陝志》卷九六、《明詩綜》卷二八《孤山堡》均作"回"。

④ ［校］否：《康熙陝志》卷九六、《明詩綜》卷二八《孤山堡》、《弘治寧志》卷八《雜詠類·興武營》、《嘉靖寧志》卷三《東路興武營守禦千戶所》、《朔方新志》卷五《詞翰·詩·興武暫憩》作"不"。

⑤ ［校］興武形勢：《弘治寧志》卷八《雜詠類》、《嘉靖寧志》卷七《文苑·詩》題均作《興武營東傅協參》。

雪山、冷山，大河之南，近平凉、蘭州界。

沙山，衛西五十里，因沙積，故名。

啓剌八山，衛大河西北。

觀音山，衛北五十里，山有觀音洞。其天都、韋精二山，《圖記》不載，莫得其處。"天都"，元昊所名，嘗建南牟内殿舘庫於此，爲宋李憲所焚，疑即今之米鉢山也。《陝西通志》云：① "天都山在鎮武軍西北百五十里。" 韋精山，近會州，② 元昊駐兵於此，疑即今之哈密峽也。

洛陽川，衛西二十五里。

龍潭泉，衛西二十里，冬不凝冰，禱雨輒應。

蒲塘，衛北四十里，塘中多蒲草。

中衛，邊陲要路。右通莊浪，東阻大河，西據沙山。③ 《元史》本州志。④

廣武爲西河要衝。⑤

水　利

漢延渠、唐來渠。自硤口東鑿河引流，數里有閘，以洩蓄水。漢延流遶鎮東，逶迤而北，延長二百五十里。支流徒口三百六十有九。唐來流遶鎮西，逶迤而北，延長四百里，支流徒口大小八百有八，⑥ 餘波皆入於河。四月，開水澆灌，自下而上，官爲封禁，少不如法，則田涸民困。二渠寧夏恃以爲重。⑦

唐、漢二壩。黄河由崑崙、積石入硤口，遶寧夏東，直流而北，河口東曰漢，西曰唐，肇自董文用、郭守敬開導授民，其利遠矣。顧薪木力

---

① 參見《嘉靖陝志》卷四《土地二·山川下》。
② [校] 會州：原作"會川"，據《朔方新志》卷一《山川·中衛》改。
③ 引文參見《大明一統志》卷三七《寧夏衛》，《乾隆甘志》卷四《疆域附形勝·寧夏府·中衛縣》注此段史料出自《元史》。唯"東阻大河西據沙山"句出自《元史》卷六〇《地理志》。
④ 參見《元史》卷六〇《地理志》。
⑤ 參見《嘉靖寧志》卷三《西路廣武營·形勝》。
⑥ [校] 八百有八：此同《嘉靖寧志》卷一《寧夏總鎮·水利》、《嘉靖陝志》卷三八《政事二·水利》，《弘治寧志》卷一《寧夏總鎮·水利》作"三百八"。
⑦ [校] 爲重：《嘉靖陝志》卷三八《政事二·水利》作"爲利"。

役，歲費不貲。自隆慶六年，僉事汪公文輝始奏易以石製式，授工巧力備至，① 甫成漢壩二閘，即陞去。萬曆間，巡撫羅公鳳翱竟其事，兩壩安於磐石。

　　按：寧夏河渠凡十有一，惟漢、唐二渠冣著，餘特其支流耳，不詳其自始。《河渠書》：② 自宣房後，用事者爭言水利，朔方、西河、河西，皆引河以溉田。《匈奴傳》云，③ 驃騎封狼居胥山，漢度河自朔方以西至令居，④ 往往通渠置田，官吏卒五六萬人，⑤ 是漢武時夏已有渠矣，特未詳其人。及觀《西羌傳》，⑥ 虞詡奏復朔方、西河、⑦ 上郡，使謁者郭璜激河浚渠為屯田，始知浚漢渠者，虞詡、郭璜也。唐渠，意亦漢故渠而復浚於唐者。寧夏於唐為懷遠縣，隸靈州，故凡唐言靈州，即謂茲鎮。《唐書》：⑧ 李聽為靈州大都督長史，境內有故光祿渠廢久，聽復開決以溉田，是李聽所開亦漢渠也。漢光祿勳徐自為於五原築光祿塞。五原，今榆林鎮，近夏，則夏之光祿渠意亦自為所浚。《吐蕃傳》載，⑨ 虜酋馬重英寇靈州，奪御史、尚書、填漢三渠。⑩ 皆謂漢渠。惟《地里志》云，⑪ 靈州有特進渠，⑫ 長慶四年詔開此，似開於唐者而無其人。又後魏刁雍為薄骨律鎮將，表請：自富平西南三十里有艾山，⑬ 鑿以通河，⑭ 似禹舊跡。按：富平，寧夏城也，西三十里，今廢渠疑即艾渠。唐吐蕃寇靈州，郭子儀敗之七級渠。宋劉昌祚圍夏城，夏人決黄河七級渠以灌營。《元和志》言，⑮ 千金陂在靈武北四十二里，漢渠在縣南五十里，從漢渠北流四十餘里始為千金

① ［校］巧力：《朔方新志》卷一《水利》作"功巧"。
② 參見《史記》卷二九《河渠書》。
③ 參見《史記》卷一一〇《匈奴傳》。
④ ［校］令居：原作"今居"，據《史記》卷一一〇《匈奴傳》改。
⑤ ［校］五六萬人：此四字原無。本志原編者僅輯錄"官吏卒"三字，句意未明，據《史記》卷一一〇《匈奴傳》補。
⑥ 參見《後漢書》卷八七《西羌傳》。
⑦ ［校］西河：原作"河西"，據《後漢書》卷八七《西羌傳》改。
⑧ 參見《舊唐書》卷一三三、《新唐書》卷一五四《李聽傳》。
⑨ ［校］吐蕃：原作"吐魯番"，據《新唐書》卷二一六下《吐蕃傳》改。
⑩ ［校］奪御史尚書填漢三渠：原作"塞漢御史尚書光祿三渠"，據《資治通鑑》卷二二五改。
⑪ 參見《新唐書》卷三七《地理志》。
⑫ ［校］特進渠：《四庫》本《唐會要》卷八九《疏鑿利人》作"時逐渠"。
⑬ ［校］西南：原作"西"，據《魏書》卷三八《刁雍傳》改。
⑭ 據《魏書》卷三八《刁雍傳》載，刁雍上表，非提議鑿艾山以通河，而是如《寧夏府志》卷四《古蹟》所載，刁雍"上表，請自艾山南鑿渠通河，溉公私田四萬頃"。刁雍上表提議，在艾山以南的平地上鑿渠通水。
⑮ 參見《元和郡縣志》卷四《關內道》。

陂，其左右又有胡渠、御史、百家等八渠。此亦唐時所有者。及宋楊瓊，史稱其開渠溉田，今皆不知其處。大都代遠，湮浚不常，名氏莫悉。惟虞、郭濬於東漢，李、楊濬於唐宋，則史有可考也。

貼渠，在城西南而流北，與唐壩同口異閘。

新渠，在城南，遠東而流北。

紅花渠，抱東南而流北。

良田渠，在城西，流北。

滿達剌渠，① 在城西北，轉流東北，俱唐来之支流。

東南小渠，引紅花渠水，② 飛槽跨濠入城。

西北、〔西〕南小渠二，③ 引唐来渠水，飛槽跨濠入城，永樂甲申，④ 總兵何福以城中地鹹水鹹，開竇引渠入城，灌園汲飲。

漢、唐正閘二，水至二壩，為閘所束，勢洶湧，故以巨木障其旁與底，中流列柱，分為三閘，駕橋構宇於上，今易沙石，萬世永賴。⑤

旁閘七。

揚水閘八。

減水閘一。

橋四十有八。

渠口十有六。

王現湃、逼近黃河，乃迎水者冣為緊要。蔣淮湃、逼近漢延渠。張貴湃、新增障貼渠東岸。陳敬壅水湃。支屬唐渠，在寧化寨。

漕八。跨渠過水，漢四、唐四。

瀉水暗洞。

津渡三：高岸、李祥、橫城。漢渠迤東大河之渡。

靖盧渠，乃元昊時廢渠。舊名"李王渠"，疑即古之"艾渠"。弘治中，⑥ 巡撫王珣奏開，更名"靖盧"。石堅沙深，竟不能成，仍為

---

① ［校］滿達剌：《嘉靖陝志》卷三八《政事二·水利》作"滿苔剌"。

② ［校］引紅花渠水：《嘉靖陝志》卷三八《政事二·水利》載作"引唐來"渠水。

③ 西北南小渠：據《嘉靖陝志》卷三八《政事二·水利》，係指西北、西南二小渠。

④ 永樂甲申：明成祖朱棣永樂二年（1404）。

⑤ ［校］永賴：《朔方新志》卷一《水利》作"永利"。

⑥ 《弘治寧志》、《嘉靖寧志》卷三《靈州守禦千户所·水利》載，事在弘治十三年（1500）。

廢渠。

大清渠，雍正六年新建，惠農、昌潤二渠繼成，夏、朔、平等縣，田畝水澤周遍。乾隆十七年，陝甘總督黃廷桂、甘肅巡撫楊應琚，重加修濬，勒碑紀歲月、役夫、工料。

渠工每年清明日即開濬，蓋黃河水多泥，易淤塞故道。至時，水利同知專其事，巡道、知府出居渠上，督各官及各堡長，按田畝出備夫料。挑濬一月，謂之春工。開閘放水，由小河支港，以達鄉堡溝洫。灌田又禁私放，水道必自下至上，由近及遠。若田有高低，水不能達者，用木槽跨濠飛渡，謂之飛槽，仍唐、宋舊製也。

漢壩有量水木椿，植河畔，上刻丈尺數目，如此地河漲一尺，江淮水即高一丈。每逢水發時，水如上椿，例由寧夏知府飛報總河文書，日馳六百里，數晝夜即達。河流至寧夏，又北轉出口外數千里，由山西遶河南至江南，曲折逶迤，又數千里。文報每先到，而河流始至江淮。乾隆十八年，木椿水漲九尺，故淮水泛溢，河堤決數處。

朔方形勝賦① 　副使　曹璉著

繁夏州之大郡，實陝右之名邦。當三邊之屏翰，關千里之封疆。廓岡阜而為垣，濬川澤而為湟，角黿鼉而為道，卧蟠蝀而為梁。帶河渠之重阻，奠屯戍之基張。墾良田之萬頃，撐喬木之千章。塩池滉漾瀆其隈，菊井馥郁馨其傍。桑梓相接，棟宇相望。若率土而論其邊陲，則非列郡之所擬方也。今焉載瞻其四維也，漢隴蟠其西，晉洛梗其東，北跨沙漠之險，南吞巴蜀之雄。山奔突而若馳，水旋繞如環雍，鄽遐郊其坦夷，聳孤城之崇窿。內則敞街衢兮輻輳，紛輿馬兮交通；外則經溝塍兮刻鏤，昀原隰兮腴豐。任土作貢而域雍兮，星分井鬼；罷侯置守而隸靈兮，民雜漢戎。出河朔山川之外，臨蕃落境界之中。② 青窺華嶽之隱隱，翠挹岷峨之重重。遙躋西嶺之屹屹，近俯東湖之溶溶。營興廣武，坊旌劾忠，壩濱積石，關迩臨潼。橋橫通濟兮，接賓之舖連棟；③ 園開麗景兮，望春之樓凌空。澹

---

① ［校］朔方形勝賦：《嘉靖寧志》卷八《文苑・文》題作《西夏形勝賦》。

② ［校］蕃：原作"藩"，據《嘉靖寧志》卷八《文苑・文・西夏形勝賦》、《朔方新志》卷四《詞翰・朔方形勝賦》。

③ ［校］舖：此同《朔方新志》卷四《詞翰・朔方形勝賦》，《嘉靖寧志》卷八《文苑・文・西夏形勝賦》作"舘"。

清潭兮，天光雲影；翠秀色兮，綠水芙蓉。赫連春曉兮，① 日烘桃李；靈武秋高兮，風墜梧桐。殘陽夕照荒堈兮，落花啼鳥；飛瀑晴懸峭壁兮，玉澗垂虹。轆轤呷軋兮，影落蘆溝之夜月；漁歌欸乃兮，響窮古渡之秋風。於是高臺日上，長塔煙浮。晴虹之影乍弄，蒲牢之聲初收。大河之水未波，蠱山之雲不流。藹華實之蔽野，漫黍稷之盈疇。石関雪積兮，銀鋪曲徑；漢渠春漲兮，練拖平邱。騏驥如雲兮，② 花馬之池；鱒鯽盈肆兮，應理之州。平虜城兮執訊獲醜，鳴沙州兮落鴈浮鷗。城傾黑水兮，頹堆殘堞；津問黃沙兮，短櫂輕舟。神槎湮兮，③ 猶存博望之跡；石硤鑿兮，④ 尚傳大禹之游。高塚巍峩兮，元昊之魂已冷；古刹煨燼兮，文殊之像常留。表賀獻俘而忠貫日月兮，唐將之精靈耿耿；書抗偽號而名重邱山兮，宋賢之遺韻悠悠。此名天下、播海陬，而為西夏之勝槩，可與江南之匹儔者。

然猶未也。若乃則考其四時也，春則杏塢、桃蹊，霞鮮霧靄；秋則鶴汀、鳧渚，月朗風微；夏則蓮濯碧沼之金波，嬌如太液池邊之姬媵；冬則栢傲賀蘭之晴雪，⑤ 癯若首陽山下之夷齊。與夫觀鷹鸇之雄度，則凜凜乎周家之尚父也；覘芝蘭之葱蒨，則燁燁乎謝庭之子姪也。⑥ 對松竹之森立，則梃梃乎汲黯之剛直也；翫鷗鷺之瑩潔，則皎皎乎楊震之清白也。以至芳林鶯語，柳榭蟬聲，鏗鏗鏘鏘，⑦ 又有若回琴點瑟之立夫

---

① ［校］兮：此字原脫，據《嘉靖寧志》卷八《文苑‧文‧西夏形勝賦》、《朔方新志》卷四《詞翰‧朔方形勝賦》補。

② ［校］騏驥：原作"騏驎"，據《嘉靖寧志》卷八《文苑‧文‧西夏形勝賦》、《朔方新志》卷四《詞翰‧朔方形勝賦》改。

③ ［校］槎：此同《朔方新志》卷四《詞翰‧朔方形勝賦》，《嘉靖寧志》卷八《文苑‧文‧西夏形勝賦》作"溠"。

④ ［校］石硤：此同《朔方新志》卷四《詞翰‧朔方形勝賦》，《嘉靖寧志》卷八《文苑‧文‧西夏形勝賦》作"石峽"。

⑤ ［校］晴雪：原同《朔方新志》卷四《詞翰‧朔方形勝賦》作"暗雪"，據《嘉靖寧志》卷八《文苑‧文‧西夏形勝賦》改。

⑥ ［校］燁燁：此同《嘉靖寧志》卷八《文苑‧文‧西夏形勝賦》、《朔方新志》卷四《詞翰‧朔方形勝賦》，《乾隆甘志》卷四六《藝文‧朔方形勝賦》作"奕奕"，《康熙陝志》卷三二《藝文‧朔方形勝賦》作"華華"。

⑦ ［校］鏗鏗鏘鏘：原同《朔方新志》卷四《詞翰‧朔方形勝賦》作"鏗鏘"，據《嘉靖寧志》卷八《文苑‧文‧西夏形勝賦》補。

孔楹也。此皆悅耳目、娱心志，而為西夏之美觀，不減江南之佳致者。① 是使騷人墨客，碩士英賢，尋幽覽勝，游樂流連。於以羅珍饌，列綺筵，飛羽觴、奏管絃，品題詞藻，繡句錦篇。觥籌交錯，屢舞僛僛。撫乾坤之坱圠，掃犬戎之腥羶。② 詢古今於故老，③ 稽成敗於遺編。方其王命南仲，徃城於方，此何時乎？迨漢郭璜，繕城置驛，浚渠溉田，省費萬計，盖一盛也。整居焦穫，④ 侵鎬及方，此何時乎？迨唐李聽，興什舉廢，⑤ 復田省餉，人賴其利，又一盛也。嗟夫，時有盛衰，治有隆替，天道循環，斯亦何泥？方今聖主，啓運應符，丕建人極，重熙皇圖。混車書於六合，覃恩威於九區，登斯民於懷葛，躋斯世於唐虞。

知兹夏州，超軼徃古，詩禮彬彬，衣冠楚楚。建學立師，修文偃武。尚陶匏，貴簪組，袪異端，禦狎侮。抑工商之浮華，敦士農之寒苦。烽燧息煙，⑥ 閭閻安堵。白叟黃童，謳歌鼓舞。熊熊奮勇於陣行，玁狁潛行於巢所。⑦ 弓矢藏於服韔，干戈載於庫府。⑧ 而況蔭土封者惟德惟義，遠超樂善之東平；⑨ 握將柄者有嚴有翼，端繼為憲之吉甫。予也一介之書生，

---

① ［校］者：此同《朔方新志》卷四《詞翰·朔方形勝賦》，《嘉靖寧志》卷八《文苑·文·西夏形勝賦》作"者也"。

② ［校］犬戎之腥羶：此同《嘉靖寧志》卷八《文苑·文·西夏形勝賦》、《朔方新志》卷四《詞翰·朔方形勝賦》，《乾隆甘志》卷四六《藝文·朔方形勝賦》作"亭障之烽煙"。

③ ［校］故老：此同《朔方新志》卷四《詞翰·朔方形勝賦》，《嘉靖寧志》卷八《文苑·文·西夏形勝賦》作"老故"。

④ ［校］焦穫：此同《嘉靖寧志》卷八《文苑·文·西夏形勝賦》、《朔方新志》卷四《詞翰·朔方形勝賦》，《乾隆甘志》卷四六《藝文·朔方形勝賦》作"焦濩"。

⑤ ［校］什：此同《朔方新志》卷四《詞翰·朔方形勝賦》，《嘉靖寧志》卷八《文苑·文·西夏形勝賦》作"什"。

⑥ ［校］烽燧息煙：此同《嘉靖寧志》卷八《文苑·文·西夏形勝賦》、《朔方新志》卷四《詞翰·朔方形勝賦》，《乾隆甘志》卷四六《藝文·朔方形勝賦》作"沙漠塵空"。

⑦ ［校］玁狁：此同《嘉靖寧志》卷八《文苑·文·西夏形勝賦》、《朔方新志》卷四《詞翰·朔方形勝賦》，《乾隆甘志》卷四六《藝文·朔方形勝賦》作"麋鹿"。

⑧ ［校］載：此同《嘉靖寧志》卷八《文苑·文·西夏形勝賦》、《朔方新志》卷四《詞翰·朔方形勝賦》，《乾隆甘志》卷四六《藝文·朔方形勝賦》作"戢"。

⑨ ［校］東平：原作"陣平"，據《嘉靖寧志》卷八《文苑·文·西夏形勝賦》、《朔方新志》卷四《詞翰·朔方形勝賦》改。

敢擬韓、范之參伍，聊洮筆而紀行，議者幸勿誚其狂魯！①

城　池

　　寧夏府城，漢朔方地。宋景德間，②趙德明內附，假以本道節制，始遷改興州，今城實其故址。圍一十八里，東西袤於南北，③相傳以為"人"形。元末，寇亂難守，棄其西半。④正統間，以生齒繁庶，復築其所棄，即今之新城。統甃甄石，四角皆刓削，以示不滿之意。歲久失其制，止闕其艮方，⑤環城引水為池。城高三丈六尺，基濶二丈，池深二丈，濶十丈。門六：東曰清和，南曰南薰，南薰之西曰光化，西曰鎮遠，北曰德勝，德勝之西曰振武。重門各三。內城大樓六、角樓四，壯麗雄偉。懸樓八十有五，舖樓七十。外建月城，城咸有樓。南北有關，以至砲銃具列，閘板飛懸、火器神臂之屬，制備極工巧。萬曆三年，巡撫羅鳳翺、僉事鮮學增繕鑿舊易新，環甃堅固。關樓南曰昭陽太平，北曰平虜。慶府長史孫汝匯記，萬曆二十年兵變灌城，浸圮，德勝、昭陽、剗車諸樓皆燬。逾年，巡撫周光鎬、副使尹應元重修，題北樓曰命我，關樓曰朝陽。嗣是巡撫楊時寧、黃嘉善、崔景榮相繼修建，城樓漸復舊制，仍為巨鎮偉觀云。

　　乾隆三年地震，城垣盡傾圮。奏聞，發內帑九十五萬三千兩，另築城垣，建樓濬池。寧夏道阿炳安監督，俱仍舊式，六門及外城樓亦仍舊名。

　　距府十五里為新城，今為滿兵駐防營。鎮守將軍一員，都統二員，滿甲三千副。餉自甘省藩司發府，每月朔日，赴府尓支。其米粟等項，在夏朔二縣支領。滿營前近府城，乾隆三年地震，始移駐新城。

---

①　[校]議者：此同《朔方新志》卷四《詞翰·朔方形勝賦》，《嘉靖寧志》卷八《文苑·文·西夏形勝賦》作"識者"。

②　[校]景德間：《長編》卷九六載，宋真宗天禧四年（1020），趙德明始城懷遠鎮而居之，號興州。《宋史》卷四八五《夏國傳》載德明城興州事於宋仁宗天聖元年（1023），均不在宋真宗景德年間（1004—1007）。本志疑誤。

③　[校]袤：《弘治寧志》卷一《寧夏總鎮·城池》、《嘉靖寧志》卷一《寧夏總鎮·建置沿革》均作"倍"。

④　[校]西半：《正統寧志》卷上《城垣》作"半"。

⑤　艮方：即東北方。

送盧藩之朔方① 唐　韋蟾

賀蘭山下果園成，塞北江南舊有名。
水木萬家朱户暗，② 弓刀千騎鐵衣明。③
心源落落堪為將，膽氣堂堂合用兵。
却使六番諸子弟，④ 馬前不信是書生。

送散騎常侍赴朔方⑤ 皇甫冉

故壘煙塵促，⑥ 新軍河塞間。
金貂寵漢將，玉節度蕭關。
散漫沙中雪，⑦ 依稀漠口山。⑧
人知寶車騎，計日勒銘還。

送李騎曹之靈武⑨ 郎士元⑩

一歲一歸寧，涼天數騎行。

---

①　本詩亦見載於《唐詩紀事》卷五八、《全唐詩》卷五六六、《弘治寧志》卷八《雜詠類》、《嘉靖寧志》卷一《山川》、《朔方新志》卷五《詞翰·詩》、《乾隆甘志》卷四九等，題或作《送虞尚書之靈武》，或作《送盧潘尚書之靈武》。

②　[校] 萬家：《嘉靖寧志》卷一《寧夏總鎮·山川·賀蘭山》作"萬象"。

③　[校] 弓刀千騎鐵衣明："千騎"，《唐詩紀事》卷五八、《全唐詩》卷五六六《送盧潘尚書之靈武》均作"千隊"。"明"，《唐詩紀事》卷五八、《全唐詩》卷五六六《送盧潘尚書之靈武》作"鳴"。

④　[校] 子弟：《唐詩鼓吹》卷四《送盧潘尚書之靈武》作"弟子"。

⑤　[校] 常侍：原作"常使"，據《皇甫冉詩集》卷三《送常大夫加散騎常侍赴朔方》、《唐百家詩選》卷十《送太常大夫加散騎常侍赴朔方》改。又，本詩亦見載於《唐百家詩選》卷一〇、《全唐詩》卷二五〇、《皇甫冉詩集》卷三、《弘治寧志》卷八《雜詠類》、《嘉靖寧志》卷一《郡名》、《朔方新志》卷五《詞翰·詩》等，題或作《送太常大夫加散騎常侍赴朔方》，或作《送常大夫加散騎常侍赴朔方》。

⑥　[校] 煙塵促：此同《唐百家詩選》卷十《送太常大夫加散騎常侍赴朔方》，《皇甫冉詩集》卷三《送常大夫加散騎常侍赴朔方》作"煙霞後"，《全唐詩》卷二五〇作"煙塵後"。

⑦　[校] 散漫：此同《唐百家詩選》卷十《送太常大夫加散騎常侍赴朔方》，《皇甫冉詩集》卷三《送常大夫加散騎常侍赴朔方》作"澶漫"。

⑧　[校] 漠口：此同《唐百家詩選》卷十《送太常大夫加散騎常侍赴朔方》，《皇甫冉詩集》卷三《送常大夫加散騎常侍赴朔方》作"漢口"。

⑨　[校] 送李騎曹之靈武：《文苑英華》卷二八四題作《送威衛李騎曹之靈武省寧》，《正統寧志》卷下、《弘治寧志》卷八、《唐百家詩選》卷七皆題作《送李騎曹之靈武寧侍》。

⑩　郎士元：《文苑英華》卷二八四《送威衛李騎曹之靈武省寧》著此詩作者為"釋無可"。

河來當塞曲，山遠與沙平。
縱獵旗風卷，聽笳帳月生。
新鴻引寒色，① 回日滿京城。

送鄒明府遊靈武②　賈島
曾宰西畿縣，三年馬不肥。
債多憑劍與，③ 官滿載書歸。
邊雪藏行徑，④ 林風透臥衣。
靈州聽曉角，客館未開扉。

送李騎曹靈州歸覲　張籍
翩翩出上京，幾日到邊城。
漸覺風沙處，⑤ 還將弓箭行。
席箕侵路暗，野馬見人驚。
軍府知歸慶，應教數騎迎。

送靈州田尚書　薛逢
陰風獵獵滿旗竿，白草飅飅劍戟攢。⑥
九姓羌渾隨漢節，六州蕃落從戎鞍。
霜中入塞琱弓硬，⑦ 月下翻營玉帳寒。
今日路傍誰不指，⑧ 穰苴門戶慣登壇。

---

① ［校］寒：原作"塞"，據《唐百家詩選》卷七、《文苑英華》卷二八四、《石倉歷代詩選》卷一〇六、《全唐詩》卷二四八等改。
② ［校］鄒明府：《文苑英華》卷二七八作"鄒明甫"。
③ ［校］憑：《長江集新校》卷三《送鄒明府遊靈武》作"平"。
④ ［校］行徑：《朔方新志》卷五《詞翰·詩·送鄒明府遊靈武》作"行逕"。
⑤ ［校］處：《張司業集》卷三《送李騎曹靈州歸覲》作"起"。
⑥ ［校］劍戟：《文苑英華》卷二八一《送靈州田尚書》作"劍氣"。
⑦ ［校］硬：《唐詩品彙》卷八九《送靈州田尚書》作"響"。
⑧ ［校］路傍：《唐詩品彙》卷八九《送靈州田尚書》作"路旁"。

西征　宋　張舜民

靈州城下千株柳，① 總被官軍砍作薪。②
他日玉關歸去路，③ 將何攀折贈行人。④

夏城坐雨　李夢陽

河外孤城枕草萊，絶邊風雨送愁来。
一秋穿塹兵多死，十月燒荒將未回。
往事空餘元昊骨，壯心思上李陵臺。
朝廷遣使吾何補，白面慚非濟世才。

夏城漫興

行盡沙陲又見河，賀蘭西望碧嵯峨。
名存異代唐渠古，雲鏁空山夏寺多。
萬里君恩勞餽餉，三邊封事重干戈。
朔方今難汾陽老，誰向軍門奏凱歌。

夏城曉發⑤　楊守禮

寂寞邊城道，春深不見花。
山頭堆白雪，風裏捲黃沙。
計拙心惟赤，愁長鬢已華。
晉雲連塞草，回首各天涯。

---

① ［校］城下：《東原録》作"城外"。
② ［校］總被官軍砍作薪：《宋史》卷三四七《張舜民傳》作"斫受降城柳為薪"。"砍"，此同《東坡志林》卷四、《仇池筆記》卷下、《類說》卷十，《東原録》、《畫墁集》卷四、《苕溪漁隱叢話》前集卷五二、《詩人玉屑》卷十八均作"斫"。"官軍"，原作"官司"，據《東坡志林》卷四、《東原録》、《仇池筆記》卷下、《畫墁集》卷四、《類說》卷十改。
③ ［校］他日玉關歸去路："玉關"，《類說》卷十作"陽關"。"路"，《仇池筆記》卷下、《類說》卷十作"後"。
④ ［校］攀折：《類說》卷十作"扳折"。
⑤ ［校］夏城曉發：《嘉靖寧志》卷七《文苑·詩》題作《三月巡撫曉發夏城》，《朔方新志》卷五《詞翰·詩》題作《夏城巡邊曉發》。

夏城秋興① 承廣

江山如畫幾興亡，天際秋雲自夕陽。
栗里陶潛書甲子，長沙賈誼愛文章。
鴈將南去驚寒意，菊為誰開作晚香。
不有醉狂書爛熳，老懷何處問時光。②

夏臺夜坐③ 孟霦

獨坐更深銷篆香，④月光滿地白於霜。
重門寂寂橫金鑰，何處鐘聲到畫堂。

學　校

寧夏等衛儒學，在左右倉後。洪武二十九年，鎮人朱真奏立寧夏中屯衛學，⑤三十四年廢。永樂元年，真復奏立寧夏等衛儒學，⑥在效忠坊北。正統中，⑦改移今學。成化初，⑧巡撫張鑾重修。弘治癸亥，⑨巡撫劉憲重

---

① ［校］夏城秋興：《弘治寧志》卷八《雜詠類》、《嘉靖寧志》卷七《文苑·詩》、《朔方新志》卷五《詞翰·詩》題均作《塞垣秋興》。

② ［校］問：《弘治寧志》卷八《雜詠類·塞垣秋興》、《嘉靖寧志》卷七《文苑·詩·塞垣秋興》作"間"。

③ ［校］夏臺夜坐：《嘉靖寧志》卷七《文苑·詩》、《朔方新志》卷五《詞翰·詩》題均作《秋臺獨坐》。

④ ［校］更深：《嘉靖寧志》卷七《文苑·詩·秋臺獨坐》作"寒更"。

⑤ ［校］朱真：此同《嘉靖寧志》卷一《寧夏總鎮·學校》，《弘治寧志》卷一《寧夏總鎮·學校》作"朱貞"。下同。

⑥ 吳忠禮據《明太祖實錄》等文獻考證認為，寧夏儒學當設立於明太祖洪武二十八年（1395），無其他文獻記載三十四年（即明惠帝建文三年，1401）廢除寧夏儒學事，明成祖永樂四年（1406）改"寧夏中屯等衛儒學"為"寧夏等衛儒學"。本志載寧夏儒學興廢時間蓋襲《正統寧志》誤說。參見吳忠禮《寧夏志箋證》第125頁《箋證》[二一]。

⑦ 《弘治寧志》卷一、《嘉靖寧志》卷一《寧夏總鎮·學校》載，事在正統九年（1444）。

⑧ 《弘治寧志》卷一、《嘉靖寧志》卷一《寧夏總鎮·學校》載，事在成化六年（1470）。

⑨ 弘治癸亥：弘治十六年（1503）。

修。萬曆二年，巡撫羅鳳翱重修。三十三年，①巡撫黃嘉善重修。俱有碑記。②

本朝重修不悉載。雍正二年，改衛為府，立府學、夏朔二縣學。乾隆三年地震後，仍舊地重建。

商學，天啓元年，張九德為學政奏設，以惠商人，今仍其舊。

揆文書院，在寧夏學東。嘉靖戊戌，③巡撫吳公〔鎧〕創始，巡撫王鑑川〔崇古〕重修。萬曆初，巡撫羅念山〔鳳翱〕又葺其宇。三十八年，梓山黃公〔嘉善〕分東西十號，每旬令二廳試課，後遂廢。

朔方書院，在後衛。嘉靖四十七年，④户部郎中蔡國熙建，後廢。

銀川書院，康熙年間倣前明揆文遺意，創立書院，不久旋廢。乾隆十八年四月，寧夏太守趙公本植，浙之上虞人，抵任後，政修事舉，念文士囿於陋俗，不知講學，欲創立書院，條其議上之大憲，報可。爰鬻城西張氏屋，增修為銀川書院，講堂肄舍、會課之舘、燕息之室咸備。繼思無以供修脯、給膏火，何能持久？開墾新渠、寶豐二裁縣廢地一百三十九頃，歲入租粮一千五百九十九石，永為書院廩饍。五州縣又各立義學五處，歲給其資，延師主講，月課藝二次，豐其膳饌，前列者另給筆資。期年，咸知敦行力學，人文蔚盛，士林頌其造就。罷官時，諸生號泣，至有不忍入院肄業者。雖邊地，士習近古如是。

風　俗

彊梗尚氣，重然諾，敢戰鬥。《金史》夏國贊。⑤按：夏俗淳厚馴雅，自洪武初，盡徙其民於關中，實以齊、晉、燕、趙、周、楚之民，而吳、

---

① ［校］三十三：原作"二十二"，據《朔方新志》卷二《内治·學校》改。《明神宗實錄》卷三六〇載，黃嘉善於萬曆二十九年（1601）六月戊子任職寧夏巡撫。《朔方新志》卷二《内治·宦蹟》載，其在萬曆三十年（1602）任寧夏巡撫，萬厯二十二年（1594）任寧夏巡撫者為周光鎬，故黃嘉善不當有萬厯二十二年修學校事。

② 碑記：指彭時撰《重修儒學碑記》、張嘉謨撰《重修儒學碑記》、張大忠撰《重修儒學碑記》、李維禎撰《巡撫都御史黃公嘉善重修儒學碑記》。

③ 嘉靖戊戌：明世宗朱厚熜嘉靖十七年（1538）。

④ ［校］四十七：《康熙陕志》卷七《學校》、《朔方新志》卷二《内治·學校》作"四十五"。

⑤ 參見《金史》卷一三四《西夏傳》之"贊曰"。

越居多，故彬彬然有江左之風。服舍從風好尚與中土不甚異。惟祠宇、公署、文武世族屋上覆瓦連甍，民間及市肆俱以土蓋房，積薪其上。屋上架木，襯蘆席薄板，平鋪黄土，築堅實，無屋脊。四時無大雨，不設簷溝，雪後即登屋掃去。婦女多在屋上晒衣服雜物，夏夜在上納凉，畜犬屋上，見人高吠。堂中供諸神像，錯列祖先。

四時節儀，如元旦，燃燭炷香，懸天燈，祀真宰，拜祖禰，出賀親友。迎春，男婦競觀。立春前一日，太守以下官迎春於東郊。有擡閣十餘座，高蹻十餘人，並雜扮故事，鼓樂導徃歸，至府署二門外，供忙神春牛，行禮畢，上堂飲慶春席。戲班演戲數劇，童子扮村婦，唱秧歌，馬夫扮報人，三次馳馬至堂，叫高陞。次日鞭春二門外。茹春餅，薦白葡。上元，張燈，放花爆。燈市冣盛，有牌樓燈，樹大木架甚高，夾層貼紗或貼墨，画花卉、人物，勾名人所書匾對，中燃大燭。街心有燈亭三四層，極高大，如樓閣狀，四面貼紗綵繪，燃大燭數十枝，中供水府三官，其費甚奢。四牌樓街冣多，仍舊時豪華之俗，皆山西及西安、蘭州客商，每貿易此地，積錢為之者。沿街賣羹粉團，謂之熱元宵，兒童持炒瓜子叫賣。十六日，家室随方近行，取禳吉之義。春分釀酒，名"春分酒"。河水既判，網鯉登市，魚極鮮肥。清明，公族大姓，樹鞦韆，放風鳶，卜吉，載餚出郊，展墓，挿柳户上，並戴婦首。季春廿八日，爇香東嶽廟。孟夏八日，諸寺為洗祓會。午日貼符、挿艾、繫綵索、啖角黍，咸相餽遺。醫人捉蟇採藥。十有三日，関王廟。望日，城隍趾錯參拜，諸貨駢集貿易。季夏六日，儲水造麯水，經月不腐。孟秋七日，閨人亦以針工、茗果乞巧。中秋，作月餅，陳瓜果，祀太陰。仍占月光以驗來歲。上元晴雨。季秋九日，①蒸花糕，具菊釀相餽。孟冬朔，咸祭於家。是月，採蔬實塩以備冬。仲冬，長至祠祭如前，第不拜賀。嗣是紈綺，牽黄臂蒼，畋獵畢舉焉。季冬初旬，釀臘酒。八日，以米、豆、雜果為粥，名"臘八粥"。廿三日夕，祀竈歲除饌，謝真宰，薦祖禰，貼春聯，易門神桃符。夕具酒餚，以次稱壽守歲。

婚禮頗近古，六儀亦備，士皆親迎。迎親惟縉紳家借用官府大轎，士民俱坐馬車或驢車。門結綵坊，亦有用色布者。親友賀婚，對聯貼滿門壁。喪禮，士大夫庶民服制從古，用佛事。門內樹高狹喪牌，書官爵、年

---

① ［校］九日：原作"九月"，據《朔方新志》卷一《風俗》改。

歲、存歿年月日時。受弔用鼓吹，斬衰以麻布覆面。昏喪悉遵《朱子家禮》。

按：夏有蘭峙河流，民物殷阜，塞北江南，號稱久矣，緣夏遷自南服。《寰宇記》云，① 江左之人，崇禮好學，習俗相化，故有是稱。正〔德〕、嘉〔靖〕之後，其俗尚奢，迨萬曆壬辰亂定，② 人幸更生，服食靡麗，相誇淫末者。亡論即務本者，佩刀釋耒，以應募為美途，謂可坐食饟餼，大抵俗尚勇悍，武備勝於文事。本朝定鼎後，華夷接壤市易，畜牧孳息更盛。乾隆三年地震，元氣未復，物力耗弱，非復向時繁庶矣。

朔方風俗賦　於越　婁奎著

關中號土膏陸海，為九州腴，蓋指汧、盩、鄠、鄂間云，余過之未有得也。比入靈、寧之境，地沃衍，人民眾，火耨水耕，有可觀者，視三輔大相徑庭。乃書傳所稱在彼不在此，余甚惑焉。嗟夫！世之實不中聲與潛德而名湮滅者，可勝道哉。是故采夫鎮乘，詢諸父老，瀝思為辭，以彰厥隱。夫偘父賦《三都》，湏成取覆瓿，業為陸子所笑，無腴之筆，何能重夏。汲長孺有言："大將軍有揖客反不重耶？"敢借《解嘲篇》中居士等名，即亡是公意云，然事皆實錄者。

西夏有玄虛居士，賢而隱。文子階華先生客夏，③ 耳其名，以刺謁之。款敘既已，文子乃稱曰："蓋聞過高唐者必聆清商，遊睢渙者必觀藻繢。蒙躡蹻海內有年，所至處無不習交其賢豪長者，因獲周知謠俗矣。語云：'百里不同風，千里不同俗。'君世家於夏，且翱翔文學之囿，棲遲載籍之林，上燭往古，下鏡來今，其於朔方建置之顛末，④ 洎山川風物，畢載於腹，敢以為請，毋予靳哉！"

居士謖尔興曰：⑤"僕也恂愁，未嘗蘇於故，間從長老後，而竊聞其槩焉。夫草昧方祛，睢盱無詔，軒唐闡繹，上哉復乎，靡得而究。已自姬

---

① 參見《太平寰宇記》卷三六《靈州》。
② 萬曆壬辰：萬曆二十年（1592）。
③ ［校］階：此同《朔方新志》卷四《詞翰·文·朔方風俗賦》，《康熙陝志》卷三二、《乾隆甘志》卷四六《藝文·朔方風俗賦》均作"偕"。
④ ［校］顛末：《朔方新志》卷四《詞翰·文·朔方風俗賦》作"頭末"，《康熙陝志》卷三二、《乾隆甘志》卷四六《藝文·朔方風俗賦》均作"巔末"。
⑤ ［校］尔：《乾隆甘志》卷四六、《康熙陝志》卷三二《藝文·朔方風俗賦》作"而"。

王命使徃城，①嬴氏因河為塞，權輿於葩經之詠，昭著於太史之載。按職方為雍州區，考天官分井柳界，甫要服於中華，繼編户於炎代。啓於青而筑於建，郡於漢而縣於唐。為宋、隋之州鎮，為偽夏之都邦，面陽明而翼赤縣之衛，背陰陸而抵户遂之防。右酒泉兮控引，左雲谷兮相望。徼櫓星繁，②雉堞雲長。勢形繡若，天險孔張。泂九圍之無匹，展四遐之獨臧。③

"其山則賀蘭擅其奇，金積標其勝，拓跋之所避暑，瞿曇之所演乘。綿亘則百舍不止，穹崇則萬尋未竟。傑壁遐搆，攢峰鶴立，邃壑莽蒼，靈岭峛崺。根連金母之瑤房，椒載上清之玉色。干秋雲而巨度，礙朝日而行遲。猱不敢扳，鳥不能飛。逖而望之，訝煉石兮撐碧落；就而仰之，猶鼇足兮奠四維。至若黄草葳焉欲衰，黑鷹翛乎將鶱。伏地飲河，狼眠虎踞，特秀觜起，敦邱瓜聚。登欓子而流覽無窮，訪天都而難覓其處。

"其水則溁溁潒潒，汗汗汩汩，黑水沃日，靈河漲天。方其趨乎峽口、瀉乎石瀨，旁薄驚騰，轟硠澎湃，山摧嶽舞之勢，排江傾海之派。及其寓安流没，追埼軋盤，湧衛咸夷，邅迤朔波淩淵，虹洞無紀，環郛帶郭，散漫縈紆。枝而為渠，瀦而為湖。其為渠也，溢蟺蜒，駕螮蝀，條分縷析，曲折周流。經城市而脉脉，道濜溳而滵滵。溉千林之果蓏，浸萬頃之塍疇。其為湖也，菼葦之塲，蒹葭之藪。畐畐無垠，④涵藏百有，舄牧者馳騖，茭藁者奔走。

"其産則溢池神液，因風自生，調鐺濟味，國計芘盈，馬牙地掬，⑤犛尾沙尋，艫舳連舟，三幣五金。旄裘膠革，觓角豫章，以全民用，作貢尚方。土植有山樊江離、⑥沙葱石竹、射干彫胡、流夷苜蓿。淺渚平原，菁菁郁郁。菜有金錢，⑦韭有青玉，⑧棗實鷄心，槐生兔目，龍珠稱百果

————

① ［校］徃城：《康熙陝志》卷三二、《乾隆甘志》卷四六《藝文·朔方風俗賦》均作"來城"。
② ［校］徼：《乾隆甘志》卷四六、《康熙陝志》卷三二《藝文·朔方風俗賦》作"徹"。
③ ［校］四遐：《康熙陝志》卷三二、《乾隆甘志》卷四六《藝文·朔方風俗賦》均作"四野"。
④ ［校］畐畐：原作"畐"，據《朔方新志》卷四《詞翰·文·朔方風俗賦》補。
⑤ ［校］馬牙：《康熙陝志》卷三二、《乾隆甘志》卷四六《藝文·朔方風俗賦》均作"馬芽"。
⑥ ［校］樊：《康熙陝志》卷三二、《乾隆甘志》卷四六《藝文·朔方風俗賦》作"礬"。
⑦ ［校］菜：《朔方新志》卷四《詞翰·文·朔方風俗賦》作"香"。
⑧ ［校］韭：《朔方新志》卷四《詞翰·文·朔方風俗賦》作"甘"。

之宗，烏稗蘊七絕之淑。淥池並蒂而秀，① 青門合莖而熟。露長苴蓮，蔓挐虋莣，来禽種於漢苑，馬乳扺於西域。薔薇欝於東山，牡丹富於金谷。碧梧棲鸞鳳之柯，金桃啄鸚鵡之肉。薦雕俎於芳筵，蒔瓊砌於華屋。兼以秋黃之蘇、白露之薇、益人之蒜、禦饑之菖，青稞、胡麻、鄉秔、美菽，可釀可炊，粒珠顆玉。又枸櫞成林，蘦菖若稼，榦不冬彫，花不寒謝，臾跗咀之療人，偓佺煉之羽化。

"至於鱗虫羽族，壙走穴居，若《圖經》之所逸，若《尔雅》之所無。指百刡而未盡，剡十襲而難書。爰耳目之所覩，記秪能憶其大都。鼠珍貂鼵，馬異駒騋。舳突貑狞，趫捷龐盧，迯足則三窟之兔，爪跡則九尾之狐。麝餐栢而香遠，麋戴玉而班殊。趨則儦儦，行則狋狋，橐駝可服，大武善樓，既以引重，亦以長驅。集觀乘鵰，蚩睹雙梟，② 交精屬玉，旋目庸渠。翐翐之翼，鷟鷟之雛，鴾鴾之啄，鴥鴥之呼。黃陵之廟，青草之湖，頡之頏之，以遊以娛。丁首莘尾，鼓鬐清流，躍溮濼兮為樂，謇荇藻兮沈沈。問其名兮鱮鯉，取不竭兮鮎鰷，詹何引兮獨繭，漁子泛兮孤舟。煙消石出兮欸乃，③ 聚綏罟兮渡頭。鱠飪紅縷細，味與丙穴夳，蒸嘗以品，賓客用羞。

"其宮室則飛觀基諸元昊，高臺刱自狄公。④ 崔嵬千祀，故址猶崇。欝欝兮仙人之舘，蠢蠢兮帝子之宮。蘭臺生霧，⑤ 桂榭淩飇。金壇樕朗，珠剎珍瓏。⑥ 廊欄纚纚，甍棟隆隆。疏窈窕而沙紫，瑣禽蓺而泥彤。文櫨華桷，玉碼鏤題。籠以朱網，覆以琉璃。照耀星漢，揮霍雲霓。甲第名園，參差城郭。戶植羽葆，門懸鐘鐸。金波蕩漾，麗景聯絡。蟻晝鵁於囹唐，⑦ 飾翠鵁於簾箔。市鄽孔道，萬落重闉。青簾飄雨，紅樓媚人。煙花

---

① [校] 秀：《朔方新志》卷四《詞翰·文·朔方風俗賦》作"荂"。
② [校] 梟：此字原脫，據《朔方新志》卷四《詞翰·文·朔方風俗賦》補。
③ [校] 石：《朔方新志》卷四《詞翰·文·朔方風俗賦》作"日"。
④ [校] 高臺：《康熙陝志》卷三二、《乾隆甘志》卷四六《藝文·朔方風俗賦》均作"臺榭"。
⑤ [校] 臺：《朔方新志》卷四《詞翰·文·朔方風俗賦》作"堂"。
⑥ [校] 珍瓏：《康熙陝志》卷三二、《乾隆甘志》卷四六《藝文·朔方風俗賦》均作"玲瓏"。
⑦ [校] 囹唐：《康熙陝志》卷三二、《乾隆甘志》卷四六《藝文·朔方風俗賦》均作"囹塘"。

不夜，歌管長春。陟麗譙而睇盼，①第見夫廣廈之鄰鄰。②

"其人則飛英於國史之著，厠名於金匱之藏。傅燮以黃金而取譽，傅昭以學府而流芳。宇文赫赫於殳略，侯程燁燁於居喪。③三史偉於行師，三傅神於折訟。勛績擅於喬梓，功名炳於伯仲。稱豹變則韓游瓌，④論汗馬則史敬奉。是皆人世之龍，塵寰之鳳，遐邇景風，今古雅重。迨我明時，聲髦尤眾，忠者、義者、孝者、節者，有芝英雲氣片藤拱璧者，⑤有黼黻河漢隻語千金者，有嫻儒雅而師表士林者，有持風裁而正色立朝者，有倚劍崆峒抑天驕之橫者，有寧銜刀都市不易慮以生者，有蟬蛻墐埃而翔區外以舒翼者。丱角而茂者雲翔，華顛而彥者鱗萃。金韶右蟬，綏纓紳珮。⑥嘆喈之胄，翩翩鈴閣之前；偶旅之儒，濟濟闠里之內。鴻漸肅雍雍之儀，虎螭振桓桓之槩。冠蓋交於道途，軒馬填於闤闠。譬猶鐘山之皋，泗水之匯，累圭璧不為之盈，採浮磬不為之匱。

"其俗則四民雜居，五技贅聚，猨石洒削，甄冶古鑄。日者星人，覡史駔儈，與夫俳伶優倛之儕，咸旁午而交臂。自高門鼎貴，下比齊民，靡不羹鮮飲鬵，茹毳含醇。曼褕被服，輕暖綿紈。當夫春日載陽，布穀催種，民狎其野，耙鋤並用。室無懸磬，田無腊壅。新景罳韶，華明錦軸，則有弱冠王孫，游閒公子，飾冠劍，聯袿襨，引類呼朋，吹竽搏筑。走狗鬥鷄，⑦六博蹋鞠。馳逐於章臺之紅，嬉戲於郊圻之綠。及序屆朱明，流金似甚。⑧籧製絺輕，筠舒薤錦。支公於是乎手談，羲皇於是乎高枕。乃有武力鼎士，絡骹扎柳，諸技畢呈，⑨絕類超醜。⑩金注觶浮，爭先競首。農者戴蒲茢，衣襏襫，抱桔橰，沃阡陌。禾黍百里，蔴麰矻矻。行者出圃

---

① [校] 而：此字後原衍"而"，據《朔方新志》卷四《詞翰·文·朔方風俗賦》刪。

② [校] 廣：此字原脫，據《朔方新志》卷四《詞翰·文·朔方風俗賦》補。

③ [校] 燁燁於居喪：《康熙陝志》卷三二《藝文·朔方風俗賦》作"瑋瑋而居喪"。

④ [校] 稱豹變則韓游瓌："豹變"，《朔方新志》卷四《詞翰·文·朔方風俗賦》作"變豹"。"游瓌"，原作"遊環"，據《舊唐書》卷一四四、《新唐書》卷一五六《韓游瓌傳》改。

⑤ [校] 璧：此同《康熙陝志》卷三二、《乾隆甘志》卷四六《藝文·朔方風俗賦》，《朔方新志》卷四《詞翰·文·朔方風俗賦》作"壁"。

⑥ [校] 綏纓：《朔方新志》卷四《詞翰·文·朔方風俗賦》作"纓綏"。

⑦ [校] 走狗：此二字原脫，據《朔方新志》卷四《詞翰·文·朔方風俗賦》補。

⑧ [校] 俶：原本漶漫不清，據《朔方新志》卷四《詞翰·文·朔方風俗賦》補。

⑨ [校] 諸技畢呈："技"，《朔方新志》卷四《詞翰·文·朔方風俗賦》作"伎"。"呈"，《朔方新志》卷四《詞翰·文·朔方風俗賦》作"逞"。

⑩ [校] 類：《朔方新志》卷四《詞翰·文·朔方風俗賦》作"倫"。

草之陂，憇灌水之櫪。来封夷之常羊，忘祝融之爍烈。疑姍姍於畫圖，儼僛僛於閶闔。迄夫商吹鬐發於林皋，霄露厭浥於芋草。① 翹然勁者離披，蔚然茂者桔槔。② 萬樹千畦，生成垂實，剪摘芟穫，塲圃狼籍。離離穰穰，唪唪硈硈，于橐于囊，盈篝滿槅。豨膏棘軸，銜尾相屬，塞於莊馗，轀轀殷殷，縱橫絡繹。已而貢禹舉，玄英泣，塲功竣，畚揭俳，狐貉成，盖藏既，則見畜牧被野，風駿霧鬣，魚目龍文，蒲梢汗血，蘭筋權奇，群奔互齧，抉壑厲山，玄黄雜遝。於是赳赳矯矯之士，臂夏服手，烏號栗削，格載畋獠，星流景集，飈奮霆擊，決眥弁心。覆草蔽地，宛伏陵窘，充牣車騎。無飛不有，靡走不備。伏臘歲時，迎釐賽社，人事紛拏，莫可覼縷。夫夏之黔黎，既勦毖窳邋蕩，夏之土壤，又盡膏腴美利。所以豐樂甲於關中，聲稱浹乎寓内也。"

　　文子曰："美哉！邊陲若此者罕矣。"③ 居士曰："未也。青銅之峽，雷斧劈劃，斷山為兩，衝流激石。招提百座，森聳乎其上；檜柏千章，掩映乎其側。莎羅之峰，峩峩萬仞，三泉地湧，渟泓澄潤。精爽招徠乎遠近，膏澤徧敷於靈蠢。西山屹秀，翠若薄苔，惟絶巘之積雪，歷四時而不開。即潯暑兮伊鬱，常色澤兮皚皚。牛首飛霞，洞天弘敞。天下之苾芻蜂合，四外之泥絙斗仰。其中有龍淵噴玉，石罅珠濺。若倒囊與傾瓮，貫桐枝兮為綫，放遠池兮猶沸，當祁冬兮可湔。又氣肅天高，撼石動地，則曰靈武秋聲。青蠢入雲，素華涵影，則曰玉闗白雪。沙明水映，乾坤錦燦，則曰羚羊落照。疎星的歷，乍見乍滅，④ 則曰石空夜火。望之則有，即之則無，此官橋之奇木也。明河在天，星斗在地，此月湖之殊景也。表立則順，影墮則逆，此浮圖之幻跡也。晴日鐘鳴，風雨鏞振，此沙閼之異響也。以至靈豨變兮吉善臻，神駒刷兮夜光燧，玄兔進兮飛龍閑，⑤ 金牛現

---

①　[校] 芋草：原作"芊草"，據《朔方新志》卷四《詞翰·文·朔方風俗賦》、《康熙陝志》卷三二《藝文·朔方風俗賦》改。

②　[校] 桔槔：《康熙陝志》卷三二、《乾隆甘志》卷四六《藝文·朔方風俗賦》均作"枯槁"。

③　[校] 邊陲：此同《康熙陝志》卷三二、《乾隆甘志》卷四六《藝文·朔方風俗賦》，《朔方新志》卷四《詞翰·文·朔方風俗賦》作"邊垂"。

④　[校] 滅：《朔方新志》卷四《詞翰·文·朔方風俗賦》作"没"。

⑤　[校] 玄：原避清聖祖玄燁諱改作"元"，據《朔方新志》卷四《詞翰·文·朔方風俗賦》回改。

兮白馬寺。秋童儺躅於劉晨，安門媲公於公藝。① 朱大夫齊名於謫仙，程先生等節於孔伋。靖王有東平、河間之風，仇侯有嫖姚、車騎之績。斯亦殊尤絕軌也，寧非世之所稀覯。"文子嘆曰："偉哉！不謂西夏有此。"華先生獨不應，俛仰四顧，咄嗟曰："休矣。"居士熟目之，曰："昔柳先生詫晉，而吳子拜手，有君稱越而子真離席。僕夏產，故夏談也。而客則余哂，豈有說與？"華先生曰："而胡以竊竊焉誇詡為耶？而不聞天下有名山巨浸，為仙靈所宅、蛟龍所宮者耶？又不聞中國之樞，都會之交，錦繡紃綺若叢，象、犀、珠、甲如海者耶？又不聞洙、泗、濂、洛，賢聖比肩，豐、沛、南陽，英豪叠足耶？以九寰之恢恢，睞西夏之屑屑，僅廣漠之纍空，馬體之豪末，抑奚以自名，迺譊譊於頰舌。故知沒跡坎井者，昧海若之滂洋；習聽枒缶者，忘天球之朗徹。"

居士不為慍，徐而曰："僕豈不聞是？彼盧橘，夏生秖多上林，② 談說黿鼉海浦，徒張西國聲名，若余於夏，則皆有而言之者也，夏固未可少矣。"先生曰："吾聞水以龍靈，地以賢重。魑魅之俗，君子不入其鄉；要荒之裔，大人不履其域。夏僻西鄙，夷土也，賢者所不蹈，尚可足多哉！"居士曰："昔漢武，英主也。將柴望於岱宗，先振旅於河北，③ 揚千里之旌旗，震雄風於虜服。唐太宗，不世之主也。除千古之凶，雪百王之詬，親御六飛，執卤獲醜，嘗駐蹕於州城，垂磨崖於不朽。肅宗，中興賢主也，④ 返翠華於馬嵬，登大寶於靈武，扼長嘯之胡雛，碎漁陽之鼙鼓，卒賴興焉，再造慶宇。慶藩，我高皇帝愛子也。受茅土之籍，折山河之盟，建國命氏，世食鎮城。而真寧、弘農、鞏昌、豐林、壽陽、鎮原、延川、華陰，咸天潢之玉，孤分桐葉，⑤ 而遙臨其餘。剖符之帥，秉鉞之臣，在周秦有吉甫、南仲、扶蘇、蒙恬諸賢，在漢魏有衛、霍、班、竇、耿、源之儔，在唐有郭子儀、魏元忠、張說、裴識輩。五季以還，不勝枚舉。晚今若金大保之使事、翟學士之行邊，⑥ 楊開府靖寅藩之變、王威寧息狼望之煙，誠皆光輝於後，奇偉於前，所謂喆辟獻臣也。而嘗稅駕於斯

---

① ［校］媲公：《朔方新志》卷四《詞翰·文·朔方風俗賦》作"媲德"。
② ［校］多：《朔方新志》卷四《詞翰·文·朔方風俗賦》作"哆"。
③ ［校］振：《朔方新志》卷四《詞翰·文·朔方風俗賦》作"釋"。
④ ［校］主：《朔方新志》卷四《詞翰·文·朔方風俗賦》作"君"。
⑤ ［校］孤：《朔方新志》卷四《詞翰·文·朔方風俗賦》作"派"。
⑥ ［校］士：此字原脫，據《朔方新志》卷四《詞翰·文·朔方風俗賦》補。

焉，客豈不聞乎？獨奈何而云然。"華先生曰："是誠有之，然蠻夷之性，行若猿梟，心若豺豻，易戾於惡，難導以善。玄朔之墟，為不牧之故甸，總濡化已久，寧無餘風未變，則氈穢俚俗，何足比人數而矜美也。"居士夷然嘻曰："客所謂撫絃，徽音未達，燥濕變響，必若所言，是甌粵不章甫，而巴蜀猶雕題也。夫俗以代易，風以時移。其始畔渙，其後雍容；其始懻忮，其後嘽咺；其始蹻蹻，其後旳旳。歲月殊邁，氣味攸違，荊人而莊，嶽有不齊音耶？且國初盡徙寧人於內地，別以江南戶口實之，則固皆衣冠禮義餘葉矣。焦明已寥廓，而羅者胡猶然沮澤哉？① "華先生曰："徃事無論已。其地孤懸絕域也，闑帳韋韝，四據叢梗，比者創於西，仍黠於東，非復邇耳柔馴矣。舉萬石之鐘，絓纖枯之杪，得無為朔方他日虞乎？"居士曰："否！否！不然。吾夏金湯，固走集險，地利足憑矣。武剛千輪，轀突飄忽，朱旃絳天，赤羽耀日。亟堅棠夷，兵鋙越棘，丁零角端，超足而射遠者，栝蔽洞胸近者。飲金沒石，器械足禦矣。鷹揚之率，人人扼虎；熊武之師，各各超距。人力足恃矣。以此而守，奚壁不堅？以此而戰，奚摧不折？② 矧今上居安思危，宵旰於理，德之所覃，風之所靡，闇昧胥爽，罔不率俾，格心向化，回面舉趾。且將鮮魋結而冠冕。犂沙漠而樹藝，彼樊禽摢獸乎尚於渠而檃噬。坐太山之隈，虞其傾仄，斯亦客之過計矣！"於是華先生語塞，敁岡靡徙，舉手諾諾，引文子辭行，色有餘怍。居士拂塵容與，飄飄乎若御憑虛之鶴。

古　蹟

宥州，漢三封縣地，唐立六胡州刺史以統之。天寶間改寧朔郡，後為夏所據。

夏州，即赫連氏統萬城。後魏滅夏，置夏州。唐為朔方軍。宋淳化中，詔墮其城。在古鹽州東北三百里，今河套哈剌兀速之南，即華言"黑水"，有廢城曰"忻都"者，蓋其處也。

雄州，唐僖宗徙治承天，在靈州西南百八十里，城今廢。

塩州，西魏及隋皆名塩州，在靈州東南三百里，今安邊營。

---

① ［校］猶：此字原脫，據《朔方新志》卷四《詞翰·文·朔方風俗賦》補。
② ［校］奚摧不折：《朔方新志》卷四《詞翰·文·朔方風俗賦》作"奚摧不折哉"。

豐安軍,① 唐河外鎮，魏少遊自此率兵迎肅宗於白草鎮。

定遠軍，在府北百里，西至賀蘭山六十里。唐朔方城，宋威遠軍，夏改定州，俗呼"田州"。

保靜鎮,② 唐鎮，夏靜州。

靈武鎮，唐鎮，宋靈州，夏順州，在城南六十里。與定遠、保靜俱有遺址。

洪門鎮，唐邠寧節度使張獻甫所築，夏號"洪州"。

臨河鎮，宋置巡檢使管蕃部三族者，陷於夏。

石堡鎮，本延州西鎮，夏號"龍州"。

三受降城，突厥默啜悉眾西擊突騎，張仁愿請乘虛奪取漠南地，於河北築三受降城，六旬而成，首尾相應，皆據津要，於山北置烽堠千八百所。自是突厥不敢度山畋牧，減鎮兵數萬人，城不置甕門守具，且曰："兵貴進取，寇至當併力出戰，回首望城者斬之。安用守備，生其退惡之心也？"中城南直朔方，西城直靈武，東城南直榆林，其北皆大磧也。

三受降城碑銘　唐　呂溫撰

夏后氏遏洪水，驅龍蛇，能禦大菑，以活黔首；③ 周文王城朔方，逐玁狁，能捍大患，以安中區。若非高岸峻防，重門擊柝，雖有盛德，曷觀成功？然則持璿璣而弛張萬象，昊穹之妙用；扼勝勢以擒縱八極，王者之宏圖。道雖無外，權則有備，變化消息，存乎其人。三受降城者，皇唐之勝勢。④ 昔秦不量力，北築長城，右扼臨洮，左馳碣石，生人盡去，不足乘障。兩漢之後，頹為荒邱，退居河湄，歷代莫進。矯亡秦之弊則可矣，盡中國之利則未然。唐興因循，未暇經啓。有拂雲祠在河之北，⑤ 地形雄

---

① ［校］豐安軍：原倒作"安豐軍"，據《通典》卷一七二、《資治通鑒》卷二一一胡三省注乙正。下同。

② ［校］保靜：原作"保靖"，據《舊唐書》卷三八《地理志》、《新唐書》卷三七《地理志》、《元和郡縣圖志》卷四《關內道·靈州》、《弘治寧志》卷一及《嘉靖寧志》卷二《寧夏總鎮·古蹟》、《乾隆甘志》卷二三《古蹟·寧夏府》改。下文"夏靖州""保靖俱有遺址"之"靖"同改為"靜"。

③ ［校］以：此字原脫，據《呂衡州集》卷六《碑銘》補。

④ ［校］皇唐之勝勢：《呂衡州集》卷六《碑銘》作"皇唐之勝勢者也"，《朔方新志》卷四《三受降城碑銘》作"皇唐之勝勢也"。

⑤ ［校］拂雲祠：《朔方新志》卷四《詞翰·文·三受降城碑銘》作"拂雲祠者"。

坦，控扼樞會。虜伏其下以窺域中，禱神觀兵，然後入寇。甲不及擐，突如其來。鯨一躍而吞舟，虎數步而擇肉。塞草落而邊甿懼，河冰堅而羽檄走。爰自受命，至於中興，國無寧歲。景龍二年，默啜強暴，瀆鄰構怨，掃境西伐，漠南空虛。朔方大總管韓國公張仁愿躡機而謀，請築三城，①奪據其地，跨大河以北嚮，制胡馬之南牧。中宗詔許，橫議不撓。於是留及瓜之戍，斬姦命之卒，六旬雷動，三城岳立。以拂雲祠為中城，東西相去各四百里。過朝那而北闢，斥堠迭望，幾二千所，損費億計，減兵萬人，分形以據，同力而守。東極於海，西窮於天，納陰山於寸眸，拳大漠於一掌。驚塵飛而烽火耀，孤鴈起而刁斗鳴，②涉河而南，門用晏閑。韓公猶以為未也，方將建大旆，提金鼓，馳神竿，鞠虎旅，看旄頭明滅，與太白進退。小則責琛賮，受厥角，定保塞一隅之安；大則倒狼居，竭瀚海，空苦寒萬里之野。③大略方運，元勳不集，天其未使我唐無北顧之憂乎？厥後賢愚迭任，工拙異勢，剛者黷武，柔者敗律。城隳險固，寇得淩軼。或馳馬飲河而去，或控弦劇壘而旋。吾知韓公不瞑目於地下矣！

今天子誕敷文德，茂育群生，戢兵和親，士狄右袵，④然而軍志有"受降如敵"，大《易》有"安不忘危"。崇墉言言，其可馳柝，亦宜鎮以元老，授之廟勝，伸述舊職，⑤而恢遺功。外勤撫綏，內謹經略，使其來不敢仰視，去不敢反顧，永弭猛氣，無生禍心，聾威馴恩，禽息荒外，安固萬代，術何加焉。敢勒銘城隅，庶復隍而光烈不昧。⑥

高臺寺城，鎮東十五里有廢城，臺在其東。元時呼為"下省"。

---

①　張仁愿築三受降城時間，本志同《資治通鑒》卷二〇九，載在唐中宗景龍二年（708），《舊唐書》卷九三、《新唐書》卷一一一《張仁愿傳》均載在神龍三年（707）。

②　[校]起：原作"鳴"，據《朔方新志》卷四《詞翰·文·三受降城碑銘》改。

③　[校]苦寒：原作"若塞"，據《呂衡州集》卷六《碑銘》改。

④　[校]士狄：《康熙陝志》卷九〇、《山西通志》卷一九一《藝文·三受降城碑銘》作"北狄"。

⑤　[校]伸：《呂衡州集》卷六、《唐文粹》卷五九等作"剚"，《四六法海》卷十一等作"俾"，"伸"字疑誤。

⑥　[校]庶復隍而光烈不昧：《呂衡州集》卷六此八字後有銘文曰："韓侯受命，志在朔易。北方之強，制以全策。亙漢橫塞，揭茲雄壘。如三門龍，躍出大澤。並分襟帶，各閉風雷。俯視陰山，仰看昭回。一夫登陴，萬里洞開。日宴秋盡，纖塵不來。時維韓侯，方運神妙。觀譽則動，乃誅乃吊。廓乎窮荒，盡日所照。天乎未贊，不策清廟。我聖耀德，罷肩北門。優而柔之，用息元元。曷若完守，推亡固存。于襄于夷，用裕後昆。"

省嵬城，河東廢城。

忻都城，即夏州廢城。

得補兒湖城，在忻都北。

察罕腦城，忻都東北，皆廢城。

塔塔裏城，今黑山北，去鎮二百餘里。唐郭元振以西城無援，豐安勢孤，① 置定遠鎮，此蓋豐安鎮也。元為塔塔裏千戶所居。

古戰場，即月湖，廣斥無水草，遠望瑩然，俗傳古戰塲也。

古將臺，在平虜城西北，其地平曠，圍三十里，有將臺、旗碩遺址，俗傳狄青操軍戰場。

元昊宮，洪武初有遺址，今為清寧觀。

避暑宮，元昊建，在賀蘭山拜寺口之巔有遺址，② 其朽木中嘗有人拾鐵釘長一二尺者。

地宮，慶靖王建以避暑者，在韋州府内。

青銅峽，即今之峽口。《水經》曰上河峽。③

薄骨律鎮，即古靈州城。

漢御史、尚書、填漢三渠，④ 唐大曆十三年，虜酋馬重英寇靈州，奪三渠，⑤ 以擾屯田，常謙光逐之。⑥

唐光祿渠，即漢光祿舊渠，廢塞歲久，大都督長史李聽復開決以溉屯田。

唐特進渠，⑦ 《地里志》：⑧ "靈州回祿有特進渠，長慶四年七月詔

---

① ［校］豐安：原倒作"安豐"，據《元和郡縣志》卷四《關內道四·靈州》、《太平寰宇記》卷三六《關西道十二·靈州》改。下文"豐安鎮"原作"豐鎮"，據同書改。

② ［校］拜寺口之巔：《正統寧志》卷上、《弘治寧志》卷一、《嘉靖寧志》卷二《古蹟》均作"拜寺口南山之巔"。

③ 《水經注》卷三《河水》載："河水又北過北地富平縣西，河側有兩山相對，水出其間，即上河峽也，世謂之為青山峽。"《水經注集釋訂訛》卷三載，上河峽"即寧夏衛西南一百四十里峽口山是"。

④ ［校］填漢：原作"光祿"，據《資治通鑒》卷二二五改。

⑤ ［校］奪：原作"塞"，據《資治通鑒》卷二二五改。

⑥ ［校］常謙光：原作"常讓光"，據《新唐書》卷二一六下《吐蕃傳》、《資治通鑒》卷二二五、《玉海》卷二一《地理·河渠》改。

⑦ ［校］特進渠：《四庫》本《唐會要》卷八九《疏鑿利人》作"時逐渠"。

⑧ 參見《新唐書》卷三七《地理志》。

開，① 溉田六百頃。"②

回樂縣，《輿地廣記》：③ "在靈州故城之內。唐肅宗西狩，即位於此。"

艾山舊渠，後魏刁雍為薄骨律鎮將，上表請自禹舊蹟鑿開此渠，今廢。

麗景園，在清和門外，地震後廢。

宴麗景園④　　金幼孜
偶客夏臺逢九日，賢王促召宴名園。
柳間雜遇求鞍馬，⑤ 花裏追陪倒酒尊。
白露滿地荷葉净，涼飆入樹鳥聲繁。
綺筵寶瑟真佳會，傾倒何妨笑語喧。⑥

麗景園侍宴⑦　　路昇⑧
煌煌玉仗映晴暾，曉出清和第一門。
百姓盡瞻龍衮貴，群花都護牡丹尊。
留人好鳥啼深樹，挾雨孤雲入遠村。
三十餘年陪宴賞，不才何以答深恩。

芳林宮。
芳意軒。

---

①　[校] 七月：《新唐書》卷三七《地理志》無此二字。
②　[校] 溉田：《舊唐書》卷十七上《敬宗本紀》、《唐會要》卷八九《疏鑿利人》、《冊府元龜》卷五〇三《邦計部·屯田》均作"置營田"。
③　參見《輿地廣記》卷十七《陝西路化外州》。
④　[校] 宴麗景園：《正統寧志》卷下《題詠》、《弘治寧志》卷八《雜詠類》題作《九日宴麗景園》。
⑤　[校] 柳間雜遇求鞍馬："遇"，《正統寧志》卷下《題詠·九日宴麗景園》、《弘治寧志》卷八《雜詠類·九日宴麗景園》均作"遝"。"求"，《嘉靖寧志》卷二《遊觀》作"來"。
⑥　[校] 笑語：《正統寧志》卷下《題詠·九日宴麗景園》作"語笑"。
⑦　[校] 麗景園侍宴：《弘治寧志》卷八《雜詠類》題作《和慶藩遊麗景園韻》。
⑧　[校] 路昇：原作"路升"，據《弘治寧志》卷八《雜詠類·和慶藩遊麗景園韻》、《嘉靖寧志》卷二《遊觀》改。下同。

清暑軒。

擬舫軒。①

凝翠軒。

望春樓。

望春亭。

水月亭。

清漪亭。

涵碧亭。

湖光一覽亭。

群芳舘。

月榭。

桃蹊杏塢。

杏莊。

鴛鴦池。

碧沼。

鳧渚。

菊井。

鶴汀。

大覺殿。

小春園。

清賞軒。

眺遠臺。

芍藥亭。

清趣齋。②

樂遊園。

來清樓。③

荷香柳影亭。

---

① ［校］擬舫軒：原作"擬芳軒"，據《弘治寧志》卷一《寧夏總鎮·軒》、《嘉靖寧志》卷二《寧夏總鎮·遊觀》改。

② ［校］齋：此字原脫，據《嘉靖寧志》卷二《遊觀》、《朔方新志》卷三《古蹟》補。

③ ［校］來清樓：此同《嘉靖寧志》卷二《遊觀》，《弘治寧志》卷一《寧夏總鎮·樓閣》作"來青樓"。

山光水色亭。

擷芳園。

盛實園。

逸樂園。

延賓舘，慶府內，康王建，為儀賓路昇讀書之所。

擁翠樓。

永春園。

滄洲。

賞芳園。

靜得園。

寓樂園。

真樂園。

凝和園。

後樂園，景俱廢。

金波湖，在麗景園青陽門外，垂柳沿岸，青陰蔽日，中有荷芰，① 畫舫蕩漾，為北方盛觀。地震後廢。

遊金波湖② 劉鼎

載酒東湖作勝遊，③ 魚歌桃浪泛蘭舟。④

杜陵野老今何處，細柳新蒲綠滿洲。

金波湖棹歌⑤ 僧 靜明

畫船搖向藕花西，⑥ 一片歌聲唱和齊。

黃鳥也知人意樂，時時來向柳邊啼。⑦

---

① ［校］荷芰：原作"荷艾"，據《嘉靖寧志》卷二《遊觀》改。
② ［校］遊金波湖：《弘治寧志》卷八《雜詠類》題作《東湖泛舟》。
③ ［校］作：《弘治寧志》卷八《雜詠類·東湖泛舟》、《嘉靖寧志》卷二《遊觀》均作"和"。
④ ［校］魚歌：《嘉靖寧志》卷二《遊觀》作"魚吹"。
⑤ 《金波湖棹歌》詩共有10首，此為其中一首，參見《正統寧志》卷下《文》。
⑥ ［校］搖向：原作"搖過"，據《正統寧志》卷下《文·金波湖棹歌》、《弘治寧志》卷八《雜詠類·金波湖棹歌》改。
⑦ ［校］柳邊：《嘉靖寧志》卷二《遊觀》作"柳間"。

宜秋樓，在金波湖南。前明兵變，盡毀。

宜秋樓記　明　慶靖王㮵①

予居夏之七年，於城東金波湖南擇地之爽塏者構樓焉，四背田疇，憑闌縱目，百里畢見，② 名之曰"宜秋"。客有謂予者曰："凡天地山川、園池之景物，於春為盛。故人有遊春、探春者，以悅乎心目，發為歌詩，有晏樂嬉戲之意焉。昔人有名樓閣園亭曰'望春''麗春''宜春''熙春'者，蓋春之景，③ 可以動人者故也。④ 若秋，則天地氣肅，草木搖落，風景蕭條，故人皆覩而悲之，以愴神感懷發為歌詩，咸道離情羈思之苦。今子名曰'宜秋'，其亦有說乎？"予應之曰：⑤ "春之景美矣，麗矣，嬌艷備矣，信可以娛目怡情矣，然而有補於政教者，無乃無從而得乎？特貴公子、俠客之樂也，非大人、君子之樂也。今予名曰'宜秋'，其義大矣。四五月間，麥秋至，登樓眺遠，黃雲萬頃，瀰滿四野。七八月間，禾黍盡實，東皋西疇，葱蘢散漫，芃芃薿薿，極目無際。有民社寄者，值時年豐，置酒邀賓，覩禾黍之盈疇，金穗纍纍，異畝同穎。聽老農鼓腹謳歌帝力，則心豈不樂乎？苟七八月之間，⑥ 旱苗將槁矣，或水潦橫流，浸及隴畝，野生螟螣，略無禾苗，農夫田婦，哭泣相對，則心寧不憂乎？其心之樂也，舉次相屬，作為詩章，歌樂太平。勤政恤刑，慎終如始，荷天之休，作人父母。其心之憂也，天災歲惡，人咸乏食，食不足則饑餒生焉，

---

①　㮵：原作"栴"，據《慶王壙志》及《明史》卷一〇〇、卷一〇二《諸王世表》、卷一一七《慶王㮵傳》改。下同。

②　[校]見：原作"現"，據《正統寧志》卷下《文》、《嘉靖寧志》卷二《遊觀》、《朔方新志》卷四《詞翰·文·宜秋樓記》改。

③　[校]景：原作"意"，據《正統寧志》卷下《文》、《嘉靖寧志》卷二《遊觀》、《朔方新志》卷四《詞翰·文·宜秋樓記》改。

④　[校]者：此字原脫，據《正統寧志》卷下《文》、《嘉靖寧志》卷二《遊觀》、《朔方新志》卷四《詞翰·文·宜秋樓記》補。

⑤　[校]予應之曰：此四字下原衍"春應之曰"四字，據《正統寧志》卷下《文·宜秋樓記》、《嘉靖寧志》卷二《遊觀》刪。

⑥　[校]之：此字原脫，據《正統寧志》卷下《文》、《嘉靖寧志》卷二《遊觀》、《朔方新志》卷四《詞翰·文·宜秋樓記》補。

盗贼出焉。且夫饥馁生则人不聊生矣，盗贼出则竟土靡宁矣。① 其当省躬自责，果刑滥有东海孝妇事欤？抑政有不举者欤？抑贿赂请谒行欤？敬天之戒，改过修省，庶乎可以弭天之灾，以至年丰穀登，免饥馁盗贼之事也。然则登斯楼者，非徒凭高眺远，倾银烹羔，鸣钟击鼓，列翠鬟罗绮，杂管絃之为乐，盖亦乐人之乐，忧人之忧也。其水光山色，② 风月佳景，特末事耳，付之骚客诗人，登遊歷覽，一觞一詠，以写情寓怀，岂比夫春景美丽，公子侠客，赏花踏青，雕轮宝马，携妖姬丽人，寻芳逐胜，图一时耳目之娱乐，为无益事耶。由是而观，楼之有补於政教多矣，名之'宜秋'，不亦宜乎？"客唯而退，③ 因召管子，命墨卿书之为记云。

登宜秋楼二绝句　庆靖王

亭皋木落水空流，陇首云飞又早秋。
白草西风沙塞下，不堪吟倚夕阳楼。

楼头怅望久踌躇，目送征鸿向南去。
黄沙漫漫日将倾，总是江南客愁处。

南塘，在南薰门外永通桥西南，④ 旧为潭潦之区。嘉靖十五年，巡抚字川张公文魁，惜其废於不治，功作岁餘未成。都御史南涧杨公守礼因势修濬，植柳千株，缭以短垣，注以河流，周方百畝，菰蒲蘋藻，鸥鹭凫鱼，杂然於中。泛以楼船，人目之如西湖，居民喜为乐土。万历壬辰兵变毁，⑤ 三十二年，巡抚黄公复修，坊曰"濠濮间想"，地震复废。

---

① ［校］竟土：原作"境土"，据《正统宁志》卷下《文》、《嘉靖宁志》卷二《遊观》、《朔方新志》卷四《词翰·文·宜秋楼记》改。

② ［校］其：此字原脱，据《正统宁志》卷下《文》、《嘉靖宁志》卷二《遊观》、《朔方新志》卷四《词翰·文·宜秋楼记》补。

③ ［校］唯：原同《朔方新志》卷四《词翰·文·宜秋楼记》作"难"，据《正统宁志》卷下《文》、《嘉靖宁志》卷二《遊观》改。

④ ［校］西南："南"字原脱，据《嘉靖宁志》卷二《遊观》、《朔方新志》卷三《古蹟》补。

⑤ 万历壬辰：万历二十年（1592）。

南塘讌別中丞南川張公① 黃綬

年来羽檄紛如雪，廓清雅合當朝傑。
紫氣夫子出祚宋，② 長城倚毗何真切。
撫臺再借西夷驚，督府新開全陝悅。
彤弓盧矢錫上方，白日丹心馳魏闕。
元老壯猷謀可伐，丈人貞師勝以決。
飛書移向固原州，甲士如雲朝擁節。
星影斜揮劍氣寒，水光浮動旌旗挈。
材官騎彍不可留，士女壺漿爭自挈。
祖道還誰佐酒巡，品竹彈絲都謝絕。③
令公為述先憂懷，我懷孔棘中霄喧。
器械不利如敵何，敵愾不張藩自撤。
干將莫邪日就工，壓弧箕服時陳列。
五兵既飭来簡書，三邊具敵勞据挌。
中竟拜命將曷圖，義爾邦人可無說。
感茲清問莫縷陳，自古得人為上策。
飲議未詶短晷移，欲行且止難為訣。
睠言閫外重諮詢，豈向尊前惜離別。
行矣晚渡黃河隈，百萬貔貅殊義烈。
龍旌大發捲胡風，驍騎長驅搗虜穴。
揮塵折俘應十萬，濡毫還賦詩三百。
壯懷直欲倚崑崙，④ 今日崑崙供大閱。
戈綖惟有公高潔，秋毫更許誰饕餮。
黃雲散盡白晝閑，蒼生畊破青山缺。
外寧內謐奏膚功，礪山帶河增賞格。
功高宇宙德愈謙，大人注措從来別。

---

① ［校］南塘讌別中丞南川張公：《朔方新志》卷五《詞翰·詩》題作《南塘讌別南川公古風》。
② ［校］紫氣：《朔方新志》卷五《詞翰·詩·南塘讌別南川公古風》作"紫巖"。
③ ［校］絕：此字原脫，據《朔方新志》卷五《詞翰·詩·南塘讌別南川公古風》補。
④ ［校］倚：此字原脫，據《朔方新志》卷五《詞翰·詩·南塘讌別南川公古風》補。

遊南塘　楊守禮

小艇容賓主，乘閑半日遊。
隔簾人喚酒，泊岸柳迎舟。
垂釣雙魚出，隨波一鴈浮。
夕陽催去馬，清興轉悠悠。

再遊得魚字韻①

罷舞徵新曲，傳觴索饌魚。
南風催棹急，細雨入簾疎。
映酒花偏媚，藏鶯柳任舒。
相逢俱是客，爛醉意何如？

又得寒字②

南風吹桂楫，長晝集衣冠。
灘鳥驚瑤瑟，池魚薦玉盤。
山光隨棹轉，水氣入簾寒。
談笑平胡虜，勳名勒賀蘭。

南塘泛舟　陳棐

長夏陰陰柳帶煙，將軍清酒載樓船。
遠山倒浸光浮座，低樹隨波影入筵。
胡月不驚黃硤口，麦雲已熟黑山田。
主人愛客還希范，豈慕風流學水仙。

南塘詠　高世芳

寒雲白晝掛城頭，縹緲高旌古夏州。
萬家草木邊聲繞，四塞河山朔氣浮。

---

① ［校］再遊得魚字韻：《嘉靖寧志》卷二《遊觀》題作《再遊南塘得魚字韻》。
② ［校］又得寒字：《嘉靖寧志》卷二《遊觀》題作《澗翁限寒字韻》，《朔方新志》卷五《詞翰·詩》題作《又得寒字韻》。

承平憶昔先皇世，封疆之吏多暇日。
郊坰選勝闢林塘，戰場翻作煙花地。
魚鳥悠悠物候娟，風光迥是小江南。
画舫晴開墻畔柳，清尊夕逗水中絃。①
宴遊佳事追徃古，居人別自有樂土。
天道一周積漸非，此中任者或莾鹵。
恠來士馬驟縱橫，昨夜羌夷接畛生。
衣冠落落晨星盡，臺榭茫茫宿草平。
今上按劍鯨鯢靜，十年西顧瘡痍痛。
樞臣遠蕩萬里塵，中丞坐保一方命。
桓桓少年起元戎，文物斌斌為時用。
備兵余亦忝行間，所仗廟策與耆賢。
羽檄不飛公餘畚，觀風聊問水石邊。
那堪寂寞空留沼，拓彼舊區成新曉。
宛宛帆檣細浪蹴，沉沉棟宇層陰杳。
萃藹孤亭送遠色，楊梅塢帶青山表。
襄陽池倣習家風，武昌樓為待庾公。
不知何事袁宏至，滿座春風笑語同。
春風笑語情未畢，注目平原又落日。
登高叔子古今愁，臨流洗馬百端集。
萬事人間只遽忽，歲月豪華逝者東。
欲遺身名常不朽，應湏保此德與功。
樹德崇功莫暫息，顧言戒之在安逸。②

南塘舟讌　孟霦

畫艇羅英彥，澄湖漾綠萍。
緩隨波上鳥，數過柳邊亭。
遠嶂晴雲白，孤城晚樹青。③

---

① ［校］逗：《朔方新志》卷五《詞翰·詩·南塘詠》作"豆"。
② ［校］顧：《朔方新志》卷五《詞翰·詩·南塘詠》作"願"。
③ ［校］晚樹：《嘉靖寧志》卷二《遊觀》作"脫樹"。

歌殘軒騎動，林外已疎星。

同客泛舟分臣字韻①
綵鷁随流去，清遊滿座賓。
湖空鷗鷺下，岸遠芰荷新。
雲影摇歌席，波光映舞人。
納凉疎箔捲，送酒小舟頻。
紫塞開靈境，龍沙息虜塵。
天隅同泛梗，谷口遇垂綸。
痛飲酬良會，渾忘是楚臣。②

〔**同飲南塘呈大中丞黄公梓山**〕　黄陛
余閱寧鎮，册使章公懷愚歸，年丈春陽同飲南塘賦此，並呈大中丞黄公梓山。
百畝方塘紫塞隈，高浮水面小蓬萊。
客聯南北星為聚，地轉河山色自開。
鼓沸中流堪擊楫，浪翻夕照好啣杯。
邊遊莫謂尋常事，震聾原憑濟世才。

南塘泛舟呈楊楚翁大中丞③　黄彦士
清溪流水暗通河，柳色蘆花藉碧波。④
客到醉騎山簡馬，興来書洗右軍鵝。

酒滿船艙秋滿空，歐公樂事物皆同。
却教鷗鷺知人意，不戀無心海上翁。

荻蘆花發最宜秋，池舘霏微暑氣收。

---

① ［校］同客泛舟分臣字韻：《嘉靖寧志》卷七《文苑・詩》題作《南塘泛舟分臣字韻》。
② ［校］楚臣：《嘉靖寧志》卷七《文苑・詩・南塘泛舟分臣字韻》、《朔方新志》卷五《詞翰・詩・同客泛舟分臣字韻》作"遠臣"。
③ 《南塘泛舟呈楊楚翁大中丞》詩共4首。
④ ［校］碧波：《朔方新志》卷五《詞翰・詩・南池泛舟呈楊楚翁大中丞》作"碧莎"。

疑是山陰乘雪後，不知明月滿汀洲。

秋來張翰思茫茫，荇帶牽風十里長。
澤畔沉碑人不見，到今猶說杜襄陽。

漣漪軒，在南塘中，今廢。

漣漪軒記　　即墨　黃嘉善

寧夏，北邊重鎮也。其地雜戎夷間，仕於此者日為戎是詰，鉦鐃旌纛是耳目，蓋其職，① 《記》曰：② "張而不弛，文武弗能。" 《易》曰：③ "悅以先民，民忘其勞；悅以犯難，民忘其死。" 此南薰之南塘，字川張公與南澗楊公，所以相嗣修之，以備譙閒之適者歟。

余叨撫茲鎮之期月，鎮務既稍稍舉，則其所為南塘者往觀焉。④ 維時淵涵停蓄，塘水無恙，而經哱劉之後，風景彫蕭，氣象慘淡，雖佳勝在眼，若障若翳，無能與懷抱相觸發。及詢楊公之所作知止軒者，則已化為灰燼，無復存矣。余悵然之餘，因思茲鎮故所稱 "塞上之江南"，茲塘故亦有 "西湖" 之號，蓋古名寧為西夏云者，正謂其地與中夏埒一方勝槩，實在於此。而使二公之高踪湮滅不傳，將為地靈所笑。一日，語觀察高君，亦大以余言為然。及再越月，則已披故址，繕頹垣，蓋構斧藻，悉還舊制。凡軒於前者四楹，廳於後者六楹，左右各有廂房各四楹。軒前一方，⑤ 迫塘而峙。塘之中有亭，屹然孑出水光上。落成之日，適薰風乍來，邊潯欲洗，余與元戎馥亭、蕭公挈榼命酒，歘集廳事，既而散步棹楔之下，極目隄岸之杪，⑥ 則百畝一鏡，天水一碧，蕩搖游氛，沉浸倒景。每泠風徐徐，渡水而至，輒飄然欲羽。乃登舟進楫，浮游中央，溯洄四

---

① ［校］耳目蓋其職："耳目蓋其"，此四字原脫，據《朔方新志》卷四《詞翰·文·漣漪軒記》補。"職"，《朔方新志》卷四《詞翰·文·漣漪軒記》作 "職也"。
② 參見《禮記·雜記下》。
③ 參見《易經·兌卦·彖辭》。
④ ［校］其：《朔方新志》卷四《詞翰·文·漣漪軒記》作 "詢其"。
⑤ ［校］一方：《朔方新志》卷四《詞翰·文·漣漪軒記》作 "一坊"。
⑥ ［校］杪：《朔方新志》卷四《詞翰·文·漣漪軒記》作 "秒"。

際。① 時見菱菰藻荇，茂密參差，戲鷺泳鱗，飛躍上下。而繞岸綠樹，婀娜翳欝，② 咸如拱揖而勸綠醑，環向而送清陰者。已乃舍舟陟眺亭上，遙見賀蘭屏翰於西北，黃河襟帶於東南，漢、唐兩渠分流左右，余曰："虞在吾目中矣。"長嘯而返。既抵軒，因謂元戎蕭公曰："夫斯地，非范文正之所嘗經理者耶。③ 悦使楊志也，後樂範志也。非斯地也，紛擾柴柵之意，孰與擺脫？必斯地也，鉦鐃旌纛之節，孰與主持？吾之志在《伐檀》之首章矣，為名其軒曰漣漪。夫惟悟漣漪之旨者，然後能對漣漪之景，然後能樂漣漪之樂。鳥獸禽魚自來親人，其以是乎？"故又為之題其坊曰"濠濮間想"。蓋《易》曰：④ "鴻漸於磐，飲食衎衎。"噫！悠悠濠濮之興，微斯人，吾誰與歸。

知止軒，在南塘南岸，今廢。

知止軒說　古蒲楊守禮

寧夏南薰門外二里許，舊有接官亭。亭南方塘一區，活水澄澈，⑤ 南澗子甚愛之，遂命少加修濬，可以浮舟。因作一舟，僅容數客。池之南構小亭三楹，亦足少憩。池北為門，以便出入。四絙以墻，墻內外各樹以柳，不月餘而成，在邊方亦奇觀也。南澗子暇日携酒肴，同元戎兩泉子、⑥ 副戎峒山、⑦ 遊擊松菴、⑧ 僉憲味泉會飲於此。⑨ 鼓枻傳觴，啓扉待月，柳陰映水，碧波澄空。鼓吹擊浪，歌聲遏雲，觥籌交錯，醉忘形骸。兩泉子欣然持觴，顧予而酌曰："此地此樂，百年所無，不可以無名。"予應之曰："名為'知止'，不亦可乎？"眾方訝然，予索觴酬眾，遂申之

---

① ［校］溯洄：《朔方新志》卷四《詞翰·文·漣漪軒記》作"溯沿"。
② ［校］翳欝：《朔方新志》卷四《詞翰·文·漣漪軒記》作"蓊欝"。
③ ［校］經理者耶："經理"，《朔方新志》卷四《詞翰·文·漣漪軒記》作"經略"。"耶"，《朔方新志》卷四《詞翰·文·漣漪軒記》作"邪"。
④ 參見《周易·漸》。
⑤ ［校］澄澈：《嘉靖寧志》卷二《遊觀》作"澄徹"。
⑥ 兩泉子指總兵都督僉事任傑。
⑦ 峒山指副總兵陶希皋。
⑧ 松菴指遊擊將軍傅鍾。
⑨ 味泉指兵糧僉事孟霦。

曰："天下之事，貴乎知止，而人情每不知止，故古人以'止'名其水。①蓋忠節積於平日，臨事果不爽耳，此誠得止也。後人不及古人，可不求所以知止，此特一節耳。事之變也，吾人安享太平之世，當功業可為之時，不可不知止也。夫人情莫大於憂樂，憂不知止，則鬱鬱，則傷厥情；樂不知止，則蕩蕩，則喪厥志。亦莫大於富貴，富貴不知止，則無所紀極，將以敗厥名。三者可不慎乎？若夫邊事孔殷，籌畫未定，鬱積於中，憂將如焚。可會於此，一菜一魚，或觴或詠。賣茗舟中，各商夫治理；② 促席臺前，閑籌乎兵略。憂不可極也。時或虜帳遠遁，軍食充足，四野熙春，萬家樂業，可大會於此。或饗夫士卒，或寄情管絃，惟酒無量，惟德是將。樂不忘憂，志常在虜，樂不可縱也。如於鮮憂。紓樂之時，又念夫吾人文武雖殊，而腰金拖紫，持節握符，不可不謂之顯榮，相與灑酒，同誓勉圖，忠孝撫輯，軍民抑奔，競戒科趐，期休休於窮邊，不汲汲於進取。雖老於此亭此水可也，能於此知止焉？則百邪咸息，萬慮攸當，心定性靜，身安氣和，無所往而不得所止矣。且天道不枉善，聖王不任祿，③崇德報功，出將入相，縱不得此，而功在邊陲，福流孫子，名垂史冊，當與河山共之。此知止無窮之樂，豈止此一亭一水而已。敢書此以共勖焉。"④

梅所。郭原，字士常，淮安人。洪武初，黔陽知縣，謫戍寧夏，工於吟咏，以詩酒自娛，於城西築精舍，種梅數百本，顏曰"梅所"。萬曆壬辰兵變後毀。

---

① ［校］其水：《嘉靖寧志》卷二《遊觀》、《朔方新志》卷四《詞翰·文·知止軒說》作"水"。

② ［校］各：《嘉靖寧志》卷二《遊觀》、《朔方新志》卷四《詞翰·文·知止軒說》作"共"。

③ ［校］任祿：《嘉靖寧志》卷二《遊觀》、《朔方新志》卷四《詞翰·文·知止軒說》作"私祿"。

④ ［校］敢書此以共勖焉：《嘉靖寧志》卷二《遊觀》此七字後還有："兩泉子，總兵都督僉事任傑；峒山，副總兵陶希皋；松庵，遊擊將軍傅鍾；味泉，兵糧僉事孟霦；南澗子，巡撫都御史、古蒲楊守禮也。"

梅所歌① **潘元凱**②

翠禽啼落枝頭月，夢入瑤臺白銀闕。
縞衣縹緲列群仙，雪貌娉婷玉為骨。
初疑郭西千樹梨，香魂化作萬玉妃。③
明璫雜佩盛粧飾，夜深與月爭光輝。④
又疑銀河倒瀉清冷水，散作天花照羅綺。
瓊林玉樹一色俱，髣髴蓬壺畫圖裏。⑤
復疑巫山之女披練裙，並刀剪碎巫山雲。
隨風飛墮水晶窟，朝朝暮暮揚清芬。
含情凝睇久延佇，夢覺紗窓讀書處。
非梨非雪亦非雲，乃是郭公之梅所。
郭知梅之趣，梅知郭之心。
江湖搖落歲雲暮，老氣崢嶸宜春簪。⑥

我昔讀書松桂林，松花落處三尺深。
林下幽棲景清淑，門外梅花繞林麓。
年年臘盡花盛開，屋前屋後雪作堆。
別來此地知誰有，嘆息平生歲寒友。

---

① ［校］梅所歌：《弘治寧志》卷八《雜詠類》、《嘉靖寧志》卷七《文苑·詩》題均作《梅所》，《朔方新志》卷五《詞翰·詩》題作《梅所歌為流寓郭原》。又，《梅所歌》詩共2首。

② ［校］潘元凱：此同《弘治寧志》卷八《雜詠·梅所》、《嘉靖寧志》卷七《文苑·詩·梅所》、《朔方新志》卷五《詞翰·詩·梅所歌為流寓郭原》，《弘治寧志》卷二《寧夏總鎮·流寓》、《嘉靖陝志》卷三一《文獻十九·流寓》、《朔方新志》卷三《文學·流寓》及本志《流寓》作"潘原凱"。

③ ［校］化作：原作"已作"，據《弘治寧志》卷八《雜詠類·梅所》、《嘉靖寧志》卷七《文苑·詩·梅所》、《朔方新志》卷五《詞翰·詩·梅所歌為流寓郭原》改。

④ ［校］月：本志及《朔方新志》卷五《詞翰·詩·梅所歌為流寓郭原》均作"日"，據《弘治寧志》卷八《雜詠類·梅所》、《嘉靖寧志》卷七《文苑·詩·梅所》改。

⑤ ［校］裏：此字原脫，據《弘治寧志》卷八《雜詠類·梅所》、《嘉靖寧志》卷七《文苑·詩·梅所》、《朔方新志》卷五《詞翰·詩·梅所歌為流寓郭原》補。

⑥ ［校］雲：本志、《嘉靖寧志》卷七《文苑·詩·梅所》、《朔方新志》卷五《詞翰·詩·梅所歌為流寓郭原》作"云"，據《弘治寧志》卷八《雜詠類·梅所》改。

月明千里勞夢思，清秋惟聽角中吹。①
黔陽舊令何清楚，茅屋新題字梅所。
金陵進士玉堂賓，健筆為寫江南春。
塞北江南幾千里，春色移來梅所裏。
飄飄鵠立梅邊人，角巾墊角風致新。
顏如冰雪神如水，梅花豈得非前身。
去年來看春可掬，今歲重過看不足。
帳捲谿藤雲一床，被擁蘆花秋六幅。
青罇留客酒如泉，②青天送月來窗前。
主人鳴琴客起舞，兒童拍手呼神仙。
仙耶人耶呼不醒，梨雲壓夢衣裳冷。
夢中吹徹玉參差，夜半寒香飄雪影。
南枝開盡北枝開，錦囊秀句更新裁。
明朝我欲鼓門去，③莫遣山童掃綠苔。
便須急換酒一斗，東閣西湖興何有。
先拚爛醉如爛泥，與君重題詩百首。

題梅所④ 承廣

客以梅為所，移梅取次栽。
花枝向南發，山色自西來。
清影孤窗月，黃昏一酒盃。
揚州有何遜，東閣待誰開。

---

① ［校］清秋：《弘治寧志》卷八《雜詠類·梅所》、《嘉靖寧志》卷七《文苑·詩·梅所》作"清愁"。
② ［校］青罇：《弘治寧志》卷八《雜詠類·梅所》作"清罇"。
③ ［校］鼓門：此同《朔方新志》卷五《詞翰·詩·梅所歌為流寓郭原》，《弘治寧志》卷八《雜詠類·梅所》、《嘉靖寧志》卷七《文苑·詩·梅所》作"敲門"。
④ ［校］題梅所：《弘治寧志》卷八《雜詠類·梅所》、《嘉靖寧志》卷七《文苑·詩》、《朔方新志》卷五《詞翰·詩》題均作《梅所》。

夏州八景

三山陳德武《八景詩序》摘略①

夏之境內，其遠者曰"黑水故城"，迩者曰"夏臺秋草"，即"靈武秋風"。當其勢之方張，蒸土校錐，以圖永固。增金索幣，以居強大。一時之鐵騎健兒，歌樓舞榭，今皆變為寒煙，鞠為衰草而已。亞於黑水曰"黃沙古渡"，但見風波浩浩，鷗鳧欲墮。河楫搖紅，葦花欲白，②昔之車塵馬跡，皆為狐兔之區。而輕舟短棹，長年三老之屬，已移於高橋、楊家渡矣。附於白臺曰"長塔鐘聲"，③即"梵刹鐘聲"。惟見折甑刓稜，倒影在地。向之金碧莊嚴，幻為瓦礫之場，而追蠡鮮紐，已徙於戍樓矣。郭之南下，春煙靡靡，柔綠如染，秋風颯颯，黃葉誰惜，是曰"官橋柳色"。送故迎新，離歌別酒，攀折無筭，吾不知幾榮枯也。郊之西北，蒼蒼茫茫，如藩屏，如保障，④盤踞數百里，時呈六花以告豐歲，是曰"賀蘭晴雪"。此天以表裏山河，限固疆域者也。⑤山之東曰"良田晚照"，即"月湖夕照"。河之西曰"漢渠春漲"。⑥襟帶左右，膏腴幾萬頃。因昔之功，為今之利。荷鍤成雲，決渠為雨，吾戍士衣食之源，⑦所當勤勞之地也。

賀蘭晴雪　陳德武

初秋至仲春，微雨即成雪。雪積在山，日照不融，山頭常如披絮。

---

①［校］八景詩序：《正統寧志》卷下《文》、《嘉靖寧志》卷八《文苑·文》均題作《寧夏舊八景詩序》。

②［校］欲白：《嘉靖寧志》卷八《文苑·文·寧夏舊八景詩序》、《朔方新志》卷四《詞翰·文·八景詩序》作"飛白"。

③［校］白臺：此同《嘉靖寧志》卷八《文苑·文·寧夏舊八景詩序》、《朔方新志》卷四《詞翰·文·八景詩序》，《正統寧志》卷下《文·寧夏舊八景詩序》無"白"字。

④［校］保障：此同《嘉靖寧志》卷八《文苑·文·寧夏舊八景詩序》、《朔方新志》卷四《詞翰·文·八景詩序》，《正統寧志》卷下《文·寧夏舊八景詩序》作"堡障"。

⑤［校］疆域：此同《嘉靖寧志》卷八《文苑·文·寧夏舊八景詩序》、《朔方新志》卷四《詞翰·文·八景詩序》，《正統寧志》卷下《文·寧夏舊八景詩序》作"疆圉"。

⑥［校］春漲：《嘉靖寧志》卷八《文苑·文·寧夏舊八景詩序》、《朔方新志》卷四《詞翰·文·八景詩序》作"春水"。

⑦［校］吾戍士：此同《嘉靖寧志》卷八《文苑·文·寧夏舊八景詩序》，《正統寧志》卷下《文·寧夏舊八景詩序》"吾"前有"乃"字。

六花飛罷净塵寰，富貴家翁做意慳。
滿眼但知銀世界，舉頭都是玉江山。
嚴凝借雪風威裏，眩曜爭光日色間。
獨有詩人憐短景，賀蘭容易又青還。

賀蘭西望盡長空，天界華夷勢更雄。
岩際雲開青益顯，峰頭寒重白難融。①
清光絢玉冲虚素，② 秀色拖嵐映夕紅。
勝槩朔方真第一，徘徊把酒興無窮。　　　金陵　王遜③

漢渠春漲④　明　慶靖王

即漢延渠。
神河浩浩來天際，別絡分流號漢渠。⑤
萬頃腴田憑灌溉，千家禾黍足耕鋤。
三春雪水桃花泛，二月和風柳眼舒。
追憶前人疏鑿後，於今利澤福吾居。

月湖夕照　明　慶靖王

在張亮堡。
萬頃清波映夕陽，晚風時驟漾晴光。
暝煙低接漁村近，遠水高連碧漢長。
兩兩忘機鷗戲浴，雙雙照水鷺游翔。
北來南客添鄉思，彷彿江南水國鄉。

---

① ［校］白：《嘉靖寧志》卷二《景致》作"雪"。
② ［校］素：《嘉靖寧志》卷二《景致》作"白"。
③ ［校］王遜：《嘉靖寧志》卷二《景致》作者為"弘農王嘉齋"，《正統寧志》卷下《題詠》載王遜《賀蘭晴雪》全詩："雪積賀蘭尖，寒於霽景嚴。三冬爭皎皎，六月息炎炎。天不空桑異，人如地首瞻。可堪頭白者，留滯悵窮檐。"
④ 自《漢渠春漲》至《黑水故城》為朱栴《寧夏八景圖詩》中的5首，另外3首為《賀蘭晴雪》、《官橋柳色》、《梵刹鐘聲》，另有《寧夏八景圖詩序》一篇。參見《正統寧志》卷下《題詠》。
⑤ ［校］號漢渠：原作"來漢渠"，據《嘉靖寧志》卷二《景致》、《朔方新志》卷五《詞翰·詩·漢渠春漲》改。

黃沙古渡　明　慶靖王

在王澄堡東。

黃沙漠漠浩無垠，古渡年來客問津。
萬里邊夷朝帝闕，一方冠蓋接咸秦。
風生灘渚波光渺，雨過汀洲草色新。①
西望河源天際濶，濁流滾滾自崑崙。

黑水故城　明　慶靖王

即赫連所築統萬城。

日落荒郊蔓草寒，② 遺城猶在對殘陽。
秋風百雉蘚苔碧，夜月重關玉露涼。
枯木有巢棲野雀，斷碑留篆臥頹牆。
遶城黑水西流去，不管興亡事短長。

一灣黑水尚流東，③ 陽有頹垣草莽中。④
不務養人歸市德，徒勞蒸土校錐功。
冤骸白露泥中雨，燐火青吹月下風。
顧彼亡胡何足惜，可憐司馬沒英雄。　　三山　陳德武

官橋柳色　三山　陳德武

在楊和堡北，⑤ 跨漢唐渠。

邊城寒苦惜春遲，三月方看柳展眉。

---

① ［校］雨過：此同《正統寧志》卷下《題詠·黃沙古渡》，《弘治寧志》卷八《雜詠類·黃沙古渡》、《嘉靖寧志》卷七《文苑·詩·黃沙古渡》均作"雨打"。

② ［校］荒郊：原作"荒城"，據《弘治寧志》卷八《雜詠類》、《嘉靖寧志》卷二《景致》、《朔方新志》卷五《詞翰·詩·黑水故城》改。

③ ［校］一灣：此同《弘治寧志》卷八《雜詠類·黑水故城》，《正統寧志》卷下《題詠》作"一浮"。

④ ［校］陽有：原作"剩有"，據《弘治寧志》卷八《雜詠類》、《嘉靖寧志》卷二《景致》、《朔方新志》卷五《詞翰·詩·黑水故城》改。

⑤ ［校］楊和堡：原作"陽和"，據《嘉靖寧志》卷二《景致》改。

金搭畫欄黃尚淺，① 絲淹流水綠初垂。
染增新色緣煙雨，折減長條為別離。
可幸嬌鶯飛不到，等閑烏鵲鬧爭枝。②

官橋千樹柳，一路照征袍。
色可黃金比，絲非綠繭繰。
春容知不愧，客意欺徒勞。
送別青青眼，何時見我曹。　　　金陵　王遜③

靈武秋風　明　慶靖王

靈武山在林臯堡西。
翠輦曾經此地過，時移世變奈愁何。
秋風古道聞笳鼓，落日荒郊牧馬馳。
遠近軍屯連成壘，糢糊碑刻繞煙蘿。④
興亡千古只如此，不必登臨感慨多。

梵剎鐘聲⑤　三山　陳德武

承天寺鐘樓。
觚稜殿宇聳晴空，香火精嚴祀大雄。
蠡吼法筵聞梵唄，鈴鳴古塔振天風。
月明丈室僧禪定，霜冷譙樓夜漏終。
忽聽鐘聲來枕上，驚迴塵夢思無窮。

靈州八景

府至州九十里，即靈武。

---

① ［校］畫欄：《弘治寧志》卷八《雜詠類·官橋柳色》作"畫闌"。
② ［校］烏鵲：《弘治寧志》卷八《雜詠類·官橋柳色》作"烏鵲"。
③ 《正統寧志》卷下《題詠》載，《官橋柳色》為王遜撰《舊西夏八景》組詩中的一首。
④ ［校］繞：《嘉靖寧志》卷二《景致》作"鎖"。
⑤ ［校］《正統寧志》卷下《題詠》載此詩為凝真作，陳德武《梵剎鐘聲》全詩為："招提新景鎖煙霞，寶塔初修出半天。蠡扣鯨音號百入，聲傳世界盡三千。分明雲卧晨敧枕，恍惚楓橋夜泊船。獨有胡僧渾不省，口口擁耳但高眠。"

寧河勝覽。黃河東渡，築臺高五丈餘，登眺則河山景色舉在目中。

晏湖遠眺。晏湖古為水澤，歲遷沙漲，故址猶存。臺制似寧河，而眾山環繞，水碧沙明，足以豁目。

牛首飛霞。牛首山形突兀，上有古剎，時現祥霞。

龍泉噴玉。泉在金積山，其水清冷可掬，滾滾若珠玉傾瀉。

高橋春柳。城南橋形高，古即名"高橋"。自蕭關北，荒沙無際，至是忽覩林木，柳更森密若屏，相傳為塞北江南，蓋指此云。

滴水秋梧。水自石出，若倒囊出珠，下有梧桐，枝柯繁茂可觀。

青峽曉映。即古之青銅峽，旭日方升，水光山色，映若畫圖。

黃沙夕照。城東之山半為沙礫，每晴日夕時，蒼黃遠映，光照人目。

靈州鐵柱泉。

鐵柱泉記　芸莊管律撰

去花馬池之西南、興武營之東南、小塩池之東北，均九十里交會之處，水湧甘冽，是為鐵柱泉。日飲數萬騎弗之涸，幅幀數百里又皆沃壤可耕之地。北虜入寇，徃返必飲於茲。是故散掠靈、夏，長驅平、鞏，實深藉之。以其嬰是患也，並沃壤視為棄土百七十年矣。

嘉靖十有五年丙申，都察院左都御史兼兵部左侍郎松石劉公奉聖天子命，① 制三邊軍務，乃躬涉諸邊，意在悉關隘之夷險、城寨之虛實、兵馬之強弱、道路之急緩，而後畫禦戎之策，以授諸將。是故霜行藿食，② 弗避厥勞，至鐵柱泉，駐瞻移時，喟然諭諸將曰："禦戎上策，其將在茲矣。③ 可城之使虜絕飲，固不戰自懲，何前哲弗於是是圖哉？"維時巡撫寧夏右副都御史宇川張公，謀與公協，乃力襄之。即年秋七月丙申，按察僉事譚大夫闓，度垣堉，量高厚，計丈尺。鎮守、總兵官、都督，効帥師徒，具楨榦，役鑱錛，人樂趣事，競効乃力。越八月丁酉，城成，環四里許，高四尋有奇，而厚如之。城以衛泉，隍以衛城，工圖永堅，百七十年

---

① [校] 奉聖："聖"字原脫，據《嘉靖寧志》卷三《寧夏後衛》、《朔方新志》卷四《詞翰·文·鐵柱泉記》補。

② [校] 霜行："行"字原脫，據《嘉靖寧志》卷三《寧夏後衛》、《朔方新志》卷四《詞翰·文·鐵柱泉記》補。

③ [校] 其將：《嘉靖寧志》卷三《寧夏後衛》、《朔方新志》卷四《詞翰·文·鐵柱泉記》作"其"。

要害必争之地，一旦成，巨防矣。置兵千五，兼募土人守之。設官操馭，皆檢其才且能者。慮風雨不蔽之患，則給屋以居之，因地之利而利，則給田以耕之，草菜闢，禾黍蕃，又可以作牧而庶孳畜。① 棄於百七十年者，一旦大有資矣。其廨宇倉塲，② 匪一不備，宏綱細節，匪一不舉，炫觀奪目，疑非草創之者。先時虜常内覘，河東諸堡為備甚勤。而必先之以食，雖翔價博易，猶虞弗濟。泉既城，虜憚南牧，則戍減費省，糴之價自不能騰，實又肇来者。無窮之益，是皆出於公之卓識特見，而能乎人所未能。③

今年丁酉，④ 去兹泉南又百里許，亘東西為墙塹，於所謂梁家泉者亦城之，重關疊險，禦暴之計益密矣。借虜騁驕忘忌入之，騎不得飲，進則為新邊所扼，退則為大邊所邀，天授之矣。用是以息中原之擾，以休番戍之兵，以寬饋餉之役，豈啻徵公出將入相之才之德而已焉，功在社稷，與黃河、賀蘭實相遠迹，謂有紀極哉。是故不可以不記也。

松石名天和，湖南麻城人。字川名文魁，中州蘭陽人，俱正德戊辰進士。⑤ 譚誾，西蜀蓬溪人，正德辛巳進士。⑥ 王劾，陝西榆林人，正德丁丑武舉，⑦ 法得備書。

〔慶迓詩〕　王崇古

中秋夜，聞南海龐惺菴臺長弭節鐵柱泉城，時海寇報平，詩代慶迓。

嶺海関山賦壯遊，孤城新月共清秋。
雛鳳已瞻馳驥足，人龍應許並仙舟。
鐵柱名泉勞駐馬，金城圖略待封侯。
四方多難心同赤，喜報瓊山蟣蝨收。

---

① [校]作牧而：此三字原脱，據《嘉靖寧志》卷三《寧夏後衛》《朔方新志》卷四《詞翰・文・鐵柱泉記》補。

② [校]廨宇：《嘉靖寧志》卷三《寧夏後衛》作"廨署"。

③ [校]未能：原作"不能"，據《嘉靖寧志》卷三《寧夏後衛》、《朔方新志》卷四《詞翰・文・鐵柱泉記》改。

④ 丁酉：嘉靖十六年（1537）。

⑤ 正德戊辰：明武宗朱厚照正德三年（1508）。

⑥ [校]辛巳：原作"辛未"，據《明清進士題名碑録》、《嘉靖寧志》卷三《寧夏後衛・形勝》改。又，"正德辛巳"，正德十六年（1521）。

⑦ 正德丁丑：正德十二年（1517）。

〔駐鐵柱泉有感〕　李汶
駐鐵柱泉，懷徃歲，卜虜穿塞入銀、麟，邊報錯至。
泉開鐵柱水流澌，地主依然獻饌時。
夢斷翻嫌鷄唱早，憂来却恨鴈書遲。
寸心靡監攄臣節，百戰於襄苔聖知。
客歲羽飛還此日，匈奴已報入東籬。

古靈州城東北鐵柱泉旁有窟，人莫敢入。景泰間，李姓者偕一僕爇燈以入。行二十步，推開一石門，有銅鑄釋像，傍有二僧屍，覆以錦衾，其面如生，而金貝之類環具左右，李恣意取之，將出，風颯颯，燈息門閉，鼓鈸齊鳴，李恐懼欲死，盡棄所取者，俄於傍窟匍匐而出。明日，集眾徃掘之，堅不能入，機械如洛陽也。

韋州四景
今為韋州堡，靈州轄地。

蠡山叠翠
秀倚晴空萬叠多，星辰常恐勢淩摩。
雲生秋碧涵眉黛，雨洗春容照翠蠡。
幽鳥閑花屏畫裏，斷猿孤木石巖阿。
足憑藩府為天柱，東接長安西带河。　　盧陵　穰穆

蠡山雨洗高嵯峨，群峰叠翠攢青蠡。[1]
我来信馬上山去，馬上觀看頻吟哦。
平生爱此佳山水，[2] 爱山不得住山裏。
到家移入畫軸中，挂向茅堂對書几。　　長史　劉昉[3]

---

① ［校］青蠡：《正統寧志》卷下《題詠·蠡山疊翠》作"青螺"。
② ［校］佳：《弘治寧志》卷八《雜詠類》、《嘉靖寧志》卷三《韋州》作"嘉"。
③ ［校］劉昉：原作"劉牧"，據《正統寧志》卷下《文·蠡山疊翠》改。

東湖春漲

三月東湖景始饒，水光山色遠相招。
魚衝急雨牽浮藻，鷺逐顛風過斷橋。
華落乍疑金谷地，浪痕初認海門潮。
臨堤盡日忘歸去，為惜餘春漫寂廖。① 　　慶靖王

西嶺秋容

倚杖看山處，秋來景更芳。
菊枝披細雨，楓葉下清霜。
黛色濃於染，嵐光翠似粧。
客中幽興發，呼酒醉斜陽。 　　豐林王平齋

石關積雪

山高矗屹立，叠翠萬垂巒。
殘雪經年在，邊風五月寒。
素華涵兔影，清味試龍團。
正是詩家景，惟宜靜裏看。 　　王平齋

中衛十景

中衛今改為縣，離府三百六十里。

暖泉春漲

一脉遠通星宿海，春回塞上氣初融。
青青石眼涓涓發，流出桃花洞口東。 　　亡名氏

驅車歷旱海，此際水泓然。
脉湧崑崙石，温生黍谷泉。
蒹蘆清眼界，柳樹媚風煙。
為念荷戈士，投醪惠百川。 　　劉尚朴

---

① ［校］漫：《弘治寧志》卷八《雜詠類》、《嘉靖寧志》卷三《章州》作"謾"。

癸丑防秋過暖泉亭①　　周懋相
一泓澄碧玉，纍石傍亭明。
沁骨清形色，流光入壯懷。

壬子行邊暖泉暫憩②　　文球
涓涓曲水遠山河，獨喜陽春此地多。
蕩盡腥羶流不竭，洗兵何用挽天河。

羚羊夕照
羚羊山勢壯邊州，每到斜陽翠欲流。③
偏使幽人頻注目，拋書携酒獨登樓。　　亡名氏

黄河曉度
河流東下自崑崙，濁浪排山曉拍津。④
來往行人誼渡口，只因名利少閑身。　　亡名氏

鳴沙過鴈
秋城河外瑣斜暉，⑤風捲晴沙拂地飛。⑥
過鴈數聲清墮玉，征人何處問寒衣。　　亡名氏

蘆溝煙雨
蘆花飛雪漲晴漪，煙雨溟濛望益奇。
點點白鷗深處浴，扁舟遙動五湖思。　　亡名氏

---

① 癸丑：萬曆四十一年（1613）。
② 壬子：萬曆四十年（1612）。
③ ［校］翠：《嘉靖寧志》卷三《中衛》作"萃"。
④ ［校］濁浪：原作"獨浪"，據《嘉靖寧志》卷三《中衛·景致》"黄河曉度"條、《朔方新志》卷五《詞翰·詩·黄河曉渡》改。
⑤ ［校］瑣：《嘉靖寧志》卷三《中衛·景致》"鳴沙過鴈"條作"鎖"。
⑥ ［校］晴沙：原作"時沙"，據《嘉靖寧志》卷三《中衛·景致》"鳴沙過鴈"條、《寧夏府志》卷二一《詩·鳴沙過鴈》改。

暖風晴日草如茵，景入蘆溝總是春。
夾谷嬌鶯留醉客，隔山啼鳥喚遊人。
杏花帶雨胭脂濕，楊柳含煙翡翠新。①
願得琴書身外樂，海鷗洲鷺自相親。　　胡官升

石空夜燈
疊嶂玲瓏竦石空，誰開蘭若碧雲中。②
僧閑夜靜燃燈坐，③遥見青山一點紅。④　　亡名氏

黑山晴雪
翠壁丹崖指顧間，隨時風物自闌珊。
六花凝素寒侵眼，徒倚危樓看玉山。　　亡名氏

石渠流水
渴壤常資灌溉功，分流原自大河中。⑤
滔滔不息含生意，萬折誰知竟必東。　　亡名氏

紅崖秋風
寥落邊關愴客情，空山風撼作秋聲。
乘時好破單于帳，誰擬當年李北平。⑥　　亡名氏

槽湖春波
十里平湖一鑑空，煙波雪浪澳生風。

---

① ［校］含煙：《弘治寧志》卷八《雜詠類·蘆溝煙雨》作"吹煙"。
② ［校］蘭若：原作"闌若"，據《嘉靖寧志》卷三《中衛·景致》"石空夜燈"條改。
③ ［校］夜靜：《嘉靖寧志》卷三《中衛·景致》"石空夜燈"條作"夜夜"。
④ ［校］一點：《嘉靖寧志》卷三《中衛·景致》"石空夜燈"條、《朔方新志》卷五《詞翰·詩·石空夜燈》作"一滴"。
⑤ ［校］原：《朔方新志》卷五《詞翰·詩·石渠流水》作"源"，《嘉靖寧志》卷三《中衛·景致》"石渠流水"條作"洵"。
⑥ ［校］李北平：原作"李白平"，據《嘉靖寧志》卷三《中衛·景致》"紅崖秋風"條改。

漁舟載酒銷春興，應使丹青畫欠工。① 亡名氏

祠　宇

　　文廟，在儒學東，初無樂舞，禮亦簡略。弘治十四年，都御史王珣、僉事李端澄置備如制，都御史劉憲續成之，禮度煥然。其祭器、銅爵、錫尊、②磁豆共五百三十二件，鎮人尚書徐琦、知府曹衡捐俸置送者。萬曆六年，巡撫羅鳳翱製帳幔、籩豆具備。三十六年，巡撫黃嘉善煥新廟顏，內甃芹池，外闢雲路，壖塏宏曠，大壯仰瞻。廟創自永樂初年，規模簡略。成化六年，巡撫張鐣聿新殿廡。弘治癸亥，③張嘉謨重修。嘉靖庚申，④巡撫霍冀重修。萬曆癸酉，⑤巡撫羅鳳翱重修。我朝定鼎重新，乾隆三年地震後重建。

重修儒學碑記　成化六年大學士　彭時撰
　　寧夏，古雍州之北境，漢朔方郡地。其地背山面河，四塞險固。中國有之，足以禦外夷。外夷竊之，足以抗中國，其形勢之重如此。自元得之，為寧夏路。我朝平定天下，改寧夏府。尋以其地密迩戎狄，盡徙其民於內地，置兵衛以守之。而又蒞以親藩，總以內外文武重臣。於是城郭之固、人物之殷、兵馬之雄壯，屹為関中巨防矣。其學校設自永樂初年。⑥蓋以地雖用武，而人不可不知禮義也。列聖相承，教養作興，歲久益備。士之由科目為世用者，⑦彬彬有人。惟是廟學，因陋就簡，⑧弗稱觀瞻，

---

① ［校］欠工：原作"未工"，據《嘉靖寧志》卷三《中衛·景致》"漕湖春波"條、《朔方新志》卷五《詞翰·詩·漕湖春波》改。

② ［校］錫尊：此同《朔方新志》卷三《壇祠》，《嘉靖寧志》卷二《壇壝祠祀》作"磁尊"。

③ ［校］癸亥：原作"癸未"。弘治無"癸未"年。又，張嘉謨為弘治十五年（1502）壬戌科進士，次年即弘治十六年（癸亥年，1503）重修文廟。據改。

④ 嘉靖庚申：嘉靖三九年（1560）。

⑤ 萬曆癸酉：萬曆元年（1573）。

⑥ ［校］設自：《嘉靖寧志》卷一《寧夏總鎮·公署·學校》作"之設則自"。

⑦ ［校］為：《嘉靖寧志》卷一《寧夏總鎮·公署·學校》作"出為"。

⑧ ［校］因：原作"固"，據《嘉靖寧志》卷一《寧夏總鎮·公署·學校》、《朔方新志》卷四《詞翰·文·重修儒學碑記》改。

識者病焉。今都察院右副都御史張公〔瑩〕奉命巡撫寧夏，志欲興修，與鎮守、總戎議克合。① 乃盡撤其舊而新之，故所有者悉弘其制，其無者今備其觀。② 至於聖賢像貌，亦皆繪素儼然。③ 始事於成化六年夏四月，越秋九月而告成，自殿堂門廡以至齋舍庫廩，凡為屋幾百餘楹。材出於山，工出於庸，④ 資用出於經畫之餘。⑤ 官不費而人不勞，何其成功之敏且速也。使來徵記。

予惟學校，王政之大端，所以成人材，⑥ 厚風化，實本於此。是以天下郡縣無處無學，而惟守令者亦未嘗不以興學為首務。⑦ 當張公舉事之初，或疑邊方非郡縣比，受任守邊，⑧ 宜以練兵講武，攘外安內為急，而學校，文事也，差可少緩。殊不知文武一道，⑨ 學校之所教者，非特詩書禮樂，雖干戈羽籥亦在焉。凡有事出征，受成於學，執有罪，反釋奠，則以訊馘告，何獨一於文而已。借曰：今學校之教，與古不同。然寧夏衛學徒，皆軍衛子弟之秀，其進而受教於學，誦聖賢之書，究天地之微，明人倫之大，會之於心有本原，見之於踐履有次第。性分固有，靡不實得而允蹈焉。則退而家庭，使其父兄咸知尊君親上之義、安民和眾之道。志有定而氣不懾，則守固攻克，其効大矣。孰謂邊方之學而可緩耶?⑩ 用是張公深體國家建學養士之意，⑪ 急於興修以感勸人心，⑫ 其真知成賢厚化之要

---

① ［校］議：《嘉靖寧志》卷一《寧夏總鎮·公署·學校》作"議以"。

② ［校］觀：《嘉靖寧志》卷一《寧夏總鎮·公署·學校》、《朔方新志》卷四《詞翰·文·重修儒學碑記》作"規"。

③ ［校］素：《嘉靖寧志》卷一《寧夏總鎮·公署·學校》、《朔方新志》卷四《詞翰·文·重修儒學碑記》作"塑"。

④ ［校］庸：《嘉靖寧志》卷一《寧夏總鎮·公署·學校》作"傭"。

⑤ ［校］資用："用"字原脫，據《嘉靖寧志》卷一《寧夏總鎮·公署·學校》、《朔方新志》卷四《詞翰·文·重修儒學碑記》補。

⑥ ［校］人材：《嘉靖寧志》卷一《寧夏總鎮·公署·學校》作"人才"。

⑦ ［校］惟：《嘉靖寧志》卷一《寧夏總鎮·公署·學校》作"為"。

⑧ ［校］受任：原作"守任"，據《嘉靖寧志》卷一《寧夏總鎮·公署·學校》、《朔方新志》卷四《詞翰·文·重修儒學碑記》改。

⑨ ［校］一：原作"二"，據《嘉靖寧志》卷一《寧夏總鎮》、《朔方新志》卷四《詞翰·文·重修儒學碑記》改。

⑩ ［校］耶：《嘉靖寧志》卷一《寧夏總鎮》作"邪"。

⑪ ［校］用：此字原脫，據《嘉靖寧志》卷一《寧夏總鎮》、《朔方新志》卷四《詞翰·文·重修儒學碑記》補。

⑫ ［校］感勸：《嘉靖寧志》卷一《寧夏總鎮》作"感動"。

者哉。予故特書為多士勸。若事《詩》《書》科第，① 以徼功名利達者，有不待勸而能也，此可略。

公名鎣，松江人，登正統戊辰進士，② 歷監察御史、憲使、布政使，至今官，廉正有為，③ 所在著聲績，宜併書於此，庶来者有考云。

自成化至萬曆，文廟屢修，俱有碑記。乾隆三年地震後，碑石損圮，多剝落，不可讀，即舊志亦不載，始建碑文。今錄成化六年重修碑記，以志廟之創始云。

武成王廟，在清寧觀東。④ 萬曆二十七年，巡撫楊公時寧重修。三十六年，巡撫黃公〔嘉善〕增修豎坊。丁日致祀呂尚父，以孫武子、黃石公等配享。三十七年，巡撫黃公委都司汪度教習應襲韜鈐、騎射於其中。

社稷壇，在南薰門外西南。

山川壇，在社稷壇西。

先農壇，雍正年間，建在東門外。

城隍廟，在前衛東。成化十三年，巡撫張鵬拓大之。嘉靖三年，巡撫張璿表以巨坊。十年，總兵官周尚文加修。萬曆二十七年，⑤ 巡撫楊時寧重修。三十六年，巡撫黃嘉善重修。⑥ 本朝屢修。乾隆三年地震後重建。二十年二月初七日午時，廟殿災，是時太守趙公本植被參，廟像忽自焚，民間傳為異事。

寺　觀

寧靜寺，正統年建。

永祥寺，正統年建。

---

① ［校］若：《嘉靖寧志》卷一《寧夏總鎮》作"若夫"。
② 正統戊辰：明英宗朱祁鎮正統十三年（1448）。
③ ［校］為：原作"所為"，據《嘉靖寧志》卷一《寧夏總鎮》、《朔方新志》卷四《詞翰·文·重修儒學碑記》改。
④ ［校］清寧觀："寧"字原脫，據《朔方新志》卷三《壇祠》補。
⑤ ［校］二十七：原作"三十七"，據《朔方新志》卷三《壇祠》改。
⑥ ［校］黃嘉善：原作"黃加善"，據本志《古蹟·漣漪軒記》及《朔方新志》卷三《壇祠》改。

报恩寺，洪武年間重修。

承天寺，夏諒祚所建。①洪武初，一塔獨存。慶靖王重修，增創殿宇。懷王增毘盧閣，有碑剝落。萬曆三十年重修内浮圖，高十一級。至今人過倒影，古跡尚存。在光化門迤東，東向。

遊承天寺　楊守禮
乘閑携酒上招提，促席傳觴日已西。
持節中丞猶索酒，揮戈元帥尚留題。
臺前松影來樽俎，塔外鐘聲間鼓鼙。
醉倚肩輿春色薵，滿天星斗和雲低。②

遊承天寺　羅鳳翱
蕭寺開壇數百秋，松門寂静地偏幽。
層樓縹緲靈光護，寶塔崢嶸霞氣浮。
天外鐘聲來四座，燈前偈語滌千愁。
真機自笑何時悟，去住撑腸雪滿頭。

承天寺南廊僧房南墻上有塔影倒垂，房在塔南，本非日光所回射。盖此塔崎形年久，上涵清虚，已成其象，故天光下射於天窗，轉射於南墻也。蓉川齊君有《倒影測》，③亦未明究其理。惟南澗楊公謂以下凹處映其上，則影必倒，無拘於方向。今以鏡面凹者照人，則人首倒垂。其說果驗，可以袪眾人之疑矣。則崎形涵虚及《倒影測》皆不足信。其影初在寺之南廊，今在東廊，則又叵測也。舊志。④

黑寶塔，赫連勃勃重修，有古臺。寶塔，在振武門外。東向，離城三里許。乾隆三年地震，塔傾圮，惟存磚臺塔址。十八年，總鎮韓柯亭修葺，殿宇焕然一新。

---

① 據《正統寧志》卷下《文》載《夏國皇太后新建承天寺瘞佛頂骨舍利軌》，承天寺建於夏毅宗諒祚天祐垂聖元年（1050），時當宋仁宗皇祐二年。
② ［校］和雲：《嘉靖寧志》卷二《寺觀》、《朔方新志》卷五《詞翰·詩·遊承天寺》作"和煙"。
③ 參見齊之鸞《人夏録》卷下《浮圖倒影測》。
④ 參見《嘉靖寧志》卷二《祥異》。

登黑寶塔① 孟霦
暖日行郊郭，林深訪釋迦。②
寒荒時見鴈，③春暮不逢花。
碧水浸斜徑，輕蕪出軟沙。
邊城名將在，海外絕胡笳。

敞筵春晝永，久坐午陰移。
携酒思登塔，開軒看奕棋。
院空芳樹覆，野靜白雲遲。④
醉客耽佳夕，重將玉笛吹。

邀總戎張東山飲海寶塔⑤ 羅鳳翺
黃華方爛熳，邀我過湖濱。
特地法臺迥，干霄寶剎分。
塔肩懸鏡影，水底映星文。
揮賞遲旋馬，玄思到白雲。

寺古臺亦古，秋高興具高。
賞心來梵宇，聽偈拂塵袍。
鷗鷺湖波適，牛羊草徑嚻。
菊英把酘處，甲胄息焦勞。

永壽寺，在城東。
紅花寺，在清和門外七里許，兵變毀。

---

① [校] 登黑寶塔：《嘉靖寧志》卷七《文苑·詩》題作《遊黑寶塔詩》。另，《登黑寶塔》詩共 2 首。
② [校] 釋迦：《嘉靖寧志》卷七《文苑·詩·遊黑寶塔詩》作"釋伽"。
③ [校] 寒荒：《嘉靖寧志》卷七《文苑·詩·遊黑寶塔詩》作"塞荒"。
④ [校] 白雲：原作"白雪"，據《嘉靖寧志》卷七《詩》、《朔方新志》卷五《詞翰·詩·登黑寶塔》改。
⑤ 《邀總戎張東山飲海寶塔》詩共 2 首。

邊寧寺，在城西。

回紇禮拜寺，在城內寧静寺北，震災後盡坍。回回重建殿宇，巍焕工麗，正殿供萬歲牌，不設別像。每逢七日，回回俱到寺中禮拜，白布裹首，去鞋，口喃喃誦番經。

高臺寺，舊建城東二十里，① 為黃河崩没。萬曆間，慶王重建，在紅花渠東麗景園內，改名延慶寺。乾隆三年地震重建。

興國寺，舊名彌陀寺，在清和門之巽方。② 兵變毀，重建，地震廢。

大佛寺，在西路邊外，元昊時建。

牛首寺，在靈州。

牛首寺碑記　明　給事中　管律撰

去靈州西南境不百里，群峰巉屼，慈雲掩映，黃河西來，奔流浴足，③ 秀麗如芙蓉出水，④ 是為牛首山云。世傳為"小西天"，釋迦牟尼嘗會諸佛眾生說法於茲，證有《大乘經》存焉。當山之幽絕，前為羅漢殿，殿北為祖師殿，南為迦藍殿，中則接引殿，後則如來殿，即所謂說法處。初僅四楹，⑤ 今拓之為六楹。少北則佛母洞，再北則觀音殿，殿之東為迦葉塔，⑥ 界乎洞塔之間則十方佛寶殿。⑦ 迦葉塔之北，則眼光菩薩殿。殿之北為金牛池。國初，慶靖王嘗見金牛現池中，乃塑其狀，置之而去。今韋人鎔鐵為之。界乎池殿之前，則釋迦殿，又北則文殊殿，又東北則彌陀殿，界彌陀、文殊之後則地湧塔。彌陀之東，則普賢殿。是皆隨形勢之勝而布置其位，各具美瞻。其齋廚僧舍，岡不備具。跨河之北則一百八塔，塔之西有二洞，一曰佛母，一曰觀音。去牛首東又二十里，則金寶塔寺，皆為牛首之附。是故稱牛首為"大寺"云。然蹊徑崎嶇，盤旋百折，如蓬其嶺。⑧ 四方善士，不憚逐矣，⑨ 而來致敬於寺者，歲時接踵。是可

---

① ［校］二十里：《嘉靖寧志》卷三《寺觀》作"十五里"。
② ［校］清和門：原作"東和門"，據《朔方新志》卷三《寺觀》改。
③ ［校］浴足：此二字原脫，據《朔方新志》卷四《詞翰·文·牛首寺碑記》補。
④ ［校］水：此字原脫，據《朔方新志》卷四《詞翰·文·牛首寺碑記》補。
⑤ ［校］初：此字原脫，據《朔方新志》卷四《詞翰·文·牛首寺碑記》補。
⑥ ［校］東：《朔方新志》卷四《詞翰·文·牛首寺碑記》作"後"。
⑦ ［校］寶殿：《朔方新志》卷四《詞翰·文·牛首寺碑記》作"寶塔殿"。
⑧ ［校］如蓬其嶺：此四字原脫，據《朔方新志》卷四《詞翰·文·牛首寺碑記》補。
⑨ ［校］矣：此字原脫，據《朔方新志》卷四《詞翰·文·牛首寺碑記》補。

徵其靈應矣。① 奈世遠莫詳創始，其既葺而廢，既廢而葺，又不知其幾更番也。

今自嘉靖乙未春迄丙申冬日，②歷二期，拓隘補頹，直傾起墜，增刱觀音閣楹，輪暈翼運，③勢若淩霄。所供釋迦、觀音，昔惟土軀而已，今皆鑄之以銅，抹之以金，登山縱目，則層壺峻宇，復道飛甍，煇煌焜耀，遠迩相射，越千百年始大盛於今日已乎。④乃礱石，欲圖永示，於是徵記於芸莊管子。

管子備究顛末之由，是故知設心倡端，崇慎其教，則僧綱正、⑤副，張藏卜巴、趙藏卜嶺占也。摩頂放踵而以身任勞，鳩工積材而以勤落績，則住持常札失高耳、你丁端竹也。好善喜施而不吝重貨，資裕用饒而不致中困，則丁宣、馬鎧、王綱、李繼榮、周玉、陶寶也。⑥

登牛首山⑦　蕭如薰
理楫還登岸，攀蘿入紫煙。
雲霄千嶂出，色界一燈懸。
石蘚碑磨滅，金光像儼然。
不湏探絕勝，即此是諸天。

安慶寺，在鳴沙洲城內，建於諒祚之時。
弩兀剌，元之廢寺，在啓剌八山東。
保安寺，在平虜城。
三清觀，在南薰門外，慶王建，永樂間聞於朝，實夏勝槩，今廢。

---

① ［校］可：《朔方新志》卷四《詞翰·文·牛首寺碑記》作"可以"。
② 嘉靖乙未：嘉靖十四年（1535）。丙申：嘉靖十五年（1536）。
③ ［校］運：此字原脫，據《朔方新志》卷四《詞翰·文·牛首寺碑記》補。
④ ［校］已乎：此二字原脫，據《朔方新志》卷四《詞翰·文·牛首寺碑記》補。
⑤ ［校］綱：此字原脫，據《朔方新志》卷四《詞翰·文·牛首寺碑記》補。
⑥ ［校］陶寶也：《朔方新志》卷四《詞翰·文·牛首寺碑記》此三字後有如下文字："先是，宗藩鞏昌王苾齋鑄佛傳濟善不可滿者，法不得道。番僧周羅漢、馬扎失豎錯以不襄事攘奔者眾，法不得備。當記姓氏於碑之陰。"
⑦ 《登牛首山》詩共2首，此為其一。參見《寧夏府志》卷二一《詩·登牛首山》。

遊三清觀　　金幼孜

乘閑偶過三清觀，幽絕都無塵俗情。
入門喜見青松色，遠户還聞流水聲。
鹿過瑤臺秋草合，①鶴歸幽徑晚煙生。
可是道人偏愛客，焚香還與坐吹笙。

前題②　　路昇

化人靈境塞城南，③暇日來遊一駐驂。
花點石屏苔欲破，池開萍影樹長涵。
無心閑看雲歸洞，有意還將草結庵。
念我平生慕仙道，坎離玄妙向誰談。

清寧觀，在振武門外，④即元昊避暑宮。萬曆二十年，巡撫楊時寧重修，總督黃嘉善崇高殿宇，增益寢宮，煥然鼎新。

以上諸寺觀，乾隆三年地震後，或廢或存，或重建或增修，不能細考，記此以存舊蹟。

秋童得錢，洪武二十七年，中屯衛軍張秋童入賀蘭山後伐木，谷中見二老坐石上，問"秋童何為"，對曰"伐木"。呼使之前，與之錢盈掬，歸復徃視之，則無見矣。錢至今有收得者。

永濟尚師，河西人，通三學，⑤為西夏釋氏之宗，稱為祖師馬。⑥

黑禪和尚，河西人，通禪觀之學。年六十餘，先知死期，至日坐滅。

海珠和尚，咸寧人，宣德四年移居寧夏。善詩畫，尤長於韻學。嘗廬

---

①　[校] 瑤臺：《弘治寧志》卷八《雜詠類》作"瑤壇"。
②　前題：即《遊三清觀》。《弘治寧志》卷八《雜詠類》題作《三清觀閑步》。
③　[校] 靈境：《嘉靖寧志》卷二《寺觀》作"靈景"。
④　[校] 外：《朔方新志》卷三《寺觀》作"內"。
⑤　[校] 三學：原作"五學"，據《正統寧志》卷上《名僧》改。按："三學"是佛教修行的總稱，包括戒學、定學和慧學。用戒止惡修善，用定息慮澄心，用慧破惑證道，三者有相互不離的關係。"五學"之說不知何據。
⑥　[校] 祖師馬："馬"字原脫，據《正統寧志》卷上《名僧》補。

其父母墓者六載，號"翠微子"，有《山居百詠詩集》。

四則俱載舊志。①

臨　幸

漢元封元年冬十月，武帝以古者先振兵釋旅，然後封禪，乃自雲陽，歷五原，出長城，北登單于臺，至朔方，臨北河，勒兵十八萬騎，旌旗徑千餘里，遣使告諭單于，乃還。

唐貞觀二十年秋八月，太宗初以新興公主許嫁薛延陀，既而幸靈州，求隙與之絕昏。薛延陀多彌可汗寇夏州，②尋亦國破被殺，餘眾立真珠兄子咄摩支，遣使奉表，請居鬱督軍山，咄摩支降。回紇等十一姓各遣使歸命，③乞置官司。上大喜，遣使納之，為詩曰："雪恥酬百王，除凶報千古。"勒石於靈州。

天寶十五載秋七月，玄宗避安祿山之禍，出奔蜀，留太子討賊。太子至平涼，朔方留後杜鴻漸等迎於平涼北境，牋五上，是日即位靈武，④尊帝為上皇天帝，大赦改元。

靈武受命宮頌并序　〔唐　楊炎〕

臣聞享天降命惟德也，⑤戡難奉時惟聖也，必有非常之運，是興撥亂之功君以蒼生為憂，⑥不以濡足為患；以寧濟為業，不以修身為道。此陶

────────

① 《寧夏志》卷上《名僧》中最早錄永濟尚師、黑禪和尚等兩位西夏僧人事，《祥異》中錄張秋童事。《弘治寧志》卷二《仙釋》補錄海珠和尚事，《嘉靖寧志》卷二《仙釋》、《朔方新志》卷三《仙釋》全同《弘治寧志》的內容，亦錄4人故事。

② ［校］可汗：原作"可漢"，據《資治通鑒》卷一九八、《弘治寧志》卷四《沿革考證》等改。

③ ［校］回紇：原作"回讫"，據《弘治寧志》卷四《沿革考證》改。按：《舊唐書》卷三《太宗本紀》、《資治通鑒》卷一九八載，回紇等11姓包括回紇、拔野古、同羅、僕骨、多濫葛、思結、阿跌、契苾、跌結、渾、斛薛。

④ 據《舊唐書》卷十、《新唐書》卷六《肅宗本紀》、《資治通鑒》卷二一八，肅宗於七月辛巳至靈武，甲子即位於靈武。

⑤ ［校］降命：《文苑英華》卷七七四《靈武受命宮頌并序》注曰：一作"降福"。

⑥ ［校］是興撥亂之功君以蒼生為憂：此同《唐文粹》卷十九上《靈武受命宮頌并序》、《乾隆甘志》卷四六《藝文‧靈武受命宮頌》，《文苑英華》卷七七四《靈武受命宮頌并序》無"功"字，"君"字後小注曰"一作功"。疑《唐文粹》、《乾隆甘志》同誤。

唐所以捨而不畏，舜禹所以受而不疑。靈武宮，① 皇帝躍龍之所。日者奸臣竊命，四海蕩波，② 我聖皇天帝，③ 探命曆之數，啓龍圖，作受命之書，付於我皇帝。皇帝方遊崆峒以求至道，於是群公卿士負玉旒金璽，望氣芒碭之野，三進於閶闔之中，④ 曰："臣聞在昔蚩尤連禍，⑤ 大盜中國，神農氏兵莫能勝。⑥ 天降玄女，勑軒轅氏大定其灾。厥後堯有九州之害而命禹，禹以四海之功而受舜。陛下主邕大位十有九年，精爽者皆美德馨，⑦ 乾坤也必聞幽贊。玄德上達，⑧ 景福有歸，⑨ 六聖覿命曆之期，兆人有臨難之情。⑩ 陛下畏災運而不寧，⑪ 棄黎元而不顧，以致仁為薄，⑫ 以大寶為輕。臣等若不克所請，⑬ 與億兆之眾將披髮拊膺，⑭ 號於天而訴於帝矣。"皇帝肅然改容曰:⑮ "豈人心欤！"

丁卯，⑯ 廣平王〔李〕俶、太尉〔李〕光弼、司徒〔郭〕子儀、尚書左僕〔裴〕射冕、兵部尚書〔李〕輔國，與北軍將士、西土耆老萬五

---

① ［校］靈武宮：《文苑英華》卷七七四《靈武受命宮頌并序》作"靈武舊功"。

② ［校］蕩波：《文苑英華》卷七七四《靈武受命宮頌并序》作"波蕩"。

③ ［校］天帝：此同《唐文粹》卷十九上《靈武受命宮頌并序》，《文苑英華》卷七七四《靈武受命宮頌并序》作"帝"。

④ ［校］閶闔：《文苑英華》卷七七四《靈武受命宮頌并序》作"閶闔"。

⑤ ［校］在昔：《文苑英華》卷七七四《靈武受命宮頌并序》作"昔在"。

⑥ ［校］神農氏："氏"字原脫，據《嘉靖寧志》卷四《沿革考證》、《朔方新志》卷四《詞翰·文·靈武受命宮頌并序》補。"氏"，《文苑英華》卷七七四《靈武受命宮頌并序》作"之"。

⑦ ［校］德馨：《文苑英華》卷七七四《靈武受命宮頌并序》作"馨香"。

⑧ ［校］玄德：原作"元德"，係避清聖祖玄燁之諱，據《嘉靖寧志》卷四《沿革考證》、《朔方新志》卷四《詞翰·文·靈武受命宮頌并序》回改。

⑨ ［校］景福：原作"景德"，據《嘉靖寧志》卷四《沿革考證》、《朔方新志》卷四《詞翰·文·靈武受命宮頌并序》改。

⑩ ［校］臨難之情："臨難"，《文苑英華》卷七七四《靈武受命宮頌并序》作"樂推"。"情"，《文苑英華》卷七七四、《唐文粹》卷十九上《靈武受命宮頌》均作"請"。

⑪ ［校］寧：《文苑英華》卷七七四、《唐文粹》卷十九上《靈武受命宮頌》均作"處"。

⑫ ［校］致：《嘉靖寧志》卷四《沿革考證》作"至"。

⑬ ［校］所請：原作"所謂"，據《嘉靖寧志》卷四《沿革考證》、《朔方新志》卷四《詞翰·文·靈武受命宮頌并序》改。

⑭ ［校］將：《嘉靖寧志》卷四《沿革考證》無此字。

⑮ ［校］肅然：《嘉靖寧志》卷四《沿革考證》、《朔方新志》卷四《詞翰·文·靈武受命宮頌并序》作"唯然"。

⑯ 丁卯：唐玄宗李隆基開元十五年（727）。

千人排閽以訴帝曰："今豺狼穴居宫闕，① 陛下兆庶為餌，宗廟為墟。② 若臣等誠懇未通，③ 是高祖不歆於太廟。且陛下涉渭則洪流涸，廻巒則慶雲見，布澤而川溢廣，④ 勤道而嘉禾生，靈衹髣髴，玄覜幽感。臣聞符命待聖而作，天運否終而會。葳蕤肸蠁，會也。睿武英名，⑤ 聖也。臣等敢昧死上聞。"

帝乃灑齋宫，啓金匱，鳴咽拜受。詔有司大赦天下，改元曰至德元年，尊聖父為"文武大皇帝"。⑥ 是日煙雲變作，士庶踊躍，黄龍見於東野，紫氣滿於天門。翌日也，⑦ 數百里衣裳會；兼旬也，數千里朝貢會；踰月也，天下兵車會；浹時也，四方戎狄會。⑧ 以一旅成百萬之師，⑨ 率胡夷平社稷之難，⑩ 禮郊祀，戴聖皇，與人合誠心，以氣消天厲。⑪ 動岡不吉，歆無不報，是以白鹿擾於王庭，靈芝產於延英。化動而功成，淵默而頌聲。言禪代者陋蒼梧易姓之名，語嗣守者羞唐堯積善之辱。⑫ 述戡定

---

① [校] 居：《文苑英華》卷七七四《靈武受命宫頌并序》作"於"。
② [校] 宗廟：《文苑英華》卷七七四《靈武受命宫頌并序》作"宗社"。
③ [校] 誠懇：《文苑英華》卷七七四《靈武受命宫頌并序》作"懇誠"。
④ [校] 川溢：《唐文粹》卷十九上、《嘉靖寧志》卷四《沿革考證》作"川池"，《文苑英華》卷七七四作《靈武受命宫頌并序》"川地"。
⑤ [校] 英名：《文苑英華》卷七七四、《唐文粹》卷十九上、《正統寧志》卷下《靈武受命宫頌》、《嘉靖寧志》卷四《沿革考證》均作"英明"。
⑥ [校] 文武大皇帝：此同《乾隆甘志》卷四六《藝文》，《唐文粹》卷十九上作"文武太皇帝"，《文苑英華》卷七七四《靈武受命宫頌并序》作"聖皇天帝"。
⑦ [校] 翌日：《文苑英華》卷七七四《靈武受命宫頌并序》作"翼日"。
⑧ [校] 戎狄：此同《唐文粹》卷十九上《靈武受命宫頌》，《文苑英華》卷七七四《靈武受命宫頌并序》作"戎夷"，《乾隆甘志》卷四六《藝文·靈武受命宫頌》作"重譯"。清避諱改。
⑨ [校] 成：《文苑英華》卷七七四《靈武受命宫頌并序》作"兼"。
⑩ [校] 胡夷：此同《唐文粹》卷十九上、《文苑英華》卷七七四《靈武受命宫頌并序》，《乾隆甘志》卷四六《藝文·靈武受命宫頌》作"六軍"。清避諱改。
⑪ [校] 天厲：此同《文苑英華》卷七七四《靈武受命宫頌并序》、《乾隆甘志》卷四六《藝文·靈武受命宫頌》，《文苑英華》卷七七四《靈武受命宫頌并序》"厲"字後小注曰"一作癘"，《唐文粹》卷十九上《靈武受命宫頌并序》、《朔方新志》卷四《詞翰·文·靈武受命宫頌并序》作"夭癘"，《正統寧志》卷下《靈武受命宫頌并序》作"天癘"。
⑫ [校] 羞唐堯："羞"，此同《正統寧志》卷下《靈武受命宫頌并序》，《文苑英華》卷七七四《靈武受命宫頌并序》注曰："一作'著'"。"唐堯"，《唐文粹》卷十九上、《正統寧志》卷下《靈武受命宫頌并序》、《文苑英華》卷七七四《靈武受命宫頌并序》作"陶唐"。

者歟四紀而復夏，美中興者蚩三六而滅新。於戲！神祇之所歸往，品物之所法象，鼓飛龍於尺水，仗大義而東向，矢謨發號①，實在茲都，願篆石宮庭，以垂萬古。俾過山澤，知風雨之奧。②窮造化，識天地之爐。③臣炎稽首，敢獻頌曰：

　　赫赫河圖，啓天之祐。④雲從億萬，皇在九五。惟昔陶唐，克傳舜禹。濩也武也，⑤夫何足數。彼妖者勃，⑥惟暴惟貪。天實即命，⑦人將不堪。⑧皇曰内禪，於再於三。盡武之善，去湯之慙。兵車百萬，⑨洶洶雷震。横會九州，為行為陣。恃力者踣，從命者順。孝以奉天，神而撫運。至德唐堯，崇功大禹。旛旛北叟，垂白而覩。沛邑空歌，周原已古。徘徊頌聲，永介茲土。

賀靈武破吐蕃表⑩　　唐　權德輿

　　臣某等言：臣等今日面奉德音，靈武大破吐蕃，擒生斬將者，伏以睿謀武經，陰騭上略，兵符所授，攻戰多方。⑪蠢茲犬羊，尚勞爤燧。群師禀命，中權戒嚴。犄角相因。初設險於三覆；奇正合發，俄獻功於七

---

①［校］發號：原作"廟號"，據《文苑英華》卷七七四《靈武受命宮頌并序》、《嘉靖寧志》卷四《沿革考證》改。

②［校］知風雨：此同《唐文粹》卷十九上，《文苑英華》卷七七四《靈武受命宮頌并序》作"美風雨"。

③［校］爐：《文苑英華》卷七七四《靈武受命宮頌并序》作"緼"。

④［校］祐：此同《唐文粹》卷十九上《靈武受命宮頌》，《文苑英華》卷七七四《靈武受命宮頌并序》作"户"。

⑤［校］濩：此同《唐文粹》卷十九上《靈武受命宮頌》、《文苑英華》卷七七四《靈武受命宮頌并序》均作"護"。

⑥［校］妖：此同《唐文粹》卷十九上《靈武受命宮頌》，《文苑英華》卷七七四《靈武受命宮頌并序》作"袄"。

⑦［校］即：《文苑英華》卷七七四《靈武受命宮頌并序》作"有"。

⑧［校］將：原作"即"，據《嘉靖寧志》卷四《沿革考證》、《朔方新志》卷四《詞翰·文·靈武受命宮頌并序》改。

⑨［校］車：《文苑英華》卷七七四《靈武受命宮頌并序》作"革"，《嘉靖寧志》卷四《沿革考證》作"率"。

⑩［校］賀靈武破吐蕃表：《朔方新志》卷四《詞翰·文》題作《中書門下賀靈武破吐蕃表》。"破"，《權載之文集》卷四四《中書門下賀靈武大破吐蕃表》作"大破"。

⑪［校］攻：《權載之文集》卷四四《中書門下賀靈武大破吐蕃表》作"公"。

擒。① 數酋渠之首級，積戎械於亭侯。② 勝氣餘勇，鼓行無前。③ 即紱可期，有征斯在。臣等謬居樞掖，莫効涓涘，④ 每承以律之貞，空荷止戈之運，無任慶快踴躍之至。謹奉表稱賀以聞。⑤

授田牟慶州節度使制　〔唐　蔣伸〕

門下：秦築城以備虜，⑥ 未若選將為長城。漢設策以禦戎，吾知得人為上策。⑦ 況朔野之北，全涼以東，⑧ 兵臨五城，地遠千里。非疇勞無以分爵土，非用武何以示恩威。副吾勤求，允屬雄傑。檢校、兵部尚書、⑨ 金吾衛大將軍田牟，才度間生，智能兼聳，家承弓冶，業擅韜鈐，而又揭厲儒流，詳閑吏術，不戰而烽煙自息，言兵而勝負已知。洎早服官榮，常參羽衛。流五原之懿績，播三鎮之威聲，風猷藹然，令望斯著。如爾兄弟之孝友，⑩ 化自閨門，祖父之忠貞書於竹帛。是用擢在環列，為予警巡，覩其形容，益見誠意。朕以党羌未滅，邊障是憂，藉汝通明，與我安撫。所宜勵清廉於虜俗，宣惠澤於戎人。恢紀律，貴乎齊刑；理蠻夷，惡其生事。藩垣北地，控帶長河。仍加毛玠之榮，不改趙堯之秩。可檢校吏部尚書、靈州節度使。

---

　① ［校］七擒：《權載之文集》卷四四《中書門下賀靈武大破吐蕃表》作"九擒"。
　② ［校］亭侯：《嘉靖寧志》卷四《沿革考證》作"亭候"。
　③ ［校］行：此字原無，據《嘉靖寧志》卷四《沿革考證》、《朔方新志》卷四《詞翰‧文‧賀靈武破吐蕃表》補。
　④ ［校］涘：《朔方新志》卷四《詞翰‧文‧中書門下賀靈武破吐蕃表》作"埃"。
　⑤ ［校］稱賀：《權載之文集》卷四四《中書門下賀靈武大破吐蕃表》作"申賀"，《正統寧志》卷下作"陳賀"。又，本句下，《正統寧志》卷下《中書門下賀靈武破吐蕃表》有"貞元十四年十一月二十九日"十二字。
　⑥ ［校］秦：據《嘉靖寧志》卷六《遺事雜志‧授田牟慶州節度使制》作"奏"。
　⑦ ［校］吾知：《嘉靖寧志》卷六《遺事雜志‧授田牟慶州節度使制》作"未知"。
　⑧ ［校］全涼：疑當作"金涼"。參見《寧夏志箋證》第326頁《箋證》［四］。
　⑨ ［校］兵部：《朔方新志》卷四《詞翰‧文‧授田牟慶州節度使制》、《嘉靖寧志》卷六《遺事雜志‧授田牟慶州節度使制》均作"金部"。
　⑩ ［校］如：《朔方新志》卷四《詞翰‧文‧授田牟慶州節度使制》、《嘉靖寧志》卷六《遺事雜志‧授田牟慶州節度使制》"如"下有三雙行小字"一作知"。

唐授鄭齊之靈武副使制

制曰：①"朕以靈武重鎮，控制西戎，故選於和門，付以油節，思得幹用，以佐參畫。如聞齊之，自得科名，留心政術。奉沙漠之使，佐權莞之司。口不告勞，人稱奉職。某與思謙，臨洎知退，②皆鑽研文學，承襲軒裳。暢彼聲光，端其操履。是可以佐鏄俎於臺席，奉指教於才臣。而八達九衢，曉巡夜警，亦執金吾之重務也。咸允章奏，無忝所從。可。"

康熙年間，聖祖仁皇帝親征噶爾丹，駐蹕城內，奏捷還都。

藩　封

明太祖第十六子，③名㮵，封慶王，建國於夏。

冊文曰："維洪武二十四年，歲次辛未，四月戊午朔十三日庚午，父皇制曰：昔君天下者，祿及有德，④貴子必王，此人事耳。然居位受福，國於一方，尤簡在帝心。第十六子㮵，今命爾為慶王，分茅胙土，豈易事哉。朕起自農民，與群雄並驅，艱苦百端，志在奉天地、饗神祇，張皇師旅，伐罪救民，時刻弗怠，以成大業。今爾固其國者，當敬天地在心，不可瀆禮以祀。其宗社山川，依時饗之。謹兵衛，恤下民，必盡其道。於戲！勤民奉天，⑤藩輔帝室，允執厥中，⑥則永膺多福。體朕訓言，尚其慎之。⑦"

後薨，謚曰靖，勅賜山陵如制。王天性英敏，問學博洽，長於詩文。

---

① ［校］制曰：《嘉靖寧志》卷六《遺事雜志·授田牟慶州節度使制》、《文苑英華》卷四一二《授鄭齊之靈武副使制》無此二字。

② ［校］知退：《文苑英華》卷四一二《授鄭齊之靈武副使制》作"思退"。

③ ［校］十六：《慶王壙志》作"十五"。关于朱㮵排行問題，學界看法不一，有主張為第十五子者，有主張為第十六子者。參見胡玉冰《寧夏地方志研究》第二章第一節《（正統）〈寧夏志〉》，鍾侃《明代文物和長城》之《寧夏文物述略》，牛達生《寧夏同心縣出土明慶王壙志》、《〈慶王壙志〉與朱棣"靖難之變"》，任昉《明太祖皇子朱㮵的名次問題》，許成、吳峰雲《明代王陵區出土三盒墓誌疏證》。

④ ［校］有德：此二字原無，據《嘉靖寧志》卷一《封建·宗室》、《明集禮》卷二一補。

⑤ ［校］勤民奉天：《明集禮》卷二一作"奉天勤民"。

⑥ ［校］允執厥中：《明集禮》卷二一作"克修厥德"。

⑦ ［校］之：《明集禮》卷二一作"哉"。

所著有《寧夏志》二卷、《凝真稿》十八卷、①《集句閨情》一卷。② 其草書清放馴雅，海內傳重。

慶靖王長子秩煃，襲封慶王，謚曰康。次秩熒，③封真寧王，謚曰莊惠。三秩炵，封安化王，謚曰惠懿。四秩㷂，封安塞王，謚曰宣靖，絕。④

慶康王好學有父風，著《慎德軒集》。

安塞宣靖王，資性秀發，苦於問學。從事几案，日久胸起頑肉。通五經、子史，爰接賓客，傾懷忘勢。薨年四十七，乏嗣。所著有《滄洲愚隐錄》六卷，《樗齋随筆》二十卷。⑤

附錄安塞宣靖王二詩⑥

廢壘寒煙　樗齋

目極䆒垣落照邊，伯圖寂寞惨寒煙。
淒淒半混苔痕合，漠漠遥同野色連。
鳴鳥不知亡國恨，⑦晚花猶乞過人憐。
強兵戰勝今何在，贏得虚名入史編。

---

① [校] 稿：原同《朔方新志》卷二《内治·藩封》脱此字，據《弘治寧志》卷二《人物》補。

② [校] 閨情：原作"閑情"，據《弘治寧志》卷二《人物·宗室文學》、《朔方新志》卷二《内治·藩封》改。

③ [校] 秩熒：原同《明太宗實錄》卷二三六、《明史》卷一〇二《諸王世表》作"秩榮"，據《慶王壙志》、《明太宗實錄》卷一四〇、《弘治寧志》卷一及《嘉靖寧志》卷一《寧夏總鎮·藩封》、《嘉靖陝志》卷五《土地三·封建》改。下同。

④ 寧夏舊志中，自《弘治寧志》卷一《寧夏總鎮·藩封》、卷二《人物·國朝宗室文學》始，其後《嘉靖寧志》及本志均載秩㷂未有子嗣。《明英宗實錄》卷一六八"正統十三年(1448)七月乙巳"載，"賜安塞王秩㷂嫡子名邃琳，庶子名邃堊。故寧夏舊志疑誤。

⑤ [校] 樗齋随筆：《朔方新志》卷二《藩封》作"樗齋随筆錄"，《明史》卷一一七《慶王㮵傳》作"随筆"。

⑥ 安塞宣靖王二詩，《弘治寧志》卷八《雜詠類》、《嘉靖寧志》卷七《文苑·詩》均載為組詩《高臺寺八詠》中之兩首。

⑦ [校] 鳴鳥不知亡國恨："鳴鳥"，《弘治寧志》卷八《雜詠類》、《嘉靖寧志》卷七《文苑·詩》均作"啼鳥"。"亡國"，原作"忘國"，據《弘治寧志》卷八《雜詠類》、《嘉靖寧志》卷七《文苑·詩》、《朔方新志》卷五《詞翰·詩·廢壘寒煙》改。

莊前叢柳

田家植柳護衡門，到處青青入望頻。
媚眼多情眠白晝，纖腰無力舞黃昏。
卑枝不聽流鶯語，僻地難招望帝魂。
眠叟不關興廢事，密陰深處戲兒孫。

恭輓安塞宣靖王　夏景芳

平生不與身尊寵，藏息窮年靜洗心。
六籍卷中三極備，百年海內一人存。
並無金玉遺囊橐，獨有文章照古今。
却憶談經留欵處，不堪風雨滿朱閣。

慶康王長子邃壆，封平凉王，襲封慶王，諡曰懷。次邃塀，初封岐陽王，以懷王絕，進封慶王，諡曰莊。三邃埑，封弘農王，諡曰安僖。四邃埌，封豐林王。諡曰溫僖。

慶莊王長子寘鏊，封洛交王，① 襲封慶王，諡曰恭。次寘鈉，封鞏昌王。

慶恭王長子台泓，襲封慶王，諡曰定。次台濠，封壽陽王，諡曰和靖。

慶定王長子鼐櫍，冊封慶世子，諡曰端和，無嗣。次鼐枋，封桐鄉王，進封慶王，諡曰惠。三鼐櫍，封延川王，諡曰端穆。四鼐櫸、鼐札、鼐椴，未封。惠王睿資純雅，德性謙恭，樂善親賢，讀書循理。嘉靖三十七年，都御史霍翼題請褒嘉，奉世宗旨：慶王忠敬孝友，捐資助邊，賢德著聞，既經勘實，勅官獎勵，有司具彩幣、羊、酒，給與坊匾，以示表異。隆慶年間，撰述賢行，附入《實錄》。② 萬曆二年薨。上徹朝遣祭，諡曰惠。

慶惠王長子倪燸，襲封慶王，諡曰端。次倪焯，封華陰王。端王懿度

---

① ［校］洛交王：此同《明孝宗實錄》卷一三二，《嘉靖寧志》卷一《寧夏總鎮·藩封》作"洛郊王"，《明史》卷一〇二《諸王世表》、《廣輿圖》卷二作"落交王"。

② 實錄：文獻具體名稱不詳。

端莊，性天仁孝，耽書樂善，下士親賢。念唐、漢閘驅石艱難，工程浩大，每捐資助。事王父母妃，曲盡子道，疾則躬親湯藥，薨時哀毀骨立，見聞者莫不稱為孝子云。

慶端王長子伸堉，① 封綏德王，襲封慶王，謚曰憲。次伸壇，② 封鎮原王。

慶憲王長子帥鋅，③ 襲封慶王。次帥鉀，封蒙陰王。今王夙遭凶閔，永言孝思，敬以禔身，誠以接物，克遵祖訓，恪守王章，纂輯《母妃宗烈實錄》，捐助先聖名宦官祠，宛有惠祖之風。

真寧王名秩炵，靖王次子，封真寧王，④ 謚曰莊惠。長子邃埩，⑤ 襲封真寧王，謚曰康簡。

慶簡王長子寘鑯，襲封真寧王，謚曰溫穆。次寘鍾、寘銷，⑥ 並封鎮國將軍。

溫穆王長子台浡，襲封真寧王，謚曰榮僖。次台汪，封鎮國將軍。

榮僖王長子甪檉，襲封真寧王，謚曰安惠。次甪栅、甪楠，封鎮國將軍。

安惠王長子倪烇，襲封真寧王，謚曰恭簡，無嗣。恭簡王折節，延英捐祿，易田養士，載於王《大行撰記》，有河間之遺風焉。次名倪剡。⑦

安化王名秩炵，靖王第三子，封安化王，謚曰惠懿。子邃墁，初封鎮國將軍，未授封，薨，以子寘鐇襲爵，追贈恭和王。

恭和王長子寘鐇，襲封安化王。正德五年叛，削其屬籍。⑧ 此寘銕，

---

① ［校］伸堉：原作"伸域"，據《明史》卷一〇二《諸王世表》改。

② ［校］伸壇：原同《明神宗實錄》卷一〇二作"伸雒"，據《明史》卷一〇二《諸王世表》、卷一一七《慶王栴傳》改。下同。

③ ［校］長子：《明史》卷一〇二《諸王世表》作"嫡二子"。

④ ［校］真寧王："寧"字原脫，據《明史》卷一〇二《諸王世表》補。

⑤ ［校］邃埩：原作"邃淯"，據《弘治寧志》卷一、《嘉靖寧志》卷一《寧夏總鎮・藩封》改。

⑥ ［校］寘銷：原作"寘鈉"，據《弘治寧志》卷一、《嘉靖寧志》卷一《寧夏總鎮・藩封》改。

⑦ ［校］次名倪剡：此四字原無，據《嘉靖寧志》卷一《寧夏總鎮・封建》補。

⑧ 寘鐇因被除名，故本志原不載其子孫輩。《明孝宗實錄》卷一七六載，台浡嫡第四子曰甪材。《明武宗實錄》卷一二二載，甪材乃寘鐇之孫，故台浡當為寘鐇之子。《明孝宗實錄》卷四三載，弘治三年（1490）閏九月戊戌，賜慶府奉國將軍台浡嫡次子曰甪栝。同書卷八八載，七年（1494）五月癸巳，賜台浡嫡第三子曰甪杌。

封鎮國將軍。此真鎢，封輔國將軍。①

弘農安僖王名邃㙉，康王第三子，封弘農郡王。長子真鑭，襲封弘農王，謚曰榮惠。次真銘、真鏐，並封鎮國將軍。

榮惠王長子台泙，襲封弘農王，謚曰恭定。次台灣，封鎮國將軍。恭定王親賢樂善，篤學崇文，佩服祖訓，善詩文，有梧臺竹苑之風。

恭定王長子鼐樿，封弘農王，謚曰康僖。次鼐栩、鼐榎、鼐樽，並封鎮國將軍。康僖王好賢尚義，捐資助學田，夏士頌之。鎮國將軍鼐樽，孝友忠貞，平定叛逆，事聞特賜褒嘉。

康僖王長子倪焴，② 襲封弘農王，謚曰恭順。

恭順王長子伸繾，襲封弘農王。長子帥鍠，封嫡長子。次帥鈔、帥鉞，並封鎮國將軍。王未承爵，時遘變，義氣激烈。破城之日，即執首逆何錦時送軍門，③ 解京獻俘，爰奉綸音，宗室六十三人，建坊旌表。

豐林溫僖王名邃垸，④ 康王第六子，⑤ 封豐林郡王。長子真鏷，⑥ 襲封豐林王，謚曰安簡。次真銓，封鎮國將軍。

安簡王長子台瀚，襲封豐林王，謚曰端康。次台潏、台澅、台溜，並封鎮國將軍。端康王讀書好古，欲踵凝真、樗齋之躅，其所著詩文有《平齋集經》，進《大孝明倫》、《大禮明祀》二頌。

端康王長子鼐杙，襲封豐林王，謚曰恭懿。次鼐㯽，封鎮國將軍。恭懿王樂友賢豪，捐祿置學田，士林感頌。鎮國將軍制行端謹，曾舉宗正。

恭懿王長子倪榮，⑦ 封嫡長子，卒。次倪㷀，封鎮國將軍。卒，子伸睢封輔國將軍。輔國將軍台洎，萬曆三十五年奉詔，以本宗德壽兼懋，賜額表揚，慶府旌曰"樂善循理"，撫道旌曰"名藩耆德"。年躋八袠，賢冠本支。

---

① [校] 此真鎲封鎮國將軍此真鎢封輔國將軍：此十六字原無，據《嘉靖寧志》卷一《寧夏總鎮·封建》補。

② [校] 倪焴：原作"倪㒨"，據《朔方新志》卷二《藩封》改。

③ [校] 何錦：原作"何應"，據《明史》卷一一七、一七四、一七五改。

④ [校] 垸：此字原脫，據《朔方新志》卷二《藩封》補。

⑤ [校] 第六子：原作"第四子"，據《明憲宗實錄》卷五、《弇山堂別集》卷三五、《明史》卷一〇二《諸王世表》、《萬曆陝志》卷九《封建·皇明》改。

⑥ [校] 真鏷：此同《弘治寧志》卷一、《嘉靖寧志》卷一《寧夏總鎮·藩封》，《明史》卷一〇二《諸王世表》作"真鑊"。

⑦ [校] 倪榮：《明史》卷一〇二《諸王世表》作"倪燦"。

鞏昌王真鋽，封鞏昌郡王，革爵。長子台清，絕。次台瀔，瀔子蕭枺，枺子倪燜，管理府事。

壽陽和靖王名台濠，封壽陽郡王。長子蕭招，庶生，封鎮國將軍。次蕭梡，襲封壽陽王，諡曰端懿。

端懿王子倪爌，襲封壽陽王，諡曰僖憲。長子伸㹒卒，孫帥鎣嗣。次子伸堃、伸堵、伸輒、伸𥬔，俱封鎮國將軍。王遘變，錮甕城，戮其近侍，王始終不屈。疏聞，奉旨："慶府壽陽王倪爌，近該陝西巡按官題稱，寧夏叛賊據鎮勾虜，宗室橫被迫挾，闔城悉罹凶殘，王能就中設謀，鼓眾効死，迨遭幽縶，備歷險危。叩天陳訣命之詞，叱賊褫元凶之膽。竟全大節，兼保厥身。該所司前來，朕心喜悅，茲特賜敕優獎，仍令撫按官辦送花幣、羊酒、坊額，以為宗藩之勸。王宜益篤忠藎，永延藩服。欽哉故敕。"王乃以上壽薨，郡藩罕儷。

延川王名蕭櫃，封延川郡王，諡曰端穆。長子倪煋封。庶長子牟，煋子伸鋒封奉國將軍。

華陰王名倪焯，封華陰郡王，諡曰端懿。

端懿王長子伸堣，①襲封華陰王。次伸壤，封鎮國將軍。

鎮原王名伸壇，封鎮原郡王。長子帥鋒封嫡長子。②次帥鎦、帥鎬，俱封鎮國將軍。王攝理藩事，侯度罔愆。兵變，首被幽縶。庇孤植善，勵節矢忠。奉旨："慶府管理府事鎮原王，日者寧夏叛賊哱承恩與夫哱拜，糾黨劉東暘、③許朝、土文秀等反戈殺帥，據鎮抗帥，勾虜內侵，致勤征討。念王閽室久困重圍，目擊凶殘，日懷憂苦，朕甚閔焉。今天心厭逆，並賴宗廟社稷寵靈，將士用命，威武奮揚。元凶駢誅，承恩告馘，逆黨築為京觀，生民拯於水火。宗盟如舊，帶礪不渝。邊鎮載寧，朕心滋悅。永鳩磐石之宗，共享靈長之福。專書以慰，薄遺物儀，用表親親之意。至可收納，惟其亮之。"

蒙陰王名帥鈢，封蒙陰郡王。④王繈褓遘變，冲歲分封，居家儉而克勤，敬兄恭而不替。

---

① ［校］伸堣：原作"伸瑀"，據《明史》卷一〇二《諸王世表》改。

② ［校］帥鋒：《明史》卷一〇二《諸王世表》作"帥鏠"。

③ ［校］劉東暘：原作"劉東陽"，據《明史》卷二二八《魏學曾傳》、《東林列傳》卷十五《孫丕揚傳》改。

④ ［校］陰：此字原脫，據前文及《朔方新志》卷二《藩封》補。

宗　學

在城東南，萬曆十一年建，兵變毀。宗正副議舉未定，宗子伸稚、仁㲄有志進修，提學道考送儒學肄業。久廢宗學，基址無考。

褒節祠

慶憲王妃方氏，年甫二十有七，忽失所天，撫育二孤，含痛忍死。適哱〔拜〕、劉〔東暘〕扇禍，播虐宗祊。妃匿王子窖中，手口卒瘖，而賊益猖獗，妃殉節死。臺使者奏聞，奉旨建祠，賜額曰"褒節坊"，曰"宗烈"，春秋致祭。春卿羅汝敬謂："用智以保孤，捐軀以明節。"《榮哀錄》具載端末。①

竊　據

赫連夏。按：赫連之先有劉虎者，漢時匈奴南單于之苗裔也。匈奴劉猛死，虎代領其眾居新興，號鐵弗氏。北人謂胡父、鮮卑母為"鐵弗"，②因以"鐵弗"為姓。代魏拓跋鬱律擊破之，走出塞。虎死，其孫劉衛辰降苻秦，③攻魏。魏王拓跋圭擊之，走死。少子勃勃犇沒弈干，④再犇後秦。姚興使鎮朔方，襲殺沒弈干而併其眾。恥姓鐵弗，自謂帝王者為天之子，遂改其姓曰"赫連"氏，言其徽赫與天連也。其非正統者曰"鐵伐氏言剛銳如鐵，堪伐人也"。

---

① 《榮哀錄》之具體內容不詳。
② ［校］北人謂胡父鮮卑母為鐵弗：本志原同《資治通鑒》卷一〇四、《十六國春秋》卷六六《夏錄一·赫連勃勃》及《北史》諸本，"父"字後衍"為"字，中華本《北史》卷九三《鐵弗劉武傳》之《校勘記》［三］據《魏書》卷九五《鐵弗劉武傳》刪。今從。"北人"原作"胡人"，據《魏書》、《資治通鑒》、《十六國春秋》及《北史》改。按：唐朝因避諱而改"劉虎"為"劉武"。
③ ［校］其孫劉衛辰降苻秦："孫"，原作"子"。《魏書》卷九五《鐵弗劉虎傳》載，虎子務桓，務桓子悉勿祈，悉勿祈弟衛辰。知衛辰為劉虎孫，非子。據改。"苻秦"，原作"符秦"，此指苻堅建立的前秦政權，據《晉書》卷一一三、一一四《載記·苻堅傳》等改。
④ ［校］沒弈干：此同《北史》卷九三《赫連屈丐傳》，《晉書》卷一三〇《載記·赫連勃勃》作"沒奕于"。

勃勃，字屈孑，① 小字屈丐，性驕虐貪猾，視民如草芥。嘗置弓劍於側，群臣迕視者鑿其目，笑者抉其脣，諫者先截其舌，然後斬之。築居統萬城，城高十仞，基厚二十步，止廣十步，② 宮墻高五仞，其堅可礪刀斧。臺樹壯大，皆雕鏤圖畫，被以錦繡。尤好矜大，名其四門：東曰招魏，南曰朝宋，西曰服涼，北曰平朔。初稱"大夏天王"，再稱"皇帝"，在位十九年殂。③ 子昌立三年，魏王燾擒殺之。弟平原王定立四年，吐谷渾執獻於魏，魏殺之。三世共二十六年而亡。④

　　拓跋夏，本拓跋魏之後，流為党項別部。唐貞觀初，有拓跋赤辭者来歸，賜姓李，世居平夏。中和初，拓跋思恭以討黃巢功，復賜姓李，拜夏綏節度。思恭卒，弟思諫代為定難節度使。⑤ 唐亡，歸梁。卒，思恭孫彝昌嗣。⑥ 其將高宗益作亂，殺之，將士立其族父仁福。⑦ 梁封朔方王。梁亡，歸唐。卒，子彝超嗣。卒，兄彝殷代之。⑧ 歷事唐、晉、漢、周、北漢，俱被顯爵。宋建隆初，獻馬，以玉帶賜之。乾德中卒，追封夏王。子克叡立，⑨ 以破北漢吳堡功累加檢校太尉。卒，贈侍中。子繼筠立，檢校司徒、定難節度觀察留後。遣兵助征北漢，略太原。踰年卒。弟繼捧立，尋率族人入朝獻地，因其願留，乃授彰德軍節度使。

　　其族弟繼遷居銀州，數為邊患，詔繼捧圖之。初，繼遷高祖思忠嘗從其兄思恭討黃巢，射渭橋表鐵鶴沒羽，既而戰沒。僖宗贈宥州刺史，祠於

————————

　　① ［校］屈孑：原作"屈子"，據《魏書》卷九五《鐵弗劉虎傳》改。參見《晉書》卷一三〇《校勘記》［一］。

　　② ［校］止：《朔方新志》卷三《叛亂》作"上"。

　　③ 自義熙三年（407）稱大夏天王至元嘉二年（425）殂，共19年。

　　④ ［校］二十六年：據《太平御覽》卷一二七《偏霸部十一》引《夏錄》，三世在位當共25年，參見《晉書》卷一三〇《校勘記》［十三］。

　　⑤ ［校］定難：原作"靖難"，據《新唐書》卷二二〇上《党項傳》、《宋史》卷四八五《夏國傳》改。

　　⑥ ［校］思恭孫：《宋史》卷四八五《夏國傳》作"思諫孫"，《舊五代史》卷一三二、《新五代史》卷四〇《李仁福傳》，《資治通鑒》卷二六七均作"思諫子"，疑是。

　　⑦ ［校］族父：此同《資治通鑒》卷二六七，《宋史》卷四八五《夏國傳》作"族子"。按：仁福子均以"彝"名，仁福顯然是彝昌父輩，《宋史》疑誤。

　　⑧ ［校］兄：此同《資治通鑒》卷二七九，《舊五代史》卷一三二、《新五代史》卷四〇《李仁福傳》，《東都事略》卷一二七均作"弟"。據《大晉故虢王妻吳國太夫人瀆氏墓志銘並序》，作"兄"是。參見鄧輝、白慶元《內蒙古烏審旗發現的五代至北宋夏州拓跋部李氏家族墓志銘考釋》，第379—384頁。

　　⑨ "克叡"原名"光叡"，避宋太宗趙光義諱改。

渭陽。曾祖仁顔仕後唐銀州防禦使。①　祖彝景嗣於晉，父光儼嗣於周。繼遷生於銀州無定河，生而有齒。及繼捧歸宋，時年二十，志落落，遂叛去。數與繼捧戰，不利，乃歸欸。後與繼捧謀寇靈州，遣李繼隆討之，執繼捧送闕下，詰釋其罪，封宥罪侯，卒。繼遷反復不臣，屢勤王師。咸平初，遣使修貢，授夏州刺史、定難節度。繼遷陷西涼，中創死，子德明立。後德明追上繼遷尊號皇帝，元昊復追謚曰神武，②　廟號太祖，墓號裕陵。

德明小字阿移，母曰順成懿孝皇后野利氏，即位於柩前，奉表歸順，封平西王。德明大起宫室於鳌子山，城懷遠鎮為興州以居。娶三姓，衛慕氏生元昊，咩迷氏生成遇，訛藏屈懷氏生成嵬。仁宗明道元年卒，③　謚曰光聖皇帝，廟號太宗，墓號嘉陵。

子元昊立，小字嵬理。國語謂"惜"為"嵬"，"富貴"為"理"。母曰惠慈敦愛皇后衛慕氏。五月五日生，國人以其日相慶賀。性雄毅，多大略，善繪畫，能刱製物始。圓面高準，身長五尺餘。曉浮圖學，通蕃漢文字。案上置法律，常携《野戰歌》《太乙金鑒訣》。好衣长袖緋衣，④　冠黑冠，佩弓矢。從衛步卒，張青蓋。出乘馬，以二旗引，百餘騎自從。德明嘗使人以馬榷易漢物，不如意，欲殺之。元昊年方十餘，諫曰："我戎人本從事鞍馬，而以資隣國，易不急之物已為非策，又從而殺之，失眾心。"德明從之。弱冠，破回鶻，遂立為皇太子。又數諫其父勿臣宋。德明戒之曰："吾久用兵，疲矣！吾族三十年衣錦綺，此宋恩也，不可負。"元昊曰："衣皮毛，事畜牧，蕃性所便。英雄之生，當霸王耳，何錦綺為？"既襲西平，明號令，以兵法勒諸部。乃居興州，地方萬里，皆即堡鎮號州郡，凡二十有二。河南之州九：曰靈、曰洪、曰宥、曰銀、曰夏、曰石、曰塩、曰南威、曰會。河西之州九：曰興、曰定、曰懷、曰永、曰涼、曰甘、曰肅、曰瓜、曰沙。熙、秦河外之州四：曰西寧、曰樂、曰

---

①　[校] 仁顔：原作"任顔"，據《宋史》卷四八五《夏國傳》改。

②　[校] 曰神武：此三字原無，據《宋史》卷四八五《夏國傳》補。

③　[校] 德明死期，《隆平集》卷二〇《夏國傳》載卒於"天聖中"，《宋史》卷四八五《夏國傳》載卒於天聖"九年十月"，《夢溪筆談》卷二五卒於"景祐中"。考《治蹟統類》卷七《康定元昊擾邊》，《九朝編年備要》卷九，《近事會元》卷五，《宋史》卷九《仁宗本紀》、卷一二四《禮志》，《遼史》卷十八《興宗本紀》、卷一一五《西夏外記》等載同《長編》卷一一一，載德明卒於宋仁宗明道元年十一月，當從《長編》。

④　[校] 長袖：原作"常袖"，據《宋史》卷四八五《夏國傳》改。

廓、曰積石。其地饒五穀，尤宜稻麥。甘、涼之間，以諸河為溉。興、靈則有古渠，曰唐来、漢延、①皆支引黃河，故灌溉之利，歲無旱潦之虞。

其民一家號一帳。男年登十五為丁，率二丁取正軍一人。每負贍一人為一抄，四丁為兩抄，餘號空丁。願隸正軍者，得射他丁為負贍，無則許射正軍之疲弱者。有左右廂，立十二監軍司，委豪分統其眾，自河北至午臘蒻山七萬人，以備契丹。河南洪州、白豹、安塩州、②羅洛、③天都、惟精山五萬人，④以備環、慶、鎮戎、原州。左廂宥州五萬人，以備鄜、延、麟、府。右廂甘州三萬人，⑤以備西蕃、回紇。賀蘭駐兵五萬、靈州五萬、興州興慶府七萬人為鎮守。總三十餘萬。⑥別有擒生十萬、興、靈之兵精練者又二萬五千、⑦選豪族善弓馬者五千人迭直，號六班直，月給米二石。鐵騎三千，分十部。為前軍，乘善馬，披重甲，刺砍不入，用鉤索絞聯，雖死馬上不墜。遇戰則先出鐵騎突陣，陣亂則衝擊之，步馬挾騎以進。每有事於西則自東點集而西，有事於東則自西點集而東，中路則東西皆集。用兵多立虛砦，設伏兵包敵。⑧戰則大將居後，或據高險。

其人能寒暑饑渴。出戰率用隻日，避晦日，齎糧不過一旬。篤信機鬼，尚詛呪。每出兵則先卜，以艾灼羊髀骨，謂之"死跋焦"、⑨卜師謂之"廝乩"，⑩視其兆。上處為神明，近脊處為主位，近傍處為客位。蓋其俗以所居正寢中一間以奉鬼神，人不敢居，而主客之位則近脊而傍也，故取象於羊骨如此。俗皆土屋，惟有命得以瓦覆之。元昊自製蕃書，形體

---

① ［校］漢延：《宋史》卷四八六《夏國傳》作"漢源"。
② ［校］安塩州："安"字原脫，據《宋史》卷四八五《夏國傳》、《長編》卷一二○補。
③ ［校］羅洛：此二字原脫，據《宋史》卷四八五《夏國傳》、《長編》卷一二○補。又，"羅洛"，《宋史》卷四八六《夏國傳》作"羅落"。
④ ［校］惟精山：原作"韋精山"，據《宋史》卷四八五《夏國傳》、《長編》卷一二○改。
⑤ ［校］三萬：原作"二萬"，據《宋史》卷四八五《夏國傳》、《長編》卷一二○改。
⑥ ［校］三十：原同《宋史》卷四八五《夏國傳》作"五十"，據《長編》卷一二○改。
⑦ ［校］五千：此二字原脫，據《宋史》卷四八六《夏國傳》補。
⑧ ［校］包敵：原作"砲敵"，據《宋史》卷四八六《夏國傳》改。
⑨ ［校］死跋焦：此同《夢溪筆談》卷十八《技藝》，《宋史》卷四八六《夏國傳》、《隆平集》卷二○均作"炙跋焦"。
⑩ ［校］廝乩：原作"廝覘"，據《夢溪筆談》卷十八《技藝》改。

方整，類八分，而畫頗重複，① 教國人以此紀事。仁宗寶元初稱"皇帝"。凡五娶：一遼興平公主；二宣穆惠文皇后沒藏氏，② 生諒祚；三憲成皇后野利氏；四沒移氏；五索氏。在位十七年，改元開運一年、廣運二年、大慶二年、天授禮法延祚十一年。③ 殂，諡武烈皇帝，廟號景宗，墓號泰陵。④

　　長子諒祚立，小字寧令哥，⑤ 國語謂"懽喜"為"寧令"。⑥ "兩岔"，河名也。沒藏氏與元昊出獵，至此而生，遂名焉。實慶曆七年丁亥二月六日也。⑦ 方期歲即位，母族訛厖專國，⑧ 諒祚討殺之，已而請去蕃禮，從漢儀，詔許之。又表求太宗御製真草、⑨ 隸書石本，且進馬，求《九經》《唐書》⑩《冊府元龜》及本朝至正朝賀儀。詔賜《九經》，還所獻馬。英宗治平間屢入寇。在位二十年，殂，改元延嗣寧國一年、天祐垂聖三年、⑪ 福聖承道四年、奲都六年、拱化五年，諡昭英皇帝，廟號毅宗，墓號安陵。

　　長子秉常立，恭肅章憲皇后梁氏所生也。⑫ 秉常幼，梁氏攝政，表請去漢儀，復用蕃禮，詔許之。尋被幽執。秉常在位二十年，殂，改元乾道

---

① 〔校〕重複：原作"重復"，據《宋史》卷四八五《夏國傳》改。
② 〔校〕惠文："惠"字原脫，據《宋史》卷四八五《夏國傳》補。
③ 〔校〕禮：原作"福"，據《宋史》卷四八五《夏國傳》改。
④ 〔校〕泰陵：原作"太陵"，據《宋史》卷四八五《夏國傳》改。
⑤ 〔校〕據《宋史》卷四八五《夏國傳》釋義，諒祚小字疑當作"寧令兩岔"。《西夏書事》卷十八慶曆七年春二月條作諒祚始名"寧令兩岔"。《夢溪筆談》卷二五《雜誌》載，"寧令"漢語意為"大王"。《隆平集》卷二〇《夏國傳》、《長編》卷一六八慶曆八年春正月載，"甯令哥"為諒祚兄之名。《東都事略》卷一二七《西夏傳》、《長編》卷一六八慶曆八年春正月載，諒祚為元昊遺腹子。
⑥ 〔校〕懽喜：此同《四庫》本《宋史》，中華本《宋史》卷四八五《夏國傳》作"歡嘉"。
⑦ 〔校〕二月：原作"三月"，據《宋史》卷四八五《夏國傳》改。
⑧ 〔校〕訛厖：原作"訛龐"，據《夢溪筆談》卷二五《雜誌》改。下同。
⑨ 〔校〕真草：原作"草詩"，據《宋會要》禮六二之四〇、之四一改。又，中華本《宋史》據《長編》卷一九六改"草詩"作"詩章"，參見《宋史》卷四八五《校勘記》〔二六〕。
⑩ 〔校〕唐書："唐史"，據《宋會要》禮六二之四〇、之四一改。
⑪ 〔校〕天祐：原作"大佑"，據夏毅宗諒祚年號、《宋史》卷四八五《夏國傳》改。
⑫ 〔校〕章憲：原作"章獻"，《宋史》卷四八六《夏國傳》改。

二年、天賜禮盛國慶五年、大安十一年、天安禮定二年，① 謚康靖皇帝，廟號惠宗，墓號獻陵。

　　長子乾順立，昭簡文穆皇后梁氏所生也。建國學，設子弟員，立養賢務，以廩食之。遼以成安公主下嫁。金滅遼，乃稱藩於金。自後宋使至者，引見之始用敵國禮。② 靈芝產於國中，作《靈芝歌》。③ 在位五十四年，殂，改元天儀治平四年、天祐民安八年、永安三年、貞觀十三年、雍寧五年、元德八年、正德八年、大德五年，謚聖文皇帝，廟號崇宗，墓號顯陵。

　　長子仁孝立，尊其母曹氏為國母，納后罔氏，④ 上尊號曰制義去邪。乃建學立教，釋孔子而帝尊之。策舉人，立唱名法。復建内學，選名儒主之。增修法律，賜名"鼎新"。立通濟監鑄錢。立翰林院，以焦景賢、王僉等為學士，⑤ 俾修實錄，大禁奢侈。在位五十五年，殂，改元大慶四年、人慶五年、天盛二十一年、乾祐二十四年，謚聖德皇帝，廟號仁宗，墓號壽陵。

　　長子純佑立，⑥ 章獻欽慈皇后羅氏所生也。改元天慶，在位十四年，⑦ 從弟李安全廢之而自立。純佑尋殂，謚昭簡皇帝，廟號桓宗，墓號莊陵。安全立之四年降於元。⑧ 又二年殂，在位六年。改元應天四年、皇建二年。謚敬穆皇帝，廟號襄宗，墓號康陵。有子曰承禎，未立，族子遵頊立，改元光定。金封為夏國王。元兵攻夏，傳國於其子德旺。遵頊在位十三年，又三年殂。謚英文皇帝，廟號神宗。德旺改元乾定，以憂悸殂，廟號獻宗。⑨ 弟子睍立二年，元主克其城邑，縶睍以歸。自宋太平興國七年

---

　　① ［校］二年：本志原同《宋史》卷四八六《夏國傳》，均作"一年"，李華瑞《西夏紀年綜考》一文據西夏王陵出土殘碑及《重修護國寺感通塔碑銘》等改。
　　② ［校］引見：《弘治寧志》卷六《拓跋夏考證》作"保見"。
　　③ 1975年，寧夏博物館在西夏陵區七號陵（夏仁宗仁孝壽陵）發現《靈芝歌》殘碑，楷書陰刻，存3行31字，即："……《（靈）芝頌》一首，其辭曰：於皇□□，……俟時效祉，擇地騰芳。金量曄□，……德施率土，賚及多方。既啓有□，……"參見李範文《西夏陵墓出土殘碑粹編》圖版肆陸。
　　④ ［校］罔氏：原作"岡氏"，據《宋史》卷四八六《夏國傳》改。
　　⑤ ［校］王僉：原作"王儉"，據《宋史》卷四八六《夏國傳》改。
　　⑥ ［校］純佑：原作"純祐"，據《宋史》卷四八六《夏國傳》改。下同。
　　⑦ ［校］十四：原倒作"四十"，據《宋史》卷四八六《夏國傳》改。
　　⑧ 安全降時蒙古政權尚未立國號曰"元"。
　　⑨ ［校］獻宗：原作"憲宗"，據《宋史》卷四八六《夏國傳》改。

繼遷開基，凡十二主，① 二百五十八年，夏亡。②

　　元昊稱帝，改元"天授禮法延祚"，國號"夏"。遣使奉表曰："臣祖宗本出帝冑，③ 當東晉之末運，創後魏之初基。遠祖思恭，當唐季，率兵拯難，受封賜姓。祖繼遷，心知兵要，手握乾符，大舉義旗，悉降諸部，臨河五鎮不旋踵而歸，沿邊七州，悉差肩而克。父德明，嗣奉世封，④ 勉從朝命。真王之號，夙感於頒宣；尺土之封，顯蒙於割製。三十年邊情善守，五千里職貢常輸。⑤ 臣偶固端閒，輒生狂斐，⑥ 制小番之文字，改大漢之衣冠。衣冠既就，文字既行，禮樂既張，器用既備，吐番、塔塔、張掖、交河，莫不從伏。稱王則不喜，朝帝則是從。⑦ 輻輳屢期，山呼齊舉。伏願一垓之地土，⑧ 建為萬乘之邦家。於時再讓靡遑，⑨ 群情又迫，⑩ 事不得已，顯而行之。⑪ 遂以十月十一日郊壇備禮，為世祖始文本武興法律禮仁孝皇帝，國稱'大夏'，年號'天授禮法延祚'。伏望皇帝陛下，睿哲成人，寬慈及物，許以西郊之地，冊為南面之君。敢竭愚庸，常敦歡好。⑫ 魚來鴈往，任傳隣國之音；地久天長，永鎮邊方之患。至誠瀝墾，

---

① [校]主：原作"王"，據《宋史》卷四八六《夏國傳》改。

② 西夏國是由党項拓跋氏於十一世紀在中國西北地方建立的一個封建割據政權，國號"大夏"，自稱"大白高國""白高大夏國"，漢文典籍一般稱"西夏""夏國"或"夏台"。自西夏遠祖拓跋思恭節度夏（治所在今陝西靖邊縣東北白城子）、綏（治所在今陝西綏德縣）二州後被唐僖宗封為夏國公至宋仁宗授德明為夏王，割據一方的夏州政權歷時150年（882—1032），共歷11位夏王，及拓跋思恭、思諫、彝昌、仁福、彝超、彝興、克睿、繼筠、繼捧、繼遷、德明。自元昊正式立"大夏"國號稱帝至末主睍亡，處於實際獨立狀態的西夏政權歷時189年（1038—1227），共歷10主，即景宗元昊、毅宗諒祚、惠宗秉常、崇宗乾順、仁宗仁孝、桓宗純佑、襄宗安全、神宗遵頊、獻宗德旺和末帝睍。本志載西夏國主在位時間有誤。

③ [校]祖宗："宗"字原脫，據《宋史》卷四八五《夏國傳》、《長編》卷一二三補。

④ [校]世封：此同《九朝編年備要》卷十《仁宗皇帝》，《宋史》卷四八五《夏國傳》、《長編》卷一二三均作"世基"。

⑤ [校]三十年邊情善守五千里職貢常輸：此同《九朝編年備要》卷十《仁宗皇帝》，《宋史》卷四八五《夏國傳》、《長編》卷一二三均無此十四字。

⑥ [校]臣偶固端閒，輒生狂斐：此同《九朝編年備要》卷十《仁宗皇帝》，《宋史》卷四八五《夏國傳》、《長編》卷一二三均作"臣偶以狂斐"。

⑦ [校]朝帝：原作"稱帝"，據《涑水記聞》卷十一、《宋史》卷四八五《夏國傳》改。

⑧ [校]地土：《宋史》卷四八五《夏國傳》作"土地"。

⑨ [校]於時：原作"於是"，據《宋史》卷四八五《夏國傳》、《涑水記聞》卷九改。

⑩ [校]群情：此同《涑水記聞》卷十一，《朔方新志》卷五《遺事》作"群集"。

⑪ [校]顯而行之：《涑水記聞》卷十一"顯"作"順"。

⑫ [校]歡好：原作"夙好"，據《宋史》卷四八五《夏國傳》、《涑水記聞》卷九改。

仰候帝俞。"

宋遣使諭元昊詔曰："昨以夏國，累年以來數興兵甲，侵犯疆陲，驚擾人民，誘迫熟户。去秋乃復直叩大順，圍迫城寨，焚燒村落，抗敵官軍。邊奏屢聞，人情共奮。群臣皆謂夏國已違誓詔，請行拒絶。先皇帝務存含恕，且詰端由，庶觀逆順之情，以決眾多之論。建此遜章之稟命，已悲仙馭之上賓。朕纂極云初，包荒在念，仰循先志，俯諒乃誠，既自省於前辜，復顧堅於永好。苟奏封所敘忠信無渝，則恩禮所加，歲時如舊，安民保福，不亦休哉！"

宋詔諒祚，懲約昊宗。詔曰："朕嗣守丕圖，日新庶政，方推大信以協萬邦。思與蕃屏之臣，永遵帶礪之約，矧勤王而述職，固奕世以推誠。而近年以來，將命之使或不體朝廷之意，罔循規矩之常，多於臨時卒爾改作。既官司之有守，致事體以難從。且下修奉上之儀，本朝劾順，而君有錫臣之寵，所以隆恩。豈宜一介於其間，輒以多端而生事。在國家之撫御、固廓爾以無疑，想忠孝之傾輸，亦豈欲其如此。故特申於旨諭，諒深認於眷懷。今後所遣使人，便宜精擇，不令妄舉，以紊彝章。所有押賜、押伴使臣等，亦已嚴行戒勵。苟有違越，必寘典刑。載惟信誓之文，炳若丹青之著，事皆可守，言貴弗違。毋開間隙之萌，庶敦悠久之好。"

宋冊秉常為夏國主，文曰："維熙寧二年，己酉，① 三月十四日辛巳，皇帝若曰：於戲！昔堯合萬邦而民風和，周建列土而王業懋。若古申命，蓋國家之成法也。咨爾秉常，迪性純一，飭躬靖虛，生稟山川之靈，傳弓鉞之賜。撫有西夏，尊於本朝。知事君必盡其節，知守國當保其眾。乃内發誠素，外孚誓言，質之天地而不欺，要之日月而不昧。朕用稽酌故典，表顯微實，賜尔以茅土之封，不為不寵；加尔以車服之數，不為不榮。涓辰既良，備物既渥，誕舉丕冊，以華一方。今遣司封郎中劉航、騎都尉劉忿持節冊命尔為夏國主，② 為宋藩輔。夫履謙順者靡不膺長福；懷驕肆者靡不蹈後虞。率身和民時乃之績徃。欽哉，祗予一人之彝訓，可不慎欤！"

---

① 己酉：宋神宗熙寧二年（1069）。
② ［校］騎都尉劉忿："尉"原作"慰"，據《宋大詔令集》卷二三五《立夏國主冊》、《華陽集》卷九《立夏國主冊文》、《宋文鑒》卷三二《立夏國主冊文（王珪撰）》改。"劉忿"，此同《華陽集》、《宋文鑒》，《宋大詔令集》作"劉忞"。

遺事七則

　　曩霄之叛，其謀出於張元與吳昊。① 張元、吳昊、姚嗣宗，皆關中人，負氣倜儻，有縱橫才。相友善，嘗薄遊塞上，有經略西鄙意。姚題詩崆峒山寺壁云："南粵干戈未息肩，② 五原鐘鼓又轟天。崆峒山叟笑無語，飽聽松聲春晝眠。"范文正公巡邊，③ 見之大驚。又有"踏破賀蘭石，掃清西海塵"之句。張《鸚鵡詩》卒章曰："好著金籠收拾取，④ 莫教飛去別人家。"吳亦有詩。將謁韓、范二帥，恥自屈，不肯往，乃礱大石，刻詩其上，使壯夫拽之通衢，⑤ 三人從而哭之，欲以鼓動二帥。既而召見，躊躇未用間，張、吳徑走西夏，公以急騎追之，不及，乃表姚入幕府。張、吳既至夏，夏人倚為謀主，以抗朝廷。連兵十餘年，西夏為之疲敝，職此二人也。時二人家屬羈縻隨州，間使諜者矯中國詔釋之，人未有知者。後聞西人臨境作樂，迎此二家而去，自此邊帥始待士矣。姚又有《述懷詩》曰："大開雙白眼，只見一青天。"張有《雪詩》曰："五丁仗劍決雲霓，直取銀河下帝畿。戰死玉龍三十萬，敗鱗風捲滿天飛。"吳詩獨不傳。觀此數聯，可想見其人也。《容齋三筆》⑥

　　張、吳皆華州人，薄遊塞上，慨然有志經略，恥於自售，放意詩酒，語皆絕豪嶮驚人，而邊帥皆莫之知。聞夏酋有意窺中國，遂叛而亡。⑦ 自念不出奇，無以動其聽，乃自更其名。即其都門酒家劇飲，書壁曰"張元、吳昊來飲此樓"。邏者跡其所憩執之，夏酋詰以入國問諱之義，二人大言曰：⑧ "姓尚不理會，乃理會名耶？"時曩霄未更名，且用中國賜姓也。於是竦然異之，日尊寵用事。《桯史》⑨

---

① ［校］張元與吳昊：此五字原脫，據《容齋隨筆·三筆》卷十一《記張元事》補。
② ［校］南粵：原作"南夏"，據《容齋隨筆·三筆》卷十一《記張元事》、《朔方新志》卷五《遺事》改。
③ ［校］范文正公：原作"田公畫"，據《容齋隨筆·三筆》卷十一《記張元事》改。
④ ［校］著：原作"莟"，據《容齋隨筆·三筆》卷十一《記張元事》改。
⑤ ［校］通衢：此二字原脫，據《容齋隨筆·三筆》卷十一《記張元事》、《朔方新志》卷五《遺事》補。
⑥ 參見《容齋隨筆·三筆》卷十一《記張元事》。
⑦ ［校］亡：《桯史》卷一《張元吳昊》作"往"。
⑧ ［校］二人：原作"一人"，據《桯史》卷一《張元吳昊》改。
⑨ 參見《桯史》卷一《張元吳昊》。

元昊幼時嘗徃来互市中。① 曹瑋欲一識之，屢使人誘致之，不可得。乃使善畫者圖形容，既至，觀之曰："此真英物也！此子他日必湏為邊患。"《夢溪筆談》②

元昊寇邊，常有併吞関中之意，其將野利王剛浪㖫，天都王某各統精兵，為元昊腹心，策勝我軍。种世衡方城青澗，謀去之。察青澗僧王嵩堅朴，因出帥以賊級予之，白帥府，表授指揮，且力為辦其家事。嵩感恩既深，世衡反以奴蓄之，或掠械數日，嵩不勝其苦，卒無一聲怨望。世衡知可任以事，召謂之曰："吾將以事使汝，吾戒汝所不言，其苦雖有甚於此者，汝能為吾卒不言否？"嵩泣對曰："蒙將軍恩教，致身榮顯，未知死所，敢辭捶楚乎？"世衡乃草遺野利書，大抵如起居儀，惟數句隱詞，如嘗有私約而勸其速行之意，膏蠟置衲衣間密縫之，告嵩非濱死不得泄，如泄之，當以負恩不能成事為言。并畫龜一幅，棗一䭾為信，俾遺野利。嵩受教，至野利所，致將軍命，出棗、龜投之。野利笑曰："吾素奇种將軍，今何兒女子見識。"度嵩別有書，索之，嵩目左右，荅："無有。"野利不敢匿，乃封其信上元昊。

數日，元昊召野利與嵩俱西北行數百里，至一大城曰興州。先詣一大寺曰樞密院，次曰中書，有數胡人雜坐，野利與焉。召嵩，廷詰將軍書，問所在，嵩堅執前對。稍稍去巾櫛，加執縛，至捶楚極苦，嵩終不易其說。又數日，召入一官寺，垂斑竹箔，③綠衣小豎立左右，嵩意元昊宮室。少傾，箔中有人出，又以前問責之曰："若不速言，死矣。"嵩對如前。乃命曳出誅之，嵩大號，且言曰："始將軍遣嵩密遺野利王書，戒不得妄泄。今不幸空死，不了將軍事。吾負將軍！"箔中急使人追問，嵩且對，乃襭衲衣取書以進，移刻始命嵩就舘優待。元昊於是疑野利，陰遣愛將假為野利使使世衡。世衡知元昊所遣，未即見，命屬官日舘勞之。問虜中山川地形，在興州左右言則詳，迨野利所部多不能悉。適擒生虜數人，因令隙中視之。生虜能言其姓名，果元昊使。世衡意決，乃見之。燕服據案坐，④屬官皆朝服，抱文籍，鳧鶩侍左右。於是賓贊引使者出拜，使者

---

① ［校］互市：原作"牙市"，據王國維、胡道靜、金良年等考證改。參見《夢溪筆談》金良年校勘本第 91 頁《校勘記》［二九］。

② 參見《夢溪筆談》卷九《人事》。

③ ［校］斑：《朔方新志》卷五《遺事》作"班"。

④ ［校］案：此字原脫，據《朔方新志》卷五《遺事》補。

傳野利語。世衡慢罵元昊，而稱野利有心內附。乃厚遣使者曰："為吾語若王速決。"度使者至，嵩即還，而野利已報死矣。世衡知謀已行，因欲并間天都。又為置祭境上，作文書於版以弔，多述野利、天都有意本朝，悼其垂成而失。其文雜紙幣間，有虜至，急爇之以歸。版字不可遽滅，虜人得之以獻元昊，天都以此亦得罪。元昊既失二將，久之始悟為世衡所賣，遂定講和之策。《自警編》①

元昊之臣野利，為謀主，守天都山，號"天都大王"，與元昊乳母白姥有隙。除日，野利引兵巡邊，深涉漢境數宿，白姥乘間乃譖其欲叛，元昊疑之。世衡嘗得蕃酋之子蘇吃囊，厚遇之。聞元昊嘗賜野利寶刀，而吃囊之父得幸於野利，②因使竊寶刀，許之以緣邊職任、③錦袍、真金帶。吃囊得刀以還，世衡乃唱言野利已為白姥譖死，設祭境上，為祭文，敘除日相見之歡。④夜乃燒紙錢，川中盡明。虜見火光，引騎窺視，乃佯哭，祭具、銀器幾千餘兩悉棄之。⑤虜爭取，得元昊所賜刀，乃火爐中見祭文已燒盡，但存數十字。元昊得之，又識其所賜刀，遂賜野利死。野利有大功，死不以罪，自此君臣猜貳，以至不能軍。⑥《夢溪筆談》⑦

康定間，元昊寇邊。韓魏公領西路招討，駐延安。夜有人携匕首至卧內褰幃，魏公坐問："誰何？"曰："某来殺諫議。"又問曰："誰遣？"曰："張相公。"蓋是時張元，夏國正用事也。魏公復就枕曰："汝携予首去。"其人曰："某不忍，願得諫議金帶足矣。"遂取帶而出。明日，魏公亦不治此事。俄有守陣卒報城櫓上得金帶者，乃納之。時范純佑亦在延安，謂公曰："不治此事為得體，蓋行之則沮國威。今乃受其帶，是墮賊計中矣。"魏公握其手再三，嘆服曰："非琦所及。"《自警編》⑧

先是，元昊後房生一子，曰甯令受，"甯令"者，華言"大王"也。其後又納沒臧訛嘥之妹，⑨生諒祚而爱之。甯令受之母欲除沒臧氏，授戈

---

① 參見《自警編》卷七《事君類下》。
② [校]之父得：此三字原脫，據《夢溪筆談》卷十三《權智》補。
③ [校]職任：原作"戰任"，據《夢溪筆談》卷十三《權智》改。
④ [校]除日："除"字原脫，據《夢溪筆談》卷十三《權智》補。
⑤ [校]几：原作"九"，據《夢溪筆談》卷十三《權智》改。
⑥ [校]以至不能軍：此五字原脫，據《夢溪筆談》卷十三《權智》補。
⑦ 參見《夢溪筆談》卷十三《權智》。
⑧ 參見《自警編》卷七《事君類下》。
⑨ [校]訛嘥：原作"訛龎"，據《夢溪筆談》卷二五《雜誌》改。下同。

宵令受，使圖之。宵令受間入元昊室，卒與遇，遂刺之，不殊而走。諸大佐没臧訛嗙輩仆宵令，梟之。明日，元昊死，立諒祚，舅訛嗙相之。有梁氏者，為訛嗙子婦，諒祚私焉，日視事於國，夜則從諸没臧氏。訛嗙懟甚，謀伏甲梁氏之宮，湏其入殺之。梁氏以告諒祚，乃召訛嗙，執於内室，夷其宗。以梁氏為妻，又命其弟乞埋為家相。① 諒祚凶忍，治平中，舉兵犯慶州，乘駱馬，張黃屋，自出督戰。陣者彍弩射之，② 中，乃解圍去。創甚，馳入一佛祠。有牧牛兒不得出，懼伏佛座下，見其脫靴，血浣於踝，③ 使人裹創，舁載而去，至其國死。子秉常立，而梁氏自主國事。梁乞埋死，其子移逋繼之，謂之"没宵令"者，華言"天大王"也。④

秉常之世，執國政者有嵬名浪遇，元昊之弟也，最老於軍事，以不附諸梁，遷下治而死。存者三人：移逋以世襲居長契；次曰都羅馬尾；又次曰閟萌訛，⑤ 略知書，私侍梁氏。移逋、萌訛皆以昵幸進，惟馬尾粗有戰功，⑥ 然皆庸才。秉常荒孱，梁氏自主兵，不以屬。其子秉常不得志，以李清事被廢。⑦《夢溪筆談》⑧

元豐中，夏戎之母梁氏遣將引兵卒，至保安軍順寧寨，圍之數重。時寨兵至少，人心危懼。有娼姥李氏，⑨ 得梁氏陰事甚詳，乃掀衣登陴，抗聲罵之，盡發其私。虜人皆掩耳，併力射之，莫能中；李氏言愈醜，虜人度李終不可得，恐且得罪，遂託以他事，⑩ 夜觧去。雞鳴狗盜皆有所用，信有之。《夢溪筆談》⑪

---

① ［校］家相：原作"冢嗣"，據《夢溪筆談》卷二五《雜誌》改。
② ［校］陣者：此二字前原衍"守"字，據《夢溪筆談》卷二五《雜誌》刪。
③ ［校］浣：原作"踠"，據《夢溪筆談》卷二五《雜誌》改。
④ ［校］没宵令者華言天大王也："沒"、"華言天大王也"，此七字原脱，據《夢溪筆談》卷二五《雜誌二》補。
⑤ ［校］閟萌訛：原作"閟明訛"，據《夢溪筆談》卷二五《雜誌》改。
⑥ ［校］粗：原作"但"，據《夢溪筆談》卷二五《雜誌》改。
⑦ 《夢溪筆談》卷二五《雜誌》載："李清者，本秦人，亡虜中，秉常昵之，因說秉常以河南歸朝廷，其謀洩，清為梁氏所誅，而秉常廢。"
⑧ 參見《夢溪筆談》卷二五《雜誌》。
⑨ ［校］姥：原作"老"，據《夢溪筆談》卷二五《雜誌》改。
⑩ ［校］託：原作"訛"，據《夢溪筆談》卷二五《雜誌》改。
⑪ 參見《夢溪筆談》卷二五《雜誌》。

叛　亂

漢

盧芳，安定人。初，芳詐稱武帝曾孫劉文伯，遣使與匈奴結和親。建武五年冬，單于迎芳入立為漢帝，朔方人田颯等各起兵，至單于庭迎芳入塞，都九原縣，掠有朔方等五郡，並置守、令，與胡通兵侵苦北邊。七年冬，芳以事誅五原太守李興，其朔方太守田颯舉郡降，帝令領職如故。

魏

朔方胡。魏明帝正光五年，朔方胡反，圍夏州。城中食盡，刺史源子雍留其子延伯守統萬，乃帥羸弱詣東夏州運糧，胡帥擒之。延伯以義感眾，奮厲固守。子雍雖被擒，胡人常以民禮事之。子雍為陳禍福，賊眾遂降。時東夏州闔境皆反，① 子雍與北海王約兵轉鬭而前，凡十戰，遂平東夏州，徵粟挽芻以饋統萬，二夏獲全。

曹泥。魏大統二年春，東魏大丞相高歡襲魏夏州，取之。魏靈州刺史曹泥復叛，降東魏。

明

安化王寘鐇，性狂誕，與都指揮周昂、丁廣、何錦類合，陰有異志。時劉瑾亂朝政，遣使加寧夏賦，嚴督積逋，將卒皆憤怨。昂等因以言激，令從己反，即殺巡撫安惟學、總兵姜漢及太監等官，偽署封拜，分據要害，傳檄以討瑾為名。靈州參將史鏞聞變，飛報陝西諸路，路兵咸集近城，又奪取船艘，使賊不得渡河。寘鐇懼，盡出諸親信防守，惟留周昂城中。時遊擊將軍仇鉞得副將楊英令內應書，乃托疾不赴，偽命設伏，候周昂來召己。因擒斬之，遂馳寘鐇第，擊殺首惡，將寘鐇并宮人繫之，密諭何錦部下鄭卿等以擒寘鐇狀，卿即以所部兵擊殺賊黨惡，眾遂大潰。錦、廣走山後，遇遊兵百户馬聰擒獲，② 賊黨悉平。時正德五年四月廿三日也。先是，守臣以事聞朝廷，遣太監張永會都御史楊一清討之，至則平

---

① ［校］反：此字原脱，據《朔方新志》卷三《叛亂》補。
② ［校］遊兵："兵"字原脱，據《朔方新志》卷三《叛亂》補。

定，乃械繫寘鐇及宫人、錦等至京，永遂班師，一清留總制三邊。論功封仇鉞咸寧伯，寘鐇賜死，錦等磔於市。寘鐇本庸妄，叛時年已六十餘。始昂、錦貸其銀，完積逋無償，謂當與以白帽，寘鐇不知所謂。一術士云："王戴白，是皇也。"且許有十八年天子分，寘鐇乃喜。及叛至敗時，僅十八日云。

靈州土達楊倘兀馬火丹，降虜之裔也。高皇略定陜西，殘元部落率衆歸附，立靈州守禦千户所。其屬處於瓦渠四里為民，號"土達"，使自耕食，户簡其壯者充營卒。楊文遇、馬景乃倘兀火丹之孫，與其類馬應春輩咸應租役。萬曆十年，參將許汝繼以勇名擢靈州任，甫五月，約束部卒，過嚴，日簡練軍士，恒夜宿毬場，小犯者必軍法從事，怨讟大生。干為亂階。文遇、景蓄謀黨與嚮應。四月八日，令其屬徐龍牧塲趕馬，布劉那孩直宿衛中内應，中軍千户朱珊、巡捕百户白勇怠於警巡，賊得横恣，啓參署直入。郭濟逞凶先之，汝繼赤身起迎，截濟髮至死，而髮猶在握。宅中男婦及襁抱者按而戕之，無噍類，兵仗囊物盡括，文遇、景、馬應春、馬應龍、馬河、李義、馬廷肖等開北門，出迎徐龍掌所，千户蒯訓并千户戴儒閉門以守，賊不得入。奪馬逸走半箇城諸堡，餘賊奪商民騾馬，由南門出逃，乘隙掠者不數計。時苑馬寺少卿馬時泰徃謁軍門，同知吕珩馳使告變，巡撫晉應槐、兵憲劉堯卿檄遊擊唐堯輔攝事靈州，再令廣武中衛守將王保等據邊口，以都司施才徃備棺衾，殮汝繼家口，俾闔郡土漢致祀几前。[1] 把總李鯤、楊朝率兵於九泉山、沙渠諸處，追獲三十餘賊。劉兵憲法擬巨魁脅從罔治，[2] 奉旨戮二十八賊，賞罰功罪有差。

哱拜，故胡種。嘉靖中，同土谷赤、阿木尚虎、卜害前後百餘夷来降夏，撫臣使備行間，彔功世蔭，拜職都指揮，擢副總兵。[3] 子承恩襲指揮使，充撫院旗牌官，積資鉅萬。土文秀陞遊擊，徃火酋訌洮河經略。尚書鄭公洛徵本徵兵，議遣文秀部兵西援，拜自薦，請以巡撫標下兵偕子承恩徃。巡撫党公馨恚其顓擅，每事裁，抑拜，不憚而去。及至青海，跋扈無忌。把總王徹廉拜父子不法状上之，經略置弗問。党檄副使石繼芳逮拜近倖柳進葦於獄，亦竟骫法不治，拜由是怨望生，逆志起矣。

---

① ［校］郡土：《朔方新志》卷三《叛亂》作"部土"。

② ［校］巨魁：《朔方新志》卷三《叛亂》作"渠魁"。

③ ［校］總兵："總"字原脱，據《朔方新志》卷三《叛亂》補。

故事，營兵馬斃，扣追樁棚肉臟銀，寡者率以月餉抵補，鍾偉飛布減劄價，裁布花之語。健兒劉東暘，靖虜人也。素黠猾，氣能使眾，拜潛結為懽，歃血相盟。一日，乘撫鎮演武，欲糾眾謀難，以眾心未傅止。覘知逆狀者請給餉拊輯，而耳目輩以孤雛腐鼠之說中沮之。拜嗾東暘等先嚻聚帥府，以前飛語為請。總兵張維忠模稜首鼠，令赴撫道控訴。賊眾遂至道署，拆廈而入，非復向張之勢矣。石計促偶一丁呼且去，尋党巡撫眾隨出，其徒劉川兒殿其後，撞入署內，為石童僕革殺之，石遂攜家踰垣避匿儀賓黃燁所。燁姪正兵千總黃培忠亟走，白張鳴，號集官旗擒賊，①維忠失措不聽，欲憑巽語鮮紛，仍肩輿徐行，被賊擁入書院，尚環俟若，聽維忠處分。然者張噤無一語，乃屬拜勸止。賊至都府大譁，党傳檄招安，許給餉錙緇，賊裂檄破牖，撲進尚環，立二門。拜入党內，少頃出，向賊番語數句，又示以唇狀，賊遂狷獗。排闥而入。党匿後樓，賊尾獲，至書院，亂兵之，維忠股慄無人色。賊分覓石亦獲，環刺奎星樓下，放維忠歸，遂縱獄囚，焚案牘，爐民居，掠公私藏畜，輒夜不休，譁鈕聲動天地。時萬曆壬辰二月十八日也。

先是，河東道兵備隨府以公謁至，鄉官通政穆来輔以使命還，賊迫至帥府，自檢撫蠚政二十條，挾上疏請，撫稿三易始定，遣其黨葉得辛行。遊兵司哨百户許朝亦由行伍糸世職，故亡命也，悍鷙減於拜而險譎過之。賊甚欲殺之。朝願投入黨，飲血相盟，效宋江故事，號"義士"云。是日，執李承恩、陳漢殺於市，聲言前沮中人也。承恩長立不屈，賊勢熖蒸空。靈州參將来保馳報軍門，總督魏學曾一面陽示招安，一面調集兵餉，具疏上聞。詔切責維忠："不能戢亂，聽督臣，擒首惡，宥餘黨，便宜行事。"遊擊梁琦、守備馬承光並土文秀、拜義子千總哱雲中衛互市，旋賊寘雲、文秀子女城上屬殺琦與承光，文秀猶豫，雲部卒孔大宣、黃汝莘各殺其一，持首以示。火附賊門，延入與盟，爪牙愈眾，不軌之心日益生。

維忠雉經死，賊典其符印旗牌，奪各職官，徧置黨與，大肆謀掠。西路屬承恩，北路屬雲文秀。土官吳世顯自任獻靈州，玉泉營遊擊傅桓閉城拒禦，部下把總陳繼武，因承兵至即內應，縛桓出送鎮城禁錮。承恩張皇長驅，廣武署遊擊袁尚忠、中衛參將熊國臣，皆棄城遠遁大壩，石空寺守備趙繼王徵皆退守屬堡，承恩僞署王虎、何安等為參遊守，西路皆陷，惟

----

① [校]賊：此字原脫，據《朔方新志》卷三《叛亂》補。

北路平虜參將蕭如薰素得人心，聞變，集眾設龍亭榜赤心報國字，誓效死守。妻楊出簪珥饗士，士益感奮。諸生趙應魁、王應熊等，力同固守，[①]賊環攻，三徃皆大挫衂。嗣是賊南不敢渡河，北不得走，虜懼平虜搤其吭耳。

遊擊陳棟、守備朱綏等首謀擒賊，事覺被殺。將同謀黃培、石棟、陳松、劉孚等幽之北門甕城。賊脅長史楊躍川赴總督請撫，陰遣黨襲靈州。千戶楊禎、戴儒拒，弗容入，隔城給夫馬去。世顯逆謀寢。督府飛檄總兵、副遊李昫、王通、趙武等將兵萬餘進勦，以副使楊時寧、監軍參政顧其志理餉。拜發庫取金繒，躬自啖，虜求援，且許割地。着宰寳打諸酋，貪賄助逆，廣武等處官丁軍餘導引官兵渡河，外攻內應，縛偽署虎安等，其西路被陷城堡皆望風嚮應。賊聞之始懼，實門挖塹為牢拒計。復拘材官施才等五十人錮之，防內變也。王徹以訏哼被殺，李金行刺許朝事覺，父子皆戮。他如指揮張沛、百戶呂擢、張世傑、應襲、李沛及諸生蔣三重，俱以殲賊被害。三重、李沛罵賊裂眦，可謂烈丈夫矣。

魏學曾因套虜助逆，檄延綏搗巢，牽虜內顧，躬歷花馬池撫輯，河東始安。諸生李喬等命子弟出謁軍門，密陳賊狀，自是內外始通，賊動靜即為發覺。甘肅巡撫葉夢熊疏請勦賊，御史梅國禎薦李如松為將，自請督師，詔俱嘉允。時官兵薄城，賊合虜出襲，殺傷相當，哼雲中鎗死。翌日復陣，賊大潰。健丁高盖三人追入北門，遊擊俞尚德逗留不進，盖等無援，賊臠之。是月十一日，慶憲王妃方氏薨於節。新巡撫朱正色、憲副蔡可賢、總兵董一奎、張傑、麻貴等俱督兵至，四面環攻，虜被砲死者多。酋首需賞無厭，賊驅妓，恣虜斵淫。督府進次靈州，賊迫壽陽、鎮原，弘農王宗隨穆士夫代請罷兵以撫，因幽縶於圈城。仍送罪人史得興等十人出，詐云戎首。大兵久頓堅城，恐師老，撤圍去，虜部大舉入援，賊蒐闈鎮金帛珍物以中虜欲。仍遣黨索諸砦糧畜。常信堡官陳縉殺三賊瘞之，賊執縉同堡民男婦支解，縉妻梅氏縊死，仍遣賊虜屠其堡之旄倪。張傑鳳鎮夏，有德於許朝，因講撫被朝誑入幽禁。官兵復至時，拜約虜回幾就擒。監院梅督師李提遼左宣大兵至，浙江巡撫常居敬疏請助師，遣兵亦至。火箭射熸關樓，賊等欲潰圍北走，我兵堵歸。

六月二十六日，指揮趙承先、咸卿，百戶姚欽、方政等，諸生張桂齡

---

① ［校］守：此字原脫，據《朔方新志》卷三《叛亂》補。

等，武生張遐齡等，宗室倪焰、倪炑等，童生郭自謙等，數百人同立誓詞，謀獻西城，策就秘報西營將領，視是夜城中火起為號。李昫匿之不聞。督府臨時望杳然，遐齡縋城促兵，皆躑躅不進，致賊分布緝捕。欽、政縋城逸西營，承先等多命被戮。承先母李氏、妻李氏，同時縊死。承德罵賊，至死不撓。九敘見執，即吞誓詞，事尤奇烈。桂齡、守約、鄗宣等鐵鑽監禁，其它與事宗人、① 官旗、士庶，以賊有招安，後望賴以瓦全。督院定策，決水灌城。提督臨濠，開誠曉諭。賊次第下見，跽誓投順，約以三千騎入城，安集至期，疑畏，以酒毒托辭。是月堤成，水勢湧至，賊驅民負土以防，遣黨駕艇決埂，官兵臨岸戰禦，賊盡溺水。未幾，堤潰，督府以賜劍斬巡撫堤官吳世顯，謂曾附逆也。理刑同知宋炯憂憤死。官兵併力攻城，賊抵死拒，聞朝廷賚死文到，威挾諸生陳宗唐、蔣邁徃驗虛實，兩生出白賊情叵測，未可思懷。受督府、監院意指返，賊囚禁兩生。宗唐有"寧死於朝廷"之語，邁以"不即殱賊為恨"。逆丁何印泄告，賊啣之，執邁箠楚幽錮，水已環城。虜助逆無能，賊北走絕望，大兵雷動，芻粟雲屯，賊為釜中魚矣。此皆督府苦碎寸心故爾。功成九仞，說者謂賊不滅，誤於招安也。旨速，擧曾以葉夢熊總師討逆，賊猶大索，蓋藏一空。虜率千騎還來援，賊突堤至張亮堡，遇提督如松兵數百騎死戰，適麻貴兵合，斬虜七十級，追賀蘭山下。自是無隻騎覷兵營，賊氣消縮殆盡。諸宗潚齋、源齋、約姜、應奎等刺賊，被同宗倪炽訐，潚齋箠楚甚苦，應奎支解極慘。

九月九日，南關獻，賊素有屠關意，關民夏之時等三十人閉關，飲偽千總馮佐輩，酒盡殺之，袁朝馳報，督府、監院登城賞有功，宥脅從，眾心欣悅，承恩等憂駭。許、劉疑文秀托疾有二心，遣逆丁刺死，厚遺。張傑出代，請招安。督撫按道即因計用間，以朝狙獪難信，承恩輕率易愚，時民李登矢死應募，遂授計，乘小舟潛渡東城入。有百戶石棟素與承恩善，因疑被禁，至是釋其禁，② 問計。棟以順逆禍福開諭，計遂決。又周國柱因隣生尤鳳居，恒與謀，雖為東賜所睅，實為承恩腹心。十六日早，承恩赴南城，紿朝登樓，其卒耿世富詐云官兵點砲向樓，孔大宣披朝下，及梯半，世富拔朝佩劍殺之，并殺其子萬鐘暨餘黨。承恩露刃北馳，國柱

---

① [校] 與：此字原脫，據《朔方新志》卷三《叛亂》補。
② [校] 其禁：此二字原漶漫不清，據《朔方新志》卷三《叛亂》補。

遥指謂東暘曰："事休矣，官兵已入城。"東暘自刎，國柱斷其首，亟檢璽印納諸懷，焚樓。承恩按東暘逆黨殺之，下甕城，向諸王縉紳被繫諸武弁祈保首領，同至南城，獻二賊首。垂梯請督撫、院道諸將登城，勅將執承恩，拜與次子承寵集家蓄，夷漢逆丁死拒。柳進開門納兵，拜驅妻孥登樓縱火焚死。俘獲承寵、渾大等，餘悉斬之，乃九月十八日也。

督撫入城，禁官兵殺掠，慰恤王官、士民，縛附賊職官賈應奎等，偽官高天慶等斬之。周國柱、石棟、王英受上賞。二十二日，① 露布以聞，西夏平。械哱承恩、哱承寵、土文德、渾大、何應時、陳雷、白鸞、陳繼武，至京獻俘，磔於市，傳首九邊。妻孥發功臣為奴。議平夏功，陞賞有差。先是，御史劉芳譽覈勘功罪，兵科給事中許弘綱題議封賞，兵部題覆：尚書魏學曾白髮籌邊，丹心報國。先驅渡河之師，旋奪列城於賊手，亟扼靈州之險，卒破奸宄之潛謀，遏虜以制賊，而搗巢之計，悉由多籌，招安以全城，而決水之策，實自持籌及，今已成之功，孰非將就之緒。奉旨魏學曾師久無功，既經論列，念任事已久，亦有多功，准復原官致仕云。

〔清〕
國朝順治三年，花馬池民變，殺同知，旋即討平。
康熙年間，花馬池民變，鄂尔多斯統兵勦平之。

宦　蹟

周
南仲，周卿士，徃城於朔方。② 伐西戎，執訊獲醜以歸。

秦
蒙恬。始皇使蒙恬將三十萬眾，③ 北逐戎狄，悉收河南地。因河為

---

① ［校］二十二日：《朔方新志》卷三《叛亂》作"二十三日"。
② ［校］朔方："朔"字原脫，據《朔方新志》卷二《內治・宦蹟》補。
③ ［校］三十萬：此同《史記》卷八八《蒙恬傳》，《史記》卷一一〇《匈奴傳》作"十萬"。

塞，築四十四縣城，臨河徙戍以充。通直道，自九原至雲陽，因邊山險塹谿谷，起臨洮，至遼東萬餘里。

漢

衛青。元朔二年，青至隴西，捕虜數千，走白羊。樓煩王遂取河南地，為朔方郡。封青為長平侯。平陵侯蘇建築朔方城。

主父偃言朔方地肥饒，外阻河，蒙恬築城以逐匈奴。內省轉輸，廣中國滅虜之本也。上覽其說，遂置朔方。

郭昌。天子巡邊親朔方，勒兵十八萬以示武，匈奴數使奇兵侵犯，漢廼拜昌為拔胡將軍，屯朔方。

鄧遵。元初三年為度遼將軍，① 率南單于及左鹿蠡王滇沈萬騎擊零昌於靈州。

魏

源子雍，② 夏州刺史。朔方胡反，城中食盡，子雍詣東夏州運糧，為胡帥所擒。子雍以義感眾，不為屈，胡帥降，二夏以全。

宇文泰，夏州刺史賀拔岳遣泰詣洛陽，密陳高歡反狀。魏主以岳為都督二十州軍士，表泰為刺史。

唐

張仁愿，朔方軍總管。於河北築三受降城，絕虜南寇路，自是朔方無寇。歲省費億萬計，③ 減鎮兵數萬。

張說。④ 開元十年，置朔方節度使，領單于都護夏、塩等州，軍三受降城，以宰相張說兼領之。

王方翼，夏州都督。時牛疫，民廢田作，方翼為耦耕法，張機鍵，力

---

① 《後漢書》卷八九《南匈奴傳》載，元初元年（114），以烏桓校尉鄧遵為度遼將軍。元初三年（116）是以度遼將軍的官職領兵。

② [校] 源子雍：原作"原子雍"，據《魏書》卷四一《源子雍傳》、《北史》卷二八《源子邕傳》改。"子雍"，《北史》卷二八《源子邕傳》作"子邕"。

③ [校] 省費：此同《乾隆甘志》卷三〇《名宦》，《新唐書》卷一一一《張仁愿傳》作"損費"。

④ [校] 張說：原作"張銳"，據《舊唐書》卷九七、《新唐書》卷一一一《張說傳》改。

省而見功多，百姓賴焉。

王忠嗣，以武功至左金吾衛將軍。① 佩河西、隴右、朔方、河東節度四將印，控制萬里。每互市，高估馬價，諸胡爭以馬求市，胡馬遂少。

郭子儀，為靈州長史，將兵五萬，自河北至靈武，軍威始振，人有興復之望。後為朔方節度使，收復朔方地。

魏元忠，靈武道行軍大總管，以禦突厥。

裴譿，靈州節度使。靈武地斥鹵無井，譿誓神鑿之，果得泉。

史敬奉。吐蕃圍塩州，刺史李文悦不能克。靈武牙將史敬奉，請兵於朔方節度杜叔良，與以二千五百人，② 敬奉行旬餘無聲聞，朔方人以為俱没矣。無何，自他道出吐蕃背，③ 吐蕃大驚潰去。敬奉奮擊，大破之。

路嗣恭、④ 杜希全、韓潭，皆為朔方節度使。

李福。大中初，上頗知党項之反，由邊帥數侵奪其羊馬。自是，選儒臣李福為邊帥，党項遂安。

崔知溫，靈州司馬，有渾、斛薩馬害境内，民不得耕。知溫表徙夷帳於河北，田野始安。

李聽，為靈州大都督長史。境内有故光禄渠廢久，聽復開決水溉田。

五代

康福，前磁州刺史，善胡語，安重誨惡之，以靈州深入胡境，為帥者多被害，以福為朔方河西節度使，遣萬人衛送，至羌胡出兵邀福，福擊走之。至青剛峽，⑤ 遇土蕃一族數千帳，福破之殺獲殆盡。由是，威聲大振，遂進至靈州，朔方始受代。

張希崇，唐明宗為朔方節度，興屯田以省漕運。及歸，石晉仍鎮朔方。

---

① ［校］左：此字原脫，據《舊唐書》卷一〇三、《新唐書》卷一三三《王忠嗣傳》改。

② ［校］二千五百：此同《舊唐書》卷一五二《史敬奉傳》，《新唐書》卷一七〇《史敬奉傳》作"二千"。

③ ［校］他道：原作"地首"，據《舊唐書》卷一五二、《新唐書》卷一七〇《史敬奉傳》改。

④ ［校］嗣恭：原作"思恭"，據《舊唐書》卷一二二、《新唐書》卷一三八《路嗣恭傳》改。

⑤ ［校］青剛峽：《新五代史》卷四六《康福傳》作"青岡峽"，《舊五代史》卷九一《康福傳》作"青崗峽"。

馮暉。天福中，張希崇平羌胡，寇鈔無復畏憚，党項酋長拓跋彥超最為強大，暉至，超入賀，暉厚遇之，因於城中治第，豐其服翫，留之不遣。因服羌酋，廣屯田，營內大治。

宋

尹憲，晉陽人，雍熙初知夏州。

王佚，秦州副將，帝遣之靈州，① 田仁朗等討李繼遷，繼遷陷三族。仁朗至綏州，請益兵。帝聞三族已陷，竄仁朗商州，佚等出銀州北，破悉利諸族。② 麟州諸蕃皆請納馬贖罪，討繼遷。佚與所部兵入濁輪川，斬賊首五千，繼遷遁去。郭守文復與尹憲擊塩城諸蕃，由是銀州、麟、夏蕃百二十五族內附，戶萬八千餘。

董遵誨，靈州路巡檢。

段思恭，晉城人。

侯贇，③ 太原人。

安守忠，晉陽人，俱知靈州。

王昭遠，靈州路都部署。

田紹斌，靈州馬步軍部署。④

郭密，靈州兵馬都部署。

楊瓊，至道初為副都部署，⑤ 導黃河溉田。

裴濟，知靈州，興屯田之利。

潘羅支，六谷酋長。⑥ 李繼和言其願戮力討夏，乃授朔方節度。保吉陷西涼，於是羅支偽降，保吉受之不疑。羅支遂集六谷蕃部合擊之，保吉大敗，中流矢死。

---

① ［校］靈州：原作"秦州"，據《宋史》卷二五七《李繼隆傳》改。

② ［校］諸族：原作"諸砦"，據《宋史》卷二五七《李繼隆傳》、《宋史》卷四九一《党項傳》改。

③ ［校］侯贇：原作"侯斌"，據《宋史》卷二七四《侯贇傳》改。

④ ［校］軍部署：原作"都部署"，據《宋史》卷二八〇《田紹斌傳》改。

⑤ ［校］副都部署："副都"二字原脫，據《宋史》卷二八〇《楊瓊傳》補。

⑥ ［校］六谷：原作"六合"，據《宋史》卷六《真宗本紀》、卷四九二《吐蕃傳》改。下同。

元

袁裕，至元間，① 為中興等路勸農副使，② 時徙鄂民萬餘於西夏，③ 多流離顛沛，裕請給地，立屯官，民以安。

張文謙。中興等路俗素鄙野，事無統紀，文謙求蜀士，得五六人，俾通明者為吏，教以案牘，旬月之間，樞機品式粗若可觀，羌人始遣子弟讀書，土俗為之一變。又疏興州古唐来、漢延二渠，及夏、靈、應理、鳴沙四州正渠十，支渠大小共六十八，溉田十萬頃。④ 行省郎中董文用、銀符副河渠使郭守敬實佐其事。

明

行邊大臣

金幼孜。

王驥。

李嗣。

徐舟，曹州人，成化十四年任。決囚寧夏、千户王玘者，為讐家誣以因姦殺一家六人投屍於河，坐凌遲處死，獄久不白。公以無屍致疑，廉得其情。蓋死者廬舍濱河，秋水暴漲，盡為所溺。王之居少遠，獨免其患。王氏死於申訴，咸以為冤，至公始白，民頌神明。

顧佐。

王一言。

周東。

叢蘭。

翟鑾。

龐尚鵬。

---

① ［校］至元：原作"中統"，據《元史》卷一七〇《袁裕傳》改。
② ［校］副使："副"字原脱，據《元史》卷一七〇《袁裕傳》補。
③ ［校］西夏：原作"寧夏"，據《元史》卷一七〇《袁裕傳》改。
④ ［校］十萬頃：《元史》卷一五七《張文謙傳》、《嘉靖陝志》卷二四《文獻十二·名宦》均作"十數萬頃"。又，"頃"疑當作"畝"，參見吳忠禮《寧夏志箋證》第153頁注釋［六］。

蕭廩。

王遴。

吳道直。

戴光啓。

蕭彥。

董子行。①

鍾化民。

周弘禴。

李楠。

徐僑。

畢三才。

黃陛。

王基洪。

穆天顏。

姚鏞。

黃彥士。

總督

王越。②

秦紘。③

楊一清，丹徒人，正德二年任。虜將大舉入寇，公至靈州，以先聲振，虜不敢入。築延、寧二鎮長城，為復東勝之計，工為興，為妬者所止。迄今清水營四十里虜不敢窺，此其績也。五年，會寘鐇變，起公於家，人聞公來，咸自勵相率勦滅，夏人仰之。

才寬，永平人，正德套虜住牧近邊，公會兵興武營分路搗之，斬虜數

---

① ［校］董子行：此三字後原衍"鍾子行"三字，據《朔方新志》卷二《內治・宦蹟》刪。

② ［校］王越：原作"王鉞"，據《明史》卷一七一《王越傳》，《弘治寧志》卷二、《嘉靖寧志》卷二《宦蹟》改。下同。

③ ［校］秦紘：原作"秦絃"，據《明史》卷一七八《秦紘傳》改。

十級，中流矢卒。李夢陽挽詩云：① "仲冬東南天鼓鳴，我軍滅胡功可成。② 道之將行歲在已，星落轅門悲孔明。 尚書頭顱血洗箭，馬革纏尸亦堪羨。夷門野夫國士流，痛哭天遥夜雷電。"③

張泰。

鄧璋。④

李鉞。⑤

王憲。

王瓊。

唐龍。

劉天和。

楊守禮。

張珩。

曾銑，揚州人，善用兵。製兵車、銃砲，擇士卒，日精鍊，剋期復套。先揚兵出塞，戒令嚴而軍容肅，士卒服習，雖猱亦能教之。⑥ 藝炮聲勢赫奕，虜為遠遁，俺酋東徙，畏其威也。兵未舉，為嚴嵩所害。隆慶初，朝廷知其忠，始褒贈蔭子。

王以旂。

賈應春。

王夢弼。

魏謙吉。

郭乾。

程軬。

喻時。

---

① 《朔方新志》卷五《詞翰·詩》題作《總督才公搗虜中流矢以詩哀之》，《空同集》卷二二《七言古》題作《哀才公》，另有詩序曰："正德己巳年作此。公嘗薦余，故有國士之感。" "正德己巳年"，即正德四年（1509）。

② ［校］滅胡：《空同集》卷二二《七言古·哀才公》作"一出"。

③ ［校］《空同集》卷二二《七言古·哀才公》此詩句後注曰："是月，雷電屢作。"

④ ［校］鄧璋：原作"鄧章"，據《明武宗實錄》卷一〇九、《明史》、《嘉靖陝志》卷十九《文獻七·全陝名宦》、《萬曆陝志》卷十二《公署》等改。

⑤ ［校］李鉞：原作"李越"，據《明世宗實錄》卷十二、《明史》卷一九九《李鉞傳》、《萬曆陝志》卷十二《公署》改。

⑥ ［校］猱：《朔方新志》卷二《內治·宦蹟》作"猱"。

陳其學。
霍冀。
王崇古。
王之誥。
戴才。
石茂華。
董世彥。
郜光先。
高文薦。
梅友松。
魏學曾，涇陽人，立朝敷政，直亮清貞，有古大臣風。董師平夏，賊滅城全，皆其功烈。為董裴所中，天下惋惜，事載《叛逆紀略》。
葉夢雄，廣東人，請平逆叛，卒滅哱酋。
李汶。
徐三畏。
顧其志。
黃嘉善。
劉敏寬。
楊應聘。
李起元。
李從心。
王之采。
史永安。

巡撫

羅汝敬。[1]
郭智。[2]

---

[1] 《明宣宗實錄》卷七六載，羅汝敬於宣德六年（1431）二月丁酉任職。
[2] 《明英宗實錄》卷十四載，郭智於正統三年（1438）二月庚子任職。

羅綺。①

盧睿。②

韓福。③

陳翌。④

陳价。⑤

張鏊,⑥ 華亭人,改建廟學,增廣人才。

徐廷章。⑦

張鵬。⑧

賈俊。⑨

崔讓。⑩

張瑋。⑪

韓文,⑫ 新城人,增修學宮,創立射圃,以教生儒。

孫仁。⑬

張禎淑。⑭

王珣,⑮ 山東人,始增樂舞生。

---

① [校] 羅綺:原作"羅琦",據《明史》卷一六〇《羅綺傳》、《弘治寧志》卷二及《嘉靖寧志》卷二《寧夏總鎮·宦蹟·巡撫》、《嘉靖陝志》卷十九《文獻七·全陝名宦》改。《明英宗實錄》卷一三三載,命監察御史羅綺於正統九年(1444)二月丙戌參贊寧夏軍務。

② 《明英宗實錄》卷一〇三載,盧睿於正統八年(1443)四月辛卯任職。

③ 《明英宗實錄》卷一八三載,韓福於正統十四年(1449)九月庚寅參贊寧夏軍務。

④ 《明英宗實錄》卷二九一載,天順二年(1458)五月癸丑,鑄給巡撫甘肅、寧夏、大同三處關防,從右副都御史芮剑、陳翌、僉都御史李秉奏請也。

⑤ 《明英宗實錄》卷三五五載,陳价於天順七年(1463)閏七月己未被命巡撫寧夏。

⑥ 《明憲宗實錄》卷四四載,張鏊於成化三年(1467)七月己丑任職。

⑦ 徐廷章於成化八年(1472)任職。

⑧ 《明顯宗實錄》卷一二九載,張鵬於成化十年(1474)六月壬申任職。

⑨ 《明憲宗實錄》卷一六九載,賈俊於成化十三年(1477)任職。

⑩ 《明憲宗實錄》卷二四三載,崔讓於成化十九年(1483)八月甲申任職。

⑪ 《明孝宗實錄》卷十七載,張瑋於弘治元年(1488)八月丁巳任職。

⑫ 《明孝宗實錄》卷三八載,韓文於弘治三年(1490)五月乙卯任職。

⑬ 孫仁於弘治七年(1494)任職。

⑭ [校] 張禎淑:《弘治寧志》卷二、《寧夏總鎮·宦蹟·巡撫》、《嘉靖陝志》卷十九《文獻七·全陝名宦》作"張禎叔",《嘉靖寧志》卷二《寧夏總鎮·宦蹟》作"張禎叔"。又,張禎淑於弘治九年(1496)任職。

⑮ 《萬曆陝志》卷十二《公署》載,王珣於弘治十二年(1499)至寧夏。

劉憲。①

冒政。②

曲銳。③

馬炳然，④ 内江人，真鐇變，以公得邊士心，奪情起用。

安惟學，⑤ 平陽人，⑥ 真鐇變，罹害。

馮清。⑦

邊憲。⑧

鄭賜。⑨

王時中。⑩

張閏。⑪

張璿。⑫

林琦。⑬

孟洋。⑭

翟鵬。⑮

胡東皋。⑯

---

① 劉憲於弘治十五年（1502）任職。
② 《朔方新志》卷二《内治·宦蹟·巡撫》載，冒政於正德二年（1507）任職。
③ 曲銳於正德三年（1508）任職。
④ 《朔方新志》卷二《内治·宦蹟·巡撫》載，馬炳然於正德四年（1509）任職。
⑤ 《明武宗實錄》卷五八載，安惟學於正德四年（1509）十二月乙巳巡撫寧夏。
⑥ [校] 平陽人：《嘉靖陝志》卷十九《文獻七·全陝名宦》作"山西臨汾縣人"。
⑦ 馮清於正德七年（1512）任職。
⑧ 《明武宗實錄》卷一四四載，正德十一年（1516）十二月壬申，陞巡撫寧夏右副都御史邊憲為南京刑部右侍郎。
⑨ 《明武宗實錄》卷一四五載，鄭賜於正德十二年（1517）任職。
⑩ 《明武宗實錄》卷一四八載，王時中於正德十二年（1517）四月戊午任職。
⑪ [校] 張閏：《嘉靖寧志》卷二《寧夏總鎮·宦蹟·巡撫》作"張潤"。又，《明世宗實錄》卷二載，張閏於正德十六年（1521）五月戊寅任職。
⑫ 張璿於嘉靖二年（1523）任職。
⑬ 林琦於嘉靖四年（1525）任職。
⑭ [校] 孟洋：原作"孟津"，據《明世宗實錄》卷二、《嘉靖陝志》卷十九《文獻七·全陝名宦》、《萬曆陝志》卷十二《公署》改。又，《明世宗實錄》卷八〇載，孟洋於嘉靖六年（1527）九月辛卯任職。《萬曆陝志》卷十二《公署》載其於嘉靖七年（1528）至。《明世宗實錄》卷九二載，嘉靖七年（1528）九月乙酉，改命孟洋總督南京糧儲。
⑮ 《明世宗實錄》卷八四載，翟鵬於嘉靖七年（1528）正月壬辰任職。
⑯ 《萬曆陝志》卷十二《公署》載胡東皋於嘉靖十年（1531）至。

楊志學。①

張文魁。②

吳鎧。③

范鏓。④

李士翱。⑤

王邦瑞。⑥

張鎬。⑦

謝淮。⑧

毛鵬。

朱笈。⑨

沈應時。⑩

張蕙。

羅鳳翱。

蕭大亨。

晉應槐。

張九一。

梁問孟。

---

① 楊志學於嘉靖十一年（1532）任職。

② 《明世宗實錄》卷一五七載，張文魁於嘉靖十二年（1533）十二月乙未任職。《萬曆陝志》卷十二《公署》載其於嘉靖十一年（1532）至。

③ 《明世宗實錄》卷一九九載，吳鎧於嘉靖十六年（1537）四月乙丑任職。

④ ［校］范鏓：原作"范總"，據《明史》卷一九九《范鏓傳》、《嘉靖陝志》卷十九《文獻七·全陝名宦》改。又，《明世宗實錄》卷二四六載，范鏓於嘉靖二十年（1541）二月癸亥任職。

⑤ ［校］李士翱：《萬曆陝志》卷十二《公署》作"李仕翱"。《明世宗實錄》卷二八一載，李士翱於嘉靖二十二年（1543）十二月乙未任職。

⑥ ［校］王邦瑞：原作"王邦端"，據《明史》卷一九九《王邦瑞傳》、《嘉靖陝志》卷十九《文獻七·全陝名宦》、《萬曆陝志》卷十二《公署》改。下同。

⑦ 張鎬於嘉靖二十八年（1549）任職。

⑧ 《明世宗實錄》卷四八八載，謝淮於嘉靖三十九年（1560）九月丙子任職。

⑨ 毛鵬於嘉靖四十一年（1562）任職，朱笈於隆慶元年（1567）任職，六年（1572）復任。

⑩ 《明穆宗實錄》卷二七載，沈應時於隆慶二年（1568）十二月己丑任職。

姚繼可。①

党馨，② 山東人，壬辰兵變靖難。

朱正色。

周光鎬。

崔景榮。③

河東西道及以下官不及悉考載。

〔清朝〕

國朝順治間仍設巡撫。

黃圖安，④ 不知何處人，⑤ 僅傳順治十二年上條議八款。⑥ 都察院右副都御史巡撫寧夏。⑦

劉秉政，號憲評，遼東廣寧人。副都御史，巡撫寧夏，事載兵部侍郎韓城高辛胤撰《去思碑記》。⑧

康熙元年裁。

本朝官制沿革，乾隆三年地震，官署冊籍無存，涖任寧夏者，無從悉考。

鄉　賢　附忠孝節義、流寓

漢

傅燮，⑨ 靈州人。黃巾賊亂，燮上書陳致亂之原，請速行讒佞之誅，

---

① 張蕙於隆慶五年（1571）任職，羅鳳翱於萬曆元年（1573）任職，蕭大亨於萬曆八年（1580）任職，晉應槐於萬曆九年（1581）任職，張九一於萬曆十一年（1583）任職，梁問孟於萬曆十四年（1586）任職，姚繼可於萬曆十六年（1588）任職。

② 《明神宗實錄》卷二一八載，党馨於萬曆十七年（1589）十二月乙亥任職。

③ 朱正色於萬曆二十年（1592）任職，周光鎬於萬曆二十一年（1593）任職，崔景榮於萬曆三十九年（1611）任職。

④ ［校］黃圖安：原作"王圖安"，據《乾隆甘志》卷二八《皇清文職官制》改。

⑤ 《寧夏府志》卷九《職官·皇清文職官姓氏》載，黃圖安為山東堂邑人。

⑥ 黃圖安順治十二年（1655）上條議八款，參見《朔方新志》卷四、《寧夏府志》卷十八《藝文·條議寧夏積弊疏》。

⑦ ［校］巡：此字原脫，據文意補。

⑧ 參見《朔方新志》卷四附高辛胤撰《巡撫都御史三韓劉公秉政去思碑記》。

⑨ ［校］燮：原作"爕"，據《後漢書》卷五八《傅燮傳》改。下同。

言甚剀切，語在本傳中。① 常侍趙忠惡之，出為漢陽太守。韓遂擁兵圍漢陽，城中兵少食盡，燮子幹年十三，言於燮曰："大人不容於朝，今兵不足自守，宜還鄉里，徐俟有道輔之。"燮慨然曰："吾遭亂世，不能養浩然之志，② 食人之禄，又欲免其難乎？吾行何之，必死於此。汝有才智，勉之。"揮左右進兵，戰歿，謚曰壯節。

傅玄，字休奕，燮之孫。舉秀才郎中，武帝初置諫官，以玄為之，尋遷侍中，轉司隸校尉。每奏劾，貴游震懾。封清泉侯，謚曰剛。

傅咸，字長虞，玄之子，剛簡有大節。襲父爵，拜太子洗馬，累遷御史中丞，兼司隸校尉。

晉

傅瑗，靈州人，以學業官至安成太守。③

南北朝

傅亮，瑗之子，善文辭。宋國初，加中書令。④ 武帝有受禪意，亮悟旨，請暫還都，許之。夜見長星竟天，拊髀曰："我常不信天文，今始驗矣。"至都，帝即徵入輔。少帝即位，領護軍將軍。少帝廢，亮迎文帝即位，加開府儀同三司。元嘉三年被害。

傅迪，亮之兄。仕宋，官至尚書。見世路迍險，著論名曰《演慎》。及少帝失德，直宿禁中，覩飛蛾赴燭，作《感物賦》以寄意。

傅昭，咸七世孫。袁顗嘗來昭所，⑤ 昭讀書自若，神色不改，顗歎曰："此兒神情不凡，⑥ 必成佳器。"使郡，府舍稱凶，及昭至，夜見甲兵出曰："傅公善人，不可侵犯。"涖官以清静為政，不尚嚴肅，終日端居，以書記為樂，雖老不衰，世稱為"學府"。

---

① 參見《後漢書》卷五八《傅燮傳》。
② [校]志：原作"氣"，據《後漢書》卷五八《傅燮傳》、《資治通鑒》卷五八、《通鑒紀事本末》卷八《韓馬之叛》改。
③ [校]安成：原作"安定"，據《宋書》卷四三《傅亮傳》、《乾隆甘志》卷三五《人物·傅瑗》改。
④ [校]中書令："中"字原脱，據《宋書》卷四三、《南史》卷十五《傅亮傳》補。
⑤ [校]袁顗：原作"袁覬"，據《梁書》卷二六、《南史》卷六〇《傅昭傳》改。下同。
⑥ [校]神情：原作"神清"，據《梁書》卷二六、《南史》卷六〇《傅昭傳》改。

傅映，昭之弟，三歲而孤。謹身嚴行，非禮不行。褚彥回欲令仕，映以昭未鮮褐辭，後累遷，至光祿卿，太中大夫。

傅琰，靈州人，美姿儀。仕宋，為武康令，遷山陰令。並著能名，二縣皆謂之"傅聖"。

傅翽，琰之子。為吳令，孫廉問曰："聞公發奸摘伏，惠化如神，何以至此？"答曰："無他。清則憲綱自行，勤則事無不理。"翽代劉玄明為山陰令，問玄明曰："願以舊政告新令尹。"答曰："我有奇術，臨別當相示。"既曰："作縣令，唯日食一升飯而莫飲酒，① 此第一策也。"

傅岐，翽之子，美容止，博涉，能占對。豫州刺史貞陽侯蕭淵明率眾伐彭城，兵敗陷，遣使還述魏人欲更通和好，勅有司及近臣議定，朱异曰："和為便。"議者並然之，岐獨曰："此必是設間，② 故令貞陽遣使，令侯景自疑，不可許。"高祖從异議，侯景果疑，兵反，通表乞割四州，③ 當解圍。勅許之求，遣宣城王出送。岐固執宣城嫡嗣之重，不宜許，遣石城公大款送之，④ 及與景盟訖，城中文武喜躍，望得解圍，岐曰："此和終為賊所詐。"眾並怨怪之。及景背盟，莫不歎服。尋有詔，以岐勤勞，對南豐縣侯，不受。宮城失守，岐帶疾出圍，卒。

傅縡，靈州人。幼聰敏，七歲誦古詩賦至十餘萬言。為文典麗，軍國大事，下筆輒成，未嘗起草，甚為後主所重。然性木強，⑤ 頗負才使氣，陵侮人物，朝士多銜之。會施文慶、沈客卿以佞見幸，專制衡軸，而縡益疎，文慶等共譖之。後主收縡下獄，縡素剛，因憤恚，於獄中上書，後主怒。頃之稍解，使謂曰："我欲赦卿，卿能改過否？"縡曰："臣心如面，面可改，則臣心可改。"後主益怒，令宦者窮其事，賜死獄中。

傅隆，靈州人。少孤貧，有學行，不好交遊，年四十始為建威參軍，⑥ 遷御史中丞。出為義興太守，尋轉太常。致仕，手不釋卷。博學多通，特"三禮"。

————————

① ［校］飯：此字原脫，據《南史》卷七〇《傅翽傳》補。
② ［校］設間：原作"投間"，據《梁書》卷四二、《南史》卷七〇《傅翽傳》改。
③ ［校］四州：原作"四川"，據《梁書》卷四二、《南史》卷七〇《傅岐傳》改。
④ ［校］大款：原作"太款"，據《梁書》卷四二、《南史》卷七〇《傅岐傳》改。
⑤ ［校］木強："木"字原脫，據《陳書》卷三〇、《南史》卷六九《傅縡傳》改。
⑥ ［校］參軍：原同《宋書》卷五五《傅隆傳》作"將軍"，《宋書》卷五五《校勘記》〔十六〕據《南史》卷十五《傅隆傳》改，今從。

宿石，朔方人，赫連屈丐弟文陳之曾孫也。① 父沓干從討蠕蠕，戰歿，年十三襲爵。從於苑中游獵，石走馬引前道峻，馬倒殞絕，久之乃蘇，由是御馬得制，文成嘉之，賜以綿帛、駿馬。又嘗從獵，② 文成親欲射猛獸，③ 石叩馬諫，引帝至高原上，後猛獸騰躍殺人，帝褒美其忠，賜馬一匹。尚上谷公主，拜駙馬尉，位吏部尚書，進爵太山公。卒，子倪襲爵。

隋

李徹，朔方巖綠人，性剛毅，有氣幹，偉容儀，多武藝。武皇時，從皇太子西討吐谷渾，④ 以功賜爵同昌縣男，屢戰有功。宣帝即位，從韋孝寬。略定淮南，每為先鋒，授淮州刺史。安集初附，高祖受禪，進爵齊安郡公。時蜀王秀亦鎮益州，上謂侍臣曰："安得文同王子相武如李廣達者乎？"其見重如此。突厥沙鉢略可汗犯塞，上令衛王爽為元帥，以徹為長史。遇虜於白道，徹率精騎五千大破之，以功加上大將軍，沙鉢略屈膝稱藩。略為阿拔所侵，請援，以徹為行軍總管，阿拔遁去。高熲之得罪也，以熲素與善，因疎忌不復任使。後遇鴆卒。

史祥，朔方人，有文武才。高祖踐祚，拜儀同，⑤ 領交州事，轉驃騎將軍。從王世績伐陳，破之，進拔江州。後以行軍總管從晉王廣擊突厥於靈武，⑥ 破之，遷右衛將軍。率兵屯弘化，以備胡。煬帝初，漢王諒作亂，遣其將綦良自滏口徇黎陽，⑦ 塞白馬津，余公理自太行下河內。⑧ 帝以祥為行軍總管，軍於河陰。不得濟，⑨ 乃又令軍中修攻具，乃簡精銳，⑩

---

① [校] 屈丐：此同《北史》卷二五《宿石傳》，《魏書》卷三〇《宿石傳》作"屈子"。
② [校] 嘗：原同《北史》卷二五《宿石傳》作"常"，據《魏書》卷三〇改。
③ [校] 猛獸：此同《北史》卷二五《宿石傳》，《魏書》卷三〇、《通志》卷一四七《宿石傳》均作"虎"。《北史》避唐朝名諱改。參見《北史》卷二五《校勘記》[十]。
④ [校] 吐谷渾：原作"土谷渾"，據《隋書》卷五四《李徹傳》改。下同。
⑤ [校] 儀同：原作"祥同"，據《隋書》卷六三、《北史》卷六一《史祥傳》改。
⑥ [校] 晉王廣：原作"晉王緯"，據《隋書》卷六三、《北史》卷六一《史祥傳》改。
⑦ [校] 黎陽："黎"字原脫，據《隋書》卷六三、《北史》卷六一《史祥傳》補。
⑧ [校] 余公理自太行下河內："余"原作"餘"，"太"原作"大"，均據《隋書》卷六三、《北史》卷六一《史祥傳》改。
⑨ [校] 不得濟：原作"不足稱"，據《隋書》卷六三、《北史》卷六一《史祥傳》改。
⑩ [校] 乃：原作"仍"，據《隋書》卷六三、《北史》卷六一《史祥傳》改。

於下流潛渡討蒆良。良棄軍走，祥縱兵乘之，殺萬人，進位上將軍，賜縑綵七千段、女妓十人、良馬二十匹。轉太僕卿。帝嘗賜祥詩，祥上表聲謝，帝手詔嘉獎。從征吐谷渾，祥出間道擊之，① 俘獲甚多，進位光祿大夫，拜左驍衛將軍。卒，子義隆永年令。

　　史雲，祥之兄。② 史威，祥之弟。並有才幹。雲官至萊州刺史、武平縣公，威官至武賁郎將、武當縣公。

　　宇文忻，③ 朔方人，從周武帝平齊，進位大將軍。佐高熲破尉遲迥，④ 加上柱國、英國公。忻妙解兵法，馭戎齊整，當時六軍有一善事，⑤ 雖非忻所建，在下輒相謂曰：「此必英公法也。」

唐

　　韓游瓌，⑥ 靈武人。始為郭子儀裨將，安祿山反，赴難功第一。李懷光反，誘游瓌為變。游瓌自發其書，⑦ 帝曰：「卿可謂忠義矣。」

　　楊懷賓，朔方人，為韓游瓌將。李懷光反，懷賓殺賊黨張昕，告行在，德宗勞問，授御史中丞。

　　楊朝晟，為懷光所繫，懷光平，帝詔朝晟父子，皆開府御史中丞，軍中以為榮。

　　戴休顏，夏州人。郭子儀引為大將，討平党項羌，以功封咸寧郡王，兼朔方節度副使。朱泚反，率兵馳奔行在。破泚以偏帥，功加檢校尚書右

----

① ［校］間道：此同《隋書》卷六三《史祥傳》、《乾隆甘志》卷三六《人物》及《冊府元龜》卷三八四《將帥部・褒異第十》，《北史》卷六一、《通志》卷一六一《史祥傳》均作"玉門道"。

② ［校］祥之兄：《周書》卷二八《史寧傳》，《北史》卷六一、《通志》卷一六一《史祥傳》均作"祥弟"。

③ ［校］宇文忻：原作"史文忻"，據《北史》卷六〇、《隋書》卷四〇《宇文忻傳》、《嘉靖寧志》卷二《人物》改。

④ ［校］尉遲迥：此同《北史》卷六〇《宇文忻傳》、《嘉靖寧志》卷二《人物》，《隋書》卷四〇《宇文忻傳》作"尉迥"。"迥"，原作"迴"，據改。

⑤ ［校］六軍：原作"大軍"，據《北史》卷六〇、《隋書》卷四〇《宇文忻傳》改。

⑥ ［校］游瓌：原作"游環"，據《舊唐書》卷一四四、《新唐書》卷一五六《韓游瓌傳》改。下同。

⑦ ［校］書：此字後原衍"曰"，據《舊唐書》卷一四四、《新唐書》卷一五六《韓游瓌傳》刪。

僕射。① 卒，賜揚州大都督。② 弟休璿，封東陽郡王。休晏，封彭城郡王。

何進滔，靈州人。少客魏，事田弘正。弘正攻王承宗，承宗引精騎千餘馳魏壁，進滔率猛士逐之，幾獲。從討李師道，以功兼侍御史。史憲誠死，軍中傳呼曰：「得何公事之，軍安矣！」進滔下令曰：「公等既迫我，當聽吾令。」眾唯唯。「孰殺前使及監軍者，疏出之。」③ 斬九十餘人，④ 釋脅從者。素服臨哭，將吏皆入弔。詔拜留後，進授節度。居魏十餘年，吏民安之。

康日知，靈州人，為趙州刺史。拒李惟岳叛，德宗擢為深趙觀察使，⑤ 封會稽郡王。子志睦，丰姿翹偉，工馳射，以功封會稽郡公。承訓亦以功封會稽縣男。⑥

李抱玉，⑦ 世居河西，沉毅有謀。代宗朝，兼澤潞節度使。弟抱真，⑧ 沉慮而斷，初授汾州別駕，後擢刺史，兼澤潞節度副使。時賦重人困，軍伍彫刓，抱真乃籍戶丁，⑨ 蠲其徭租，令習騎射，歲終大較，第其能否而賞責之，比三年，皆為精兵。

宋

周美，靈州回樂人，以才武稱。真宗幸澶淵，常令宿衛，累遷副都總管。在邊十餘年，所向輒克，諸將服之。

斡道冲，⑩ 靈武人。其先從偽夏主遷興州，世掌夏國史。道冲通五

---

① ［校］右僕射：原作"左僕射"，據《舊唐書》卷一四四、《新唐書》卷一五六《戴休顏傳》、《嘉靖寧志》卷二《人物》改。

② ［校］賜：《新唐書》卷一五六《戴休顏傳》、《乾隆甘志》卷三六《人物》作"贈"。

③ ［校］孰殺前使及監軍者疏出之："孰"原作"執"，"疏出之"三字原脫，據《新唐書》卷二一○《何進滔傳》改、補。

④ ［校］斬：此字原脫，據《新唐書》卷二一○《何進滔傳》補。

⑤ ［校］擢為深趙觀察使：原作"權陞趙州觀察使"，據《新唐書》卷一四八《康日知傳》改。

⑥ ［校］縣男：原作"郡男"，據《新唐書》卷一四八《康承訓傳》改。

⑦ ［校］李抱玉：原作"李抱忠"，據《舊唐書》卷一三二、《新唐書》卷一三八《李抱玉傳》改。

⑧ ［校］弟：《舊唐書》卷一三二、《新唐書》卷一三八《李抱玉傳》均作"從父弟"。

⑨ ［校］抱真：原作"抱忠"，據《舊唐書》卷一三二、《新唐書》卷一三八《李抱玉傳》改。

⑩ 斡道冲為西夏國人，事蹟參見《道園學古錄》卷四《西夏相斡公畫像贊有序》。

經，為番漢教授，譯《論語註》，別作《解義》二十卷曰《論語小議》，①又作《周易卜筮斷》，以其國字書之。後官至其國之中書宰相而没。夏人尊孔子為至聖文宣帝，②畫公像從祀。③夏亡，郡縣廢於兵，廟學盡壞，獨甘州僅存其跡。興州有帝廟及夏王《靈芝歌》石刻，凉州有殿及廡。迨元至元間，④公曾孫雲南廉訪使道過凉州，見廡有公像，求工人摩而藏諸家。延祐間，荆王修廟學，盡撤其舊，公像不存。廉訪之孫奎章閣典籖玉倫都，⑤以《禮記》舉進士，從子成均於閣下又為僚焉，⑥間來告曰："昔國崇尚文治，先中書與有功焉。舊所摩像無恙，⑦願有所述，以遺後人。"乃為贊曰："西夏之盛，禮事孔子。極其尊親，以帝廟祀。乃有儒臣，早究典謨。⑧通經同文，教其國都。遂相其君，作服施采。顧瞻學宫，遺像斯在。國廢人遠，人鮮克知。壞宫改作，不聞金絲。不忘其親，在賢孫子。載昌丹青，取徵良史。"

元

李楨，⑨夏國族子。金末，以經童中選。既長，入為質子，以文學得近侍。元太宗嘉之。後從伐金及下淮甸，累官襄陽軍馬萬户。⑩

高智耀，⑪河西人，世仕夏，祖良惠為夏右丞相。智耀登進士，夏

---

① [校] 二十：原作"三十"，據《道園學古錄》卷四《西夏相斡公畫像贊有序》改。又，"曰論語小議"，此五字原脱，據《道園學古錄》卷四《西夏相斡公畫像贊有序》補。又，因斡道冲原著已佚，其具體内容已無法推知。本段"譯論語註別作解義二十卷"句亦可標點為"譯《論語》，註別作《解義》二十卷曰《論語小議》"。

② [校] 宣帝：原作"皇帝"，據《道園學古錄》卷四《西夏相斡公畫像贊有序》、《宋史》卷四八六《夏國傳》改。

③ [校] 像：《道園學古錄》卷四《西夏相斡公畫像贊有序》作"象"。

④ [校] 迨元：《弘治寧志》卷二《人物》作"皇元"。又，《道園學古錄》卷四《西夏相斡公畫像贊有序》無此二字。

⑤ [校] 奎章閣典籖玉倫都：原作"奎章典籖五經國史"，據《道園學古錄》卷四《西夏相斡公畫像贊有序》改。

⑥ [校] 從子：《道園學古錄》卷四《西夏相斡公畫像贊有序》作"從予"，疑誤。

⑦ [校] 舊：《道園學古錄》卷四《西夏相斡公畫像贊有序》作"至元"。

⑧ [校] 究：原作"就"，據《道園學古錄》卷四《西夏相斡公畫像贊有序》改。

⑨ [校] 李楨：原作"李禎"，據《元史》卷一二四《李楨傳》改。

⑩ [校] 襄陽：原作"廣陽"，據《元史》卷一二四《李楨傳》改。

⑪ 高智耀事蹟，《康熙陝志》卷二〇下《人物·寧夏鎮》不錄。

亡，隐賀蘭山，元太宗召見，① 辭歸。後人見憲宗言："儒者宜蠲徭役。"授翰林學士，遷西夏中興等路提刑按察使。② 卒，追封寧國公，③ 謚文忠。子睿，年十六，授符寶郎，出入禁闥。歷嘉興路總管、浙西淮東廉訪使，所至有政績。兩為南臺御史中丞，務持大體，有儒者風。

李恒，西夏國兀納剌城族子，④ 生有異質。世祖時，從取宋襄陽、江夏及平崖山，⑤ 累官中書左丞。後討交趾，中毒矢卒，追封滕國公。

星吉，河西人，事仁宗於潛邸，以精敏稱，累官江南行臺御史大夫，⑥ 歷官湖廣、江西行省平章。詔守江西時，賊據州縣，屢破之，中流矢死。為人公廉明決，以忠義感激，故能以少擊眾。

來阿八赤，寧夏人。至元七年，南征襄樊，赤督軍器械糧運，二日而畢，世祖悅。後發兵開運河，督視寒暑不輟。調遼左招討使。⑦ 上征交趾，⑧ 領中衛親軍千人，翊導皇子至思明州，⑨ 賊阻險拒守，選精騎與賊戰於女兒關，斬馘萬計，賊棄關走。

楊朵兒只，寧夏人，事仁宗藩邸，甚見重命。只與右丞相定議，迎武宗於北藩。仁宗還京，只密致警備，仁宗嘉之，親解帶以賜。既佐定內難，論功以為太中大夫。⑩ 他日，帝與李孟論人材，孟以只第一，拜禮部尚書，為權臣鐵木迭兒所害死。⑪ 權臣欲奪其妻劉氏，劉剪髮毀容，獲免。

楊不花，⑫ 寧夏人，幼有才氣好學。仁宗欲以為翰林學士，力辭。補

---

① ［校］太宗：原作"太祖"，據《元史》卷一二五《高智耀傳》改。
② ［校］提刑：原作"提學"，據《元史》卷一二五《高智耀傳》改。
③ ［校］寧國公：原作"夏國公"，據《元史》卷一二五《高智耀傳》改。
④ ［校］兀納剌城："剌"字原脫，據《元史》卷一二九《李恒傳》補。
⑤ ［校］江夏：《嘉靖陝志》卷三一《文獻十九·鄉賢·寧夏衛》作"江西"。
⑥ ［校］江南：原作"江西"，據《元史》卷一四四《星吉傳》改。
⑦ ［校］《元史》卷一二九《來阿八赤傳》載，至元二十一年（1284），來阿八赤調同僉宣徽院事。遼左不寧，復降虎符，授征東招討使。知來阿八赤非調遼左招討使，而是以征東招討使身份出征遼左。本志輯錄資料有誤。
⑧ ［校］《元史》卷一二九《來阿八赤傳》載，至元二十二年（1285）征交趾者為皇子鎮南王，而非皇上親征。
⑨ ［校］思明："明"字原脫，據《元史》卷一二九《來阿八赤傳》補。
⑩ ［校］太中：原作"大中"，據《元史》卷一七九《楊朵兒只傳》改。
⑪ ［校］鐵木迭兒："迭"字原脫，據《元史》卷一七九《楊朵兒只傳》補。
⑫ ［校］不花：原作"卜花"，據《元史》卷一七九《楊不花傳》改。下同。

武備司提點，轉河東廉訪使。嘗出按部，民有殺子誣怨者，獄成，不花讞之得其情，平反。河東民饑，請命未下，即發帑以賑。除通政院判，將行，值陝西諸軍拒詔，不花率眾出禦，見殺，二僕亦執，曰："吾主為國死，吾生何以見主於地下？"亦皆被殺。

拜延，① 河西人，襲授千戶。宋師侵成都，嚴忠範遣延迎擊，大破之。又從攻嘉定，取瀘，攻重慶，制授宣武將軍、蒙古漢軍總管。

喜同，② 周姓，河西人。調南陽縣達魯花赤，居二歲，妖賊陷鄧州。南陽無城及兵，同以計獲數賊，悉斬之。賊知無後援，戰愈急，南陽遂陷。同突圍見殺，妻邢氏罵賊死。

沙覽苔里，河西人，姓路氏。仕元至丞相、南臺御史大夫。

論卜，河西人。仕元，至司徒平章，元末，守寧夏。

也速迭兒，河西人。仕元，至廉訪使。

福壽，河西人。仕元，至南臺御史大夫。

納速耳丁，先世回紇。仕元，至廉訪使。③

常八斤，夏人，以治弓見知，謂耶律楚材曰："本朝尚武，而明公欲以文進，不已左乎？"楚材曰："治弓尚須弓匠，豈治天下不用治天下匠耶？"

明

徐琦，首開科者，天資篤實，德望隆重，為北雍祭酒，士林重之。遷南京兵部尚書，嘗論降安南。卒，④ 贈太保，謚貞襄。

朱孟德，翰林庶吉士，善詩文，人以"太白"稱之。

宋儒，江西僉事，德行範俗，從祀鄉賢祠。

程景雲，遊鄉校即有重望，家貧不受，清操凜然。及為御史，有直聲。

夏景華，彰德府推官，從祀鄉賢祠。

馬昊，拜行人，擢監察御史。忤逆瑾，謫真定推官。瑾敗，陞四川僉

---

① 拜延事蹟，《康熙陝志》卷二〇下《人物·寧夏鎮》不錄。
② 喜同事蹟，《康熙陝志》卷二〇下《人物·寧夏鎮》不錄。
③ ［校］至：此字原脫，據《朔方新志》卷三《鄉獻》補。
④ 《明宣宗實錄》卷二二七載，徐琦卒於景泰四年（1453）三月己卯。

事。督兵勦藍廖等賊於大壩山，累遷四川巡撫。又以討平僰蠻普法惡等功，陞右都御史。當時，楊一清、胡世寧、李成勛，皆薦其可當大任，而不為用事者所容，未盡其蘊云。

楚書，任兵部主事。大同之變，書觀兵城下，城中俱登陴請曰："吾輩非殺主帥者，亦無他志，但畏死自保耳。"書入慰諭，且言用兵非朝廷意，① 眾呼"萬歲"，令獻首惡，賊平，陞副都御史。

潘九齡，四川右布政，② 清白著聲。平麻陽寇，郤雲南沐國公金，定其世爵。

黃綬，督學北直隸，巡按山東，鄉評清白。嘉靖甲辰，③ 大學士翟鑾二子俱登第，④ 物議蠭起，綬彈之，有"一鑾當道，雙鳳齊鳴"之句，其不避權勢如此。

李廷彥，巡按雲南，平羅夷叛，及為大理，奏活無辜。撫臣薦舉，有"偉抱未抒"之語。

吳過，尹縣賑饑，多所存活。袁州聞變，為母棄官，官著廉明，人稱"孝友"。

國朝

趙良棟，寧夏人，總督雲桂，封勇略將軍。子弘燮、弘燦，俱為督撫。城中里第，極宏麗，稱趙府，地震後毀。

陳福，寧夏人，屢有戰功，任陝西提督，追封公爵。

寧夏提鎮甚多，現任他省。乾隆二十年間，尚有七人，茲不及備載。

馬會伯，寧夏人，四川巡撫。

張文煥，辛未科武狀元，⑤ 貴州提督，署雲貴總督。

---

① ［校］言用兵：原倒作"用兵言"，據《明史紀事本末》卷五七改。

② ［校］右布政：此同《乾隆甘志》卷三六《人物》，《康熙陝志》卷二〇下《人物》作"左布政"。

③ 嘉靖甲辰：嘉靖二十三年（1544）。

④ ［校］大學士："士"字原脫，據《乾隆甘志》卷三六《人物》、《朔方新志》卷三《鄉獻》補。

⑤ 辛未：清聖祖玄燁康熙三十年（1691）。

忠

王俶，陝西都指揮，① 鎮守寧夏，永樂辛卯，② 與虜戰大河之西，③ 被創死。指揮諸鼎、千戶沈傑同死事。

劉英，都指揮。成化初，定邊營與虜戰死。

王理、蘇諒、王震，俱指揮，成化初，與虜戰死。

許顒，都指揮，④ 守備靈州。天順間，追虜至河套，矢盡自刎。虜忿其所傷者眾，乃剮肉磔骨，責以灌駝。

趙璽、王泰，俱為指揮，弘治間，與虜戰歿。

楊忠，中衛指揮。正德五年，寘鐇變，丁廣殺巡撫，忠罵廣，殺之，表門曰忠烈。

李睿，都指揮。寘鐇變，不屈死。

張欽，右衛百戶。寘鐇變，自縊。

成賢，指揮。⑤ 嘉靖間，套虜入寇，力戰死之。

呂仲良、劉勳、王濬，俱指揮，同賢戰歿。

楊璘，指揮，為神木縣參將，與賊戰亡。⑥

李時，指揮。嘉靖三十二年，領兵至浮圖峪，遇賊戰，同指揮張第、江嵒，百戶楊汝松、周時、韓選戰歿。

戚文，指揮。

陳垔，指揮。

張策，指揮。

---

① [校] 都指揮：《弘治寧志》卷二、《嘉靖寧志》卷二《寧夏總鎮·忠節》載，王俶、劉英、王理、王泰、王震、趙璽、李睿等為都指揮僉事或指揮僉事，本志皆襲《乾隆甘志》，省去"僉事"二字。

② 永樂辛卯：永樂九年（1411）。

③ [校] 大河之西：《明太宗實錄》卷一一二"永樂九年正月庚辰"條載甘肅總兵官侯宗琥曰，得報韃賊失捏干剽掠黃河東岸，寧夏都指揮王俶無謀輕敵，為賊所陷。故疑此戰當發生於大河之東。

④ [校] 都指揮：此同《乾隆甘志》卷三七《忠節》，《嘉靖寧志》卷二《寧夏總鎮·忠節》作"署都指揮僉事"。

⑤ [校] 指揮：此同《乾隆甘志》卷三七《忠節》，《嘉靖寧志》卷二《寧夏總鎮·忠節》作"指揮同知"。

⑥ [校] 賊：原作"戰"，據《朔方新志》卷三《忠》改。

陳勳，指揮。

潘綱，千戶。

呂綸，百戶。

李恩，千戶。

都指揮：魏信、朱鼎、陳忠、李恭、曹宗堯。

千戶：沈傑、李賢、徐紀、劉鎮、王清、徐相、邵真、張垣、鄭國、楊臣。

百戶：周臣、史書、王邦、魏昂、湯雲、楊舉、王通、劉樞、朱賢、白清、秦仲賢，俱嘉靖間與虜戰，陣亡。陳棟、遊擊。馬承先、守備。朱綏、守備。李承恩、守備。李佩、承恩子。王極、王琦、陳漢、百戶。王徹、百戶。呂擢、百戶。王繼哲、百戶。張世傑、百戶。陳縉、百戶。施威、百戶。納賦、生員。蔣三重、生員。安宗學、總旗。舍餘、王朝、王宰、楊仁、瞿桂、瞿相、瞿樞、瞿棟、瞿材、瞿東、瞿尚禮、瞿尚義、任天慶、張龍、周阿都赤、周虎壩、錢栢。萬曆二十年，俱死哱〔拜〕、劉〔東暘〕之叛。

指揮：張佩、趙承先、戚卿、姜應奎。

武生：陳松。

童生：李友桂、郭自謙。

總旗：王天直、白葵、王懋德、王承德、王嗣德、張直、陳九敘、陳大綱、① 張其、王訓、吳朝棟、王應登、姚錦、姚選、郭南、姚希安、錢益、王檟、陳文通、孟舉、張大勳。

軍丁：賈謨、甲廷臣、任甲、王元、高敏、劉一元、鐘達、張友智、談守用、劉應奎、蔣忠、梁朝簡、龍氣、張蒼、李孜、楊羔宿、劉侯、陳谷、岳火力赤、顧朝相、王德、劉伏、岳達子、王大用、周尚禮、王虎剌亥、王洪、趙什一、董計、石阿孫、王阿多、謝友貴。哱賊亂，謀獻西城，事泄，俱為賊所害，事載《叛亂紀事》。

常信堡民：張伏三、張大經、胡希禹、李現、潘奉、謝邦林、張祥、胡受哇、徐秀、鄭天玉、王韶、繆庄哇、徐暑哇、徐敢哇、② 徐海、徐九九、徐漢、張文選、張黃哇、張雨哇、石春哇、石蠻哇、千香、徐冐、徐

---

① ［校］陳大綱：《朔方新志》卷三《忠》作"張大綱"。

② ［校］徐敢哇：此三字原脫，據《朔方新志》卷三《忠》補。

九元、田六六、石地哇、石良、鄭當哇、劉蹉哇、杜成和、陳五斤、張恩、張六指、劉邦正、韓驢哇、許德、許田哇、胡剛、石張公保、李喜哇、張季哇、① 石孫哇、李果、張喜哇、李五哇、張保哇、張倉哇、徐邦奇、徐邦彥、三兒、徐彥學、吳應麟、② 陳文選、陳召哇、方端、蔡愷、③ 徐牛哇、劉惟淮、劉雪哇、雷廷甫、李景落、李元、徐虫哇、車喜喜、徐常哇、何進進、劉八哇、劉敢哇、劉八八、胡舍哇、胡羊哇、王早兒、常韋、孝孝、張馬住、劉外家保、陳孝兒、邵卷哇、邵七哇、徐棟、石打城、楊七哇、陳華、陳付、張召哇、劉地哇、陳玉、江其。賊屠堡，俱被難，奉勅旌表建祠，春秋致祭。

孝

唐

侯知道、程俱羅，俱靈武人。

《孝行贊序》曰：靈武二孝曰侯知道、程俱羅，目不覩朝廷之容，④ 耳不聞韶夏之聲，足不登齊魯之境。所見戎馬、旃裘，參於夷狄，而能生養以孝，没奉以哀，⑤ 穿壙起墳，出於身力，鄉人助之者。哭而反之，廬於塚次，號泣無節，侯氏七年矣，程氏三年矣。根於天性，陶我孝理，其至乎哉。埃垢積首，草生髮間。每大漠晨空，連山夜寂，人煙四絕，虎豹與隣。擁墳椎膺，聲氣咽塞。下入九泉，上徹九天。背爛心朽，皮枯節攣。草木先秋而凋落，景氣不時而凝閉。殊鳥異獸助之，悲號萬物有極。此哀無窮大哉，二子能以孝終始乎？⑥ 語曰：⑦ "孝如曾參，不忍離其

---

① ［校］張季哇：《朔方新志》卷三《忠》作"張李哇"。
② ［校］吳應麟：《朔方新志》卷三《忠》作"吳應麒"，《寧夏府志》卷十六《人物·忠》作"吳應祺"。
③ ［校］蔡愷：《朔方新志》卷三《忠》作"蔡凱"。
④ ［校］覩：原作"觀"，據《李遐叔文集》卷一、《文苑英華》卷七八〇《二孝贊》改。
⑤ ［校］没：《李遐叔文集》卷一《二孝贊》作"歿"。
⑥ ［校］終始：原倒作"始終"，據《文苑英華》卷七八〇《二孝贊》、《朔方新志》卷三《孝》乙正。
⑦ 參見《史記》卷六九《蘇秦傳》。

親。"生既不忍，①歿忍離之哉？二子之孝，過於曾氏矣。②昔吳起忍與母盟，陳湯忍匿父喪。起謀復楚霸而戮死，③湯功釋漢恥而囚廢。神道昭昭，若何無報？九州之眾，誰非人子？踐霜露者，聞風永懷。士有感一諾一顧，猶或與之死生；嘉一草一木，猶或為之歌詠。而況百行之宗，終天之感乎？華奉使朔陲，欲親往弔焉。屬河淩絕渡，願言不果。憑軾隔川，寄聲二孝，同為《贊》一章，敢旌善人，以附惇史。其文曰：

厥初生人，有君有親。孝於親者為子，忠於君者為臣。兆自天命，降成人倫。④背死不義，⑤忘生不仁。愚及智就，為之禮文。禮文不能節其哀，繫道德之元純。至哉侯氏，創鉅病殷，手足胼胝，成此高墳。蔬果為奠，茅蒲為茵。其奉也敬，其生也貧。大漠、黃沙、空山、白雲，栢庭既夕，松路未晨。寇戎接境，豺狼成群。夜黑飈動，如臨鬼神。哭無常聲，迥徹蒼旻。風雨飄搖，⑥支體鱗皴。色慘茇蒿，聲酸棘薪。苴斬三年，爾獨終身。⑦邑子程生，⑧其哀也均。顧後絕配，瞻前無隣。冬十一月，河冰塞津。吾將弔之，⑨其路無因。⑩寄語斯文，揮涕河濱。

舊志不載作贊者姓氏，并不誌官爵里居，疑是萬曆間總制石茂華，⑪因序中有"華奉使朔陲"語，係益都人，曾修《寧夏鎮志》，書此俟考。

---

① [校]生既不忍：此同《李遐叔文集》卷一、《唐文粹》卷二四《二孝贊》，《文苑英華》卷七八〇作"生不忍離"，"離"字下小注曰"一作'生既不忍'"。
② [校]曾氏：原作"曾參"，據《李遐叔文集》卷一、《文苑英華》卷七八〇《二孝贊》改。
③ [校]楚霸：《李遐叔文集》卷一《二孝贊》作"楚伯"。
④ [校]降成：此同《李遐叔文集》卷一、《唐文粹》卷二四《二孝贊》，《文苑英華》卷七八〇《二孝贊》作"降及"。
⑤ [校]背死：原作"皆死"，據《文苑英華》卷七八〇《二孝贊》、《朔方新志》卷三《孝》改。
⑥ [校]飄搖：《李遐叔文集》卷一、《文苑英華》卷七八〇《二孝贊》等均作"漂搖"。
⑦ [校]爾：原作"而"，據《李遐叔文集》卷一、《唐文粹》卷二四、《文苑英華》卷七八〇《二孝贊》改。
⑧ [校]邑子：此同《文苑英華》卷七八〇、《唐文粹》卷二四《二孝贊》，《李遐叔文集》卷一、《新唐書》卷一九五《侯知道程俱羅傳》均作"嗟嗟"。
⑨ [校]弔：此同《文苑英華》卷七八〇、《唐文粹》卷二四，《李遐叔文集》卷一作"唁"。
⑩ [校]其路：原作"厥路"，據《文苑英華》卷七八〇《二孝贊》、《朔方新志》卷三《孝》改。
⑪ 《靈武二孝贊》作者為唐朝李華，非本志編者猜測的明朝人石茂華。

明

王絅，字子紋，① 寧夏衛指揮綸之弟。母喪廬墓，足不履城郭者三年，宣德間旌表。

節

明

殷氏，寧夏衛軍餘胡勗妻。勗死，自縊柩前。

時氏，都指揮王俶妻。俶死於敵，時聞自縊，號為"雙節"。

黃氏，名京箴，指揮黃欽妻。② 欽以事繫官，自縊，黃亦縊死，同棺殮焉。

常氏，小字保姐，寧州袁村人，從父戍寧夏，嫁同戍鄉人劉金住。③ 金住戰歿，守義不辱，事夫之繼母胡氏，撫夫小妹無怠。有無賴第姓者強欲娶之，峻拒不可。胡氏死，治葬盡禮。第姓者求愈亟，曰："妾夫亡日，以死自誓。矧汝與夫同戍於此，忍為言乎？"泣辭夫妹，出坐水濱，呼天而哭，遂赴水死。

王氏，名善清，④ 總旗李某妻。舅病累年，每遺矢溺，王獨侍不倦。夫死，弟欲脅嫁之，携二子就食父家。父母病熱思冰，王以器貯水祈祝，旦視之成冰，時八月上旬也。奉二親疾瘵，誨二子成立，以節壽終。

陳氏，衛學生胡璉妻。舅老病，能盡孝養。璉赴舉，舅病革，執陳父手曰："吾病累汝女，願汝女生好子孫。"感泣而卒。事姑亦如事舅。

施氏，都指揮何琳妻。⑤ 夫死，施年二十二歲，誓死不辱，撫其遺孤

---

① ［校］子紋：本志原同《弘治寧志》卷二、《嘉靖寧志》卷二、《朔方新志》卷三均作"子文"，據《正統寧志》卷上《孝行》、《嘉靖陝志》卷三一《文獻十九·鄉賢·寧夏衛》、《乾隆甘志》卷三八《孝義·寧夏府》改。

② ［校］指揮："揮"字原脫，據《朔方新志》卷三《節》補。

③ ［校］劉金住："住"原作"柱"，據《弘治寧志》卷二、《嘉靖寧志》卷二《寧夏總鎮·烈婦》、《嘉靖陝志》卷三一《文獻十九·寧夏衛·貞淑》改。下同。

④ ［校］善清：此同故宮藏《朔方新志》卷三《節》，《萃編》本《朔方新志》卷三《節》作"善卿"。

⑤ ［校］何琳：原作"何淋"，據《弘治寧志》卷二、《嘉靖寧志》卷二《寧夏總鎮·節婦》改。

欽成立。

王氏，寧夏衛千戶孫泰妻。年十八夫死，遺腹未娩，欲自縊，親族以存祀勸，撫孤嚴慈有道。強宗利其襲官欲構害，其母子百計防維，備嘗茶苦，及子洪成立，而雙目瞽矣。

李氏，陳歿中護衛千戶彭泰妻。年二十守節，撫孤成立。

黃氏，右衛醫士汪銓妻，年二十。① 乏嗣，撫孤女，適配名家。

雍氏，中屯衛指揮曹澗妻。年二十六，夫故，孤宗堯甫二歲，雍事姑教子，孝慈備至。宗堯襲父官，戰歿。撫孫伸，歷官遊擊將軍。旌表稱"曹門三世節婦"。

劉氏，陣亡都指揮李時妻，無嗣，守貞三十餘年，夏人稱夫為"忠臣"、妻為"節婦"。

郭氏，前衛指揮汪鸞妻，年二十二，② 矢志不二，教子成立。

陳氏，千戶劉鎮妻。鎮禦虜戰歿，陳二十六歲。父母欲奪其志，陳抱孤濟泣曰："背夫不義，棄子不慈，吾安忍為，誓死不嫁。"

陳氏，中衛參將种興妾。天順元年，③ 興歿於賊，陳自縊死。

郭氏，靈州陳鳳妻。鳳賈游，歿於維夏，④ 郭年二十一，忍死孝養老姑。郭美姿溫惠，巨室多求之，誓死不渝，年八十終。

張氏，寧夏前衛陶潔妻。潔死，張年二十九，遺孤在襁，無伯叔兄弟。誓不再適，被夫姊陶氏利人賄，逼之嫁，張自縊，鄰婦解救，遂蓬垢，勤女紅，育其孤寶，三十九年未嘗出戶外。卒年六十八。⑤ 子寶累立軍官至正千戶。

魏氏，後魏貢生宣大治妻。夫歿，即撞夫棺死。

李氏，指揮趙炳妻。

李氏，趙炳子指揮承先妻，姑媳俱名家，有淑德。萬曆二十年兵變，承先謀獻西城，顧母有難色，母曰："兒第徃，勿吾慮。"妻亦從傍促之

---

① ［校］二十：此同《乾隆甘志》卷四三《列女》，《弘治寧志》卷二、《嘉靖寧志》卷二《寧夏總鎮·節婦》均作"二十七"。

② ［校］二十二：《朔方新志》卷三《節》作"二十五"。

③ ［校］天順元年：原作"景泰間"。《明英宗實錄》卷二七七載，天順元年（1457）四月乙卯，寧夏左參將都指揮使种興中流矢卒。據改。

④ ［校］維夏：《朔方新志》卷三《節》作"維揚"。

⑤ ［校］六十八：《康熙陝志》卷二二《列女》作"六十六"。

謂："事不諧，當不玷君。"承先毅然徃。事泄被縛，二氏聞之，俱就縊。

朱氏，故千户楊汝松妻。因子楊湛為我師糴糧決水，哼賊恨，執氏欲污之，不從，囚之，自縊死。

范氏，千户楊宷妻。夫糴糧餉軍，賊恨，執氏城頭，欲污之，不從，箠楚死。

梅氏，百户陳繼妻。① 繼擒殺逆丁張保，賊縛繼殺，氏痛夫，又懼污，自縊死。

王氏，總旗白福妻，子白葵謀殺賊事泄，② 被害，王不食死。

林氏，熊彥吉妻，③ 賊恨彥吉從官兵，欲執氏配賊，自縊死。

王氏，右衛餘丁王明理妻。明理謀獻西城，事泄，賊持刃擊傷，復甦。執氏，不受污，殺之。

謝氏，平虜家丁孫時順妻。同夫被賊掠去，④ 氏懼污，抽賊刃刎死。

馬氏，靈州營家丁羅伏受妻。聞夫陣亡，哭五日，不食死。

李氏、王氏，先同張伏三等執至，被賊支解，二婦至死罵不絕聲。

韓氏、陸氏、王氏、鄭氏、王氏、吳氏、王氏、朱氏、沈氏、王氏、安氏、鮑氏、吳氏、朱氏、沈氏、楊氏、蔣氏、汪氏、姚氏、周氏、楊氏、尤氏、金氏、王氏、任氏、王氏、毛氏、吳氏、蘇氏、張氏、王氏、魏氏、鄭氏、□氏、陸氏、徐氏、孫氏，賊屠常信堡，同時殉節，旌表建祠，春秋致祭。

義

明

安廷瑞，自始祖安禮保，至千户安廷璧、監生廷瑞，凡六世百口同爨，閨門雍肅。嘉靖五年，詔旌其門。

齊至道，夏庠增廣生，自祖生員齊敬、父生員齊高，至至道，三世不分居，孝友型俗，詔旌其門。

---

① ［校］陳繼妻："妻"字原脫，據《朔方新志》卷三《節》補。
② ［校］殺賊事：《康熙陝志》卷二二《列女》作"獻城事"。
③ ［校］熊彥吉：《康熙陝志》卷二二《列女》作"張彥吉"。
④ ［校］同夫被賊掠去：《康熙陝志》卷二二《列女》作"夫被賊掠去"。

附流寓

隋

柳彧，字幼文，河東人。為治書御史，正色立朝，百僚敬憚。後為楊素所擠，坐罪除名，徙配朔方懷遠鎮。①

明

邊定，字文靜，陳留人。洪武初為杭州府屬典史，謫戍寧夏，長於吟咏。

潘原凱，字俊民，嘉禾人。洪武初為知縣，謫戍寧夏，工詩文。

林季，字桂芳，嘉禾人。洪武初謫戍寧夏，擅文名。

沈益，嘉禾人。洪武初謫戍寧夏，工詩。

毛翀，字文羽，錢塘人，學生。洪武初代父来戍寧夏，詞翰超卓。

王潛道，② 天台人。洪武初為秦州主薄，謫戍寧夏，雅善吟咏。

阮彧，字景文，錢塘人，任兵科給事中。同母弟誼謫戍寧夏，未行，卒，彧代戍。永樂元年，以薦者言釋於戍所，復其官。工吟咏，尤長於四六。

陳矩，字善方，廬陵人。洪武初進士，以戶部主事謫戍寧夏，後復官江陵知縣。

唐鑑，字景明，姑蘇人。洪武初謫戍寧夏，詞韻雅健，有詩集。

葉公亮，天台人。洪武初謫戍寧夏，有詩名。

郭原，字士常，淮安人。洪武初黔陽知縣。謫戍寧夏，號"梅所"，以詩酒自樂。

王友善，溧陽人。洪武初謫戍寧夏，以文學名。

胡官升，洪武初謫戍中衛，工吟咏。

---

① 明朝胡侍《真珠船》"懷遠鎮"條考證認為，柳彧徙配地"朔方懷遠鎮"在遼東，與今寧夏無關。《嘉靖寧志》、《嘉靖陝志》、《朔方新志》等均誤以為柳彧流放在今寧夏故地，故載柳彧為寧夏流寓者。《乾隆甘志》卷四〇亦襲此說。寧夏各舊志均誤記柳彧為寧夏流寓者，蓋襲《嘉靖寧志》等志之誤。

② ［校］王潛道：此同《弘治寧志》卷二《寧夏總鎮·流寓》、《朔方新志》卷三《文學·流寓》，《嘉靖陝志》卷三一《文獻十九·流寓》作"王潛通"。

官　署

舊志所載王府及各署基址，俱無從考。官制亦異，故不悉錄。雍正二年改府，乾隆三年地震，衙署俱重建，今略志其處。

寧夏道署，在城西。

寧夏府署，在城南。旁即府經歷署。

水利同知署，在城西北。

理事同知署，在城西北。

塩捕同知署，在靈州惠安堡，專司塩務。

西路同知署，在中衛縣。縣去府遠，特設同知兼理。

夷漢部郎署，在城東北，凡額魯特、鄂尔多斯徃来清字文移，特差理藩院官司其事。順治間，駐橫城，今移城內。

寧朔縣署，在城西北。旁即典史署。

寧夏縣署，在城南。旁即典史署。

三學儒學署，在學左右。

總兵署，在城北。

前後左右四營及都司守備各署，俱在城中。無中營以左營兼攝。

鎮守將軍署，在新城。

鎮守都統署，俱在新城。

鼓樓，在府城中，極崇。煥軒廠上供真武帝，磚洞門刻"帝鑒"二字。樓顏曰"河山一覽"。乾隆五年重建。

演武塲，在德勝門外。寬敞宏麗，以賀蘭山為屏照。

物　産　附坊市

穀之屬：稻、糜、稷、大麦、小麦、豌豆、黑豆、綠豆、黄豆、青豆、紅豆、扁豆、蠶豆、羊眼豆、胡蔴、秋、青稞。

菜之屬：芥、芹、葱、胡羅蔔、白羅蔔、菠薐、韭、芫荽、萵苣、甘露子、蔓菁、白菜、沙葱，如葱狀，細如燈草，三月間産，炒吃極香嫩，他處所無者。沙芥、西瓜，秋深時始熟，味極甜美。甜瓜、絲瓜、黄瓜、冬瓜、南瓜、刀豆、豇豆、茶豆、地椒、滑菜、菜瓜、白花菜、葫蘆、茖蓬、茄、有大如南瓜者，青白色，蒸炒食，不知為茄，極甜嫩。茄連、蒜、莧、薺、瓠、芋。

花之屬：牡丹、芍藥、薔薇、石竹、雞冠、玉簪、黃蜀葵、荷、罌粟、小竹、菊、八月間，餘見菊花如南方藍菊，稍大，有紅、紫二色。萱、遍地皆有，郊外人多種植，採花作素菜。寶象、① 百合、② 金盞、即金蓮之類，郊外水中極多，較南方稍大。鳳仙、珍珠、山丹。

果之屬：杏、桃、有極大者，味極美，產中衛縣者味如南方水蜜桃。梨、皮薄多汁，香甜絕佳，南方所無有。所謂長柄梨，狀如木瓜，小更鮮爽。菱、林檎、藕、奈、葡萄、有綠色、紫色二種，大如白棗，皮薄多汁，肉如橘瓤，少核，可撕去皮食，味極甜爽鮮美，南方所無有者，毯旁或生細蔓，上結小葡萄如豆大，味美更佳絕。櫻桃、秋子、不知何物。胡桃、花紅、又名"沙果"，大如橘，淡紅色，味極鬆甜，多漿。白沙、不知何物。沙棗、桑椹、酸棗、茨菰、棗、極人，朱紅色，味極鬆甜。含桃。

木之屬：松、栢、槐、樺、椿、榆、柳、有紫梗柳，條長不脆，採以代藤竹，編筐蘿等物。檉、暖木、不知何樹。白楊、梧桐。

藥之屬：荊芥、防風、蓯蓉、桑白皮、地骨皮、甘草、柴胡、枸杞、寧安堡產者極佳，紅大肉厚，家家種植。黃芩、黃芪、麻黃、遠志、紫蘇、苦參、瞿麥、茴香、知母、升麻、大戟、扁蓄、秦艽、黃精、百合、茵陳、葶藶、三稜、草血竭、牛旁子、兔絲子、薄荷、菖蒲、木瓜、天仙子、寒水石、葫蘆巴、青塩、鎖陽、車前子、青木香、千金子。

畜之屬：馬、駝、騾、驢、牛、羊、豕。

禽之屬：鵰、鷹、鶻、鷂、山雞、鵝、鴨、雞、鴿、半翅、馬雞、雁、天鵝、鵪鶉、梟、鸕鶿、鵬鶒、鶄鸏、鸚鵡、白鴿子、臘嘴、黃豆、倉庚、喜鵲、鳩、隼、鶬、麻雀。

獸之屬：虎、狼、鹿、麝、麈、艾葉豹、土豹、野馬、羱羊、青羊、黃羊、野豕、夜猴兒、獺、兔、貛、狐、沙狐、野狸、熊、犳、黑鼠、黃鼠。

鱗之屬：鯉、鯽、沙魚、鮎、俗名"嚴魚"，產黃河。大者重一二十觔，味

---

① ［校］寶象：《嘉靖寧志》卷一《寧夏總鎮·物產》作"寶像"。
② ［校］百合：原作"白合"，據《弘治寧志》卷一、《嘉靖寧志》卷一《寧夏總鎮·物產》改。

極肥美。白魚、鱸、石魚、鰍、鱔。

介之屬：鱉、蚌。

賀蘭山產鉛、礬，麦垜山出鐵，塩池出塩。凡麻、碧瑱、馬牙礛、紅花、藍靛、鏒鐵器物，所在俱產。

賀蘭山產硯材，石質美惡不一。青黃色，亦有鸜鵒眼，細潤者頗發墨。

中衛縣石空寺產牛油石，蜜黃色，質如瑪瑙，甚堅細，可作石磬、瓶、爐、筆洗、帶鈎等物。石價甚賤，而琢工頗貴。

賀蘭山後產黃羊，皮色形狀如小鹿，角如羚羊，肉粗，味如麂，皮可作坐褥等物。

寧夏產蔴菇。如大蕈，白色，肥嫩鮮美，口外產者尤佳。

靈州、中衛山中產石炭，藍炭，碴子石，質如石，黑色，非煤也。藍石炭作炊煮代薪。凡火盆煎茶，煨爐，俱用碴子石，勷許可至一日。石角着火即易旺，不湏吹扇，能耐久不熄。南、中惜無碴石。

夏人善織栽羢牀毯、椅褥等物，粗細不一。其精者花樣顏色，各種俱備。畫圖與之，亦能照圖細織，價以尺計，亦甚昂。

寧夏各州縣俱產羊皮，靈州出長毛麦毯。狐皮亦随處多產。

附坊市

前明城中坊有曰熙春、泰和、咸寧、里仁、平善，胡麻、糟糠、雜物市此；有曰感應，布帛市此；曰清寧，果品、顏料、紙筆、帽靴市此；曰毓秀，蘇杭諸貨，五穀肉菜市此；有曰修文、樂善、廣和、備武、澄清、積善、眾安、寧朔、永康、崇義、鎮安、慕義、效忠、遵化、肅清、鎮靜、凝和諸坊，市豕、羊肉脯、果菜；有曰永春、迎薰、挹蘭、靖虜，市馬、牛、騾、驢、豕、羊。坊俱毀於萬曆壬辰兵變。坊廢名存，市集仍舊。乾隆三年地震後，坊名不存，市各異地，今略志其處。

城西鐵局街木坊。

聖祖仁皇帝御書"雲林幽"三字，賜辛未科武狀元，[①] 山西大同總兵官張文煥之父，誥封榮祿大夫張應賦立。

城中大街四牌坊，東曰"東來紫氣"，西曰"西土孔固"，南曰"南

---

① 辛未：康熙三十年（1691）。

薰觧愠",北曰"北拱神京"。此為城心中街自東至西,市肆稠密,百貨俱集。

大街東牌坊,東曰"三鎮元戎",西曰"五世封疆",江南提督吳進義立。

大街西牌坊,東曰"恩榮節壽",西曰"孝慈全節",原任雲南曲尋鎮總兵田玉立。

城中市地,則有米市、柴炭市、騾馬市、猪市、雞市、羊市、菜市、煤市、碴市、藍石炭市、木市、故衣市,俱散列各街。

榷 稅

《唐·食貨志》載,① 塩、靈二州有烏、白、瓦三池,并細項、溫泉兩井,長尾、五泉、紅桃、弘静諸池不一,而烏、白池冣著。元昊時請售青白塩,宋以其味佳值賤,入中國則擾邊,且阻鮮池,詘國用,遂不許。又《地里志》,② 懷遠縣有塩池三。今去城南、北各三十里俱有池一,其產不多,官亦不禁,不知於古何名。河東邊外有花馬、紅柳、鍋底三池,以境外棄。今塩池之在三山兒者曰"大塩池",在故塩州城之西北者曰"小塩池",其他名"字羅"等池,皆分隷於大塩池。其塩大都不勞人力,因風自生,殆天產以資邊需也。本朝設河東塩捕通判,督稽收課。

額設商稅:凡商旅貿易緞絹、綾紬、紗羅、梭布、花綿、戎褐、巾帕、履襪、南貨,諸銅鐵、木植器皿,③ 紙劄、羊豕等畜,照例收課。從前本城靈州及横城、惠安堡、磁窑寨、韋州興湖、平羅縣之石嘴子等稅務,俱寧夏府尚司。乾隆癸酉二月,④ 奏歸靈州知州管理。惟府城南關及北門,每逢三日,口外羊皮、羊毛進城稅貨、并城中騾馬市畜稅、羊市羊稅,尚屬本府經收。收數每月報本道,轉報藩司,課銀彙觧藩庫。

---

① 參見《新唐書》卷五四《食貨志》。
② 參見《舊唐書》卷三八《地理志》。
③ [校]木植:《朔方新志》卷一《食貨·稅課》作"木竹"。
④ 乾隆癸酉:乾隆十八年(1753)。

邊　防

　　寧夏惟南路通中國。其西賀蘭山，後為阿蘭善山，蒙古額魯特部落。有格格下嫁於此，建額駙阿寶府為定遠營。其族所居為蒙古包，圓如籠，週裹以氊，穴其頂，透日光，低户出入，高不過丈餘。俗重喇嘛僧，歲時亦與道府相餽遺食物。每逢月之十日，在平羅縣石嘴子市口，與漢互易，彼驅駝、馬、牛、羊、獸皮，來易紬緞、布疋、米麥等物。

　　東北路為河東，屬蒙古鄂爾多斯部落居處，風俗與阿蘭善山同。每逢月之四日，至靈州橫城市口，與漢互易。

　　西長城起自靖虜、蘆溝界，迤北接賀蘭山，接北長城，至大河。河迤而南，逾河而東，有東長城至定邊界，凡周一千一百七十里。

　　西長城迤北接賀蘭山，四百一十一里。

　　北長城三十里。自西而東，接黃河。

　　黃河一百三十里。自北而南。

　　東長城自橫城馬頭接延綏界，三百六十里。

　　河東故牆，自黃沙嘴至花馬池，長三百八十七里。成化間，① 巡撫余子俊奏築，巡撫徐廷璋、總兵范瑾贊成之。② 河東新牆，自橫城至花馬池，長三百六十里。嘉靖初，總制王瓊棄其所謂河東牆而改置之者。

　　夫重關疊險，用以禦寇。其為計實密，③ 亦防邊要策也。商旅游行，循溝壘不受驚張之虞，孰曰不宜？但舊牆勢不可棄。據余公〔子俊〕始設之意，蓋不專於扼塞而已。謂虜逐水草以生，故凡草茂之地，築之於內，使虜絕牧。沙磧之地，築之於外，使虜不廬。是去邊遠而為患有常。苟有之，④ 亦如雲中大邊、小邊之設，藩籬益厚，夫豈不可？今盡棄之，有深略者恐未為然。

---

　　①《弘治寧志》卷一、《嘉靖寧志》卷一《寧夏總鎮·邊防》載，事在成化十年（1474）。

　　② 巡撫余子俊奏築巡撫徐廷璋總兵范瑾贊成之：此同《嘉靖寧志》卷一所載，《弘治寧志》卷一《邊防》載為都御史徐廷章、都督范瑾奏築，未言余子俊奏築事。

　　③［校］其為計實密：此五字原脫，據《朔方新志》卷二《外威·邊防》補。

　　④［校］有之：《嘉靖寧志》卷一《寧夏總鎮·邊防》作"存之"。

登橫城北望楊邃菴〔一清〕所築邊牆① 　齊之鸞

新墩山立界華夷，元老忠謀世莫知。
流俗眩真人異見，② 宏規罷役歲興師。
萬夫版築憂公帑，千里生靈借寇資。
試問邇來胡出沒，何緣不自橫城窺。

橫城石馬頭　羅鳳翱

長城迤邐到河壖，玉寒艱危此地偏。
白浪經餘惟半址，胡騎突越若平川。
於今甃石連雲起，喜見雄關似鐵堅。
點虜知灰遊獵念，將軍還急慎烽煙。

駐兵花馬池　王瓊

奮跡并汾五十年，桑榆日暮尚行邊。
胡盤河朔千營月，兵擁長城萬竈煙。
駝馬雨餘鳴遠塞，牛羊秋夕下高阡。
秦皇漢武開邊事，俯仰乾坤一慨然。

九日登花馬池城

白池青草古塩州，③ 倚嘯高城豁望眸。
河朔氈廬千里迥，涇原旄節隔年留。
轅門菊酒生豪興，雁塞風雲愜壯遊。
諸將祇今多衛霍，佇看露布上龍樓。

駐花馬池　楊守禮

六月遙臨花馬池，城樓百里間華夷。

---

①　[校] 北望：《嘉靖寧志》卷三《靈州守禦千戶所·橫城堡》作"北眺"。
②　[校] 真人：《嘉靖寧志》卷三《靈州守禦千戶所·屬城》作"貞人"。
③　[校] 白池：原作"古池"，據《嘉靖寧志》卷三《寧夏後衛》、《朔方新志》卷五《詞翰·詩·九日登花馬池城》改。

雲連紫塞柝聲遠，風捲黃沙馬足遲。
名利一生空自老，是非千載不勝悲。
長安東望三千里，早把平胡頌玉墀。

花馬池詠　崔允
秋風攬轡下邊城，萬里河流繞騎清。
罇俎試看酹壯節，壺觴到處迓行旌。
寒驕強弩雲傳箭，颷轉輕車火作營。
慷慨十年長劍在，登樓一笑暮山橫。

午日寓花馬池　孟霦
冉冉年將半，邊隅始似春。
城多戎馬色，地與犬羊鄰。
綵索悲殊俗，蒲觴醉遠人。
坐看雲日度，一倍惜芳辰。

花馬行臺留一菴王年文話舊　王遜
花馬池邊已仲春，天涯何事促征輪。①
柳絲欲展寒仍怯，雁陣將還暖未勻。
幸有清尊供夜話，②漫憐預劍靜胡塵。
廿年樞省同遊日，空使霜花滿鬢新。

出塞曲③　王用賓
河套從來是漢畿，受降城址尚依稀。
秋高豐草連雲合，遂使長驅胡馬肥。

賀蘭山下羽書飛，廣武營中戰馬肥。

---

① ［校］征：此字原脫，據《朔方新志》卷五《詞翰·詩·花馬行臺留一菴王年文話舊》補。
② ［校］話：《朔方新志》卷五《詞翰·詩·花馬行臺留一菴王年文話舊》作"語"。
③ 《出塞曲》詩共5首。

壮士爭誇神臂弩，打圍先射白狼歸。

鼓吹喧闐戰士歡，旌旗搖曳塞雲寒。
胡兒莫肆侵凌志，今日軍中有范韓。

青草湖邊春水明，① 黃雲塞口暮雲橫。②
健兒躍馬橫金戟，直破天驕第一營。

煌煌烽火照邊疆，虜騎如雲寇朔方。
聞說將軍調戰馬，明朝生縛左賢王。

出塞③　唐龍
將軍朝出塞，漠外振雄兵。④
遠布熊羆陣，長聯虎豹營。
劍鳴瀚海立，旗耀賀山明。
夜半風聲起，胡兒帳裏驚。

秋風吹古邊，秋草迷胡天。
甲士森持戟，材官滿控弦。
虹明旗正正，雷擊鼓填填。
虜遁黃河窟，俄消萬堠煙。

出塞次韻⑤　楊志學
胡騎消河曲，⑥ 頻年未罷兵。
千山嚴堠火，萬竈列軍營。

---

① ［校］春水：《嘉靖寧志》卷七《文苑·詩》作"春月"。
② ［校］黃雲塞口暮雲橫："黃雲"，《嘉靖寧志》卷七《文苑·詩》作"黃榆"。"橫"，《嘉靖寧志》卷七《文苑·詩》、《朔方新志》卷五《詞翰·詩·出塞曲五首》作"平"。
③ 《出塞》詩共2首。
④ ［校］振：《嘉靖寧志》卷七《文苑·詩》作"揚"。
⑤ 《出塞次韻》詩共2首。
⑥ ［校］消河：《嘉靖寧志》卷七《文苑·詩》作"潛河"。

白草經霜萎，黃沙射日明。
先聲傳塞外，直使虜魂驚。

虎節控三邊，鸞書下九天。
諸軍爭出塞，萬弩盡鳴弦。①
捷報兵威振，歡騰鼓韻填。
勲名真第一，端合紀凌煙。

賦出塞　郜光先
塞草冬霜白，寒風冷鐵衣。
櫜戈慚豹略，錦服愧魚飛。
隴水蕭關急，戍樓漢月微。
邊行隨小隊，酋首獻羊歸。

抵塞　王崇古
銀河遥天落，金微大地還。
何當歡會夕，翻若別離顔。
唧唧蛩吟戶，嘹嘹鴈度關。
邊愁與秋思，紛沓鬢成斑。

關　隘

長城關，在花馬池城北六十步，即總制王瓊棄長城所建之溝壘也。長五十里，② 關門上有樓，高聳雄巍，顔以"深溝高壘"及"朔方天塹""北門鎖鑰""防胡大塹"等額。

---

① ［校］萬弩：《嘉靖寧志》卷七《文苑·詩》作"萬努"。
② ［校］五十：《嘉靖寧志》卷三《寧夏後衛·邊防》作"五十四"。

長城關記略① 　副使　齊之鸞　撰

河東弃不毛千里，皆古朔方地。成化間，即其處築長城三百餘里，顧虜日抄掠，而城復卑薄，安足為障乎？嘉靖己丑，②虜入寇，總制王公瓊破走之。乃憑城，極目套壖，歎曰："城去營遠，賊至不即知。夷城入，信轡飛掣，設險守固，③重門禦暴，不如是也。吾欲沿營畫塹，聯外內輔車犄角之勢。"乃疏論之，以之鸞與僉事張大用領其事，庚寅秋就緒，④及冬虜入，果不能越。因復疏請，自紅山堡之黑水溝，至定邊之南山口，皆大為深溝高壘，峻華夷出入之防。塹深廣皆二丈，堤壘高一丈，廣二丈。⑤沙土易圮處則為墻，高者長二丈餘有差，而塹制視以深淺焉。關南四，清水、興武、安邊，以營堡名，在花馬池營東者為總要，則題曰"長城關"。高臺層樓，雕革虎視，憑欄遠眺，朔方形勢畢呈於下。毛卜剌堡，設暗門一。又視夷險三五里，置周廬敵臺若干所，皆設戍二十人，乘城、擊刺、射蔽之器咸具焉。

中秋同霍軍門長城關對月　王崇古
愛尔清秋月，長城此共看。
邊聲傳大漠，朔氣動皋蘭。
已照沙場骨，猶懸拜將壇。
壯猷瞻漢霍，乘月靖呼韓。

中秋同蕭地部曹右轄方憲使長城對月
塞上中秋已慣經，今宵那似去年晴。
萬里荒城虛永夜，千家征戍負雙清。

---

① ［校］長城關記略：《嘉靖寧志》卷三《寧夏後衛·邊防》題作《東關門記》、《朔方新志》卷四題作《東長城關記略》。本志詩文題目中有"略"字著均為節錄原文，且多改寫。非文字或內容有誤的異文不再一一羅列。下同。

② ［校］嘉靖己丑：原作"嘉靖乙丑"。"嘉靖乙丑"，即嘉靖四十四年（1565）。王瓊為總制在嘉靖八年至十年（1529—1531），"嘉靖乙丑"顯誤，據改。"嘉靖己丑"，即嘉靖八年（1529）。

③ ［校］守固：《朔方新志》卷四《詞翰·文·東長城關記略》作"守國"。

④ 庚寅：嘉靖九年（1530）。

⑤ ［校］二丈：《嘉靖寧志》卷三《寧夏後衛·邊防》作"三丈"。

世態侵尋羞影景，羌吹嘹唳雜邊聲。
何當靖掃天階暈，捧日丹宵頌月明。

登長城關望闕　郜光先
河山百二拱京華，制虜安邊據上牙。
紫塞風清閑戰馬，黃河月皎息胡笳。
徹桑未雨金湯計，① 仗劍冲霄星斗斜。
順治威嚴全盛日，五雲深處頌亨嘉。

長城關遠眺　李汶
驅車直上傍煙霞，到處羊腸石徑斜。
遠岫逶迤抱雪谷，翠微陡絕博風沙。
三春不鮮氈裘服，五月始開桃杏花。
狼望龍城近在掬，驚心別是一天涯。

九日飲長城關
倚劍危樓強作歡，河南疆場漢衣冠。
天空乍喜凝眸遠，體健猶懷散步難。
麈柄坐譚人送酒，狼煙猝起客登壇。
窮荒久沒燕然石，壘嶂惟餘山色寒。

〔長城關飲眺四首〕　周光鎬
秋日，同總制李次溪先生長城關飲眺，② 辱示紀事四詩賦荅。
樞府秋臨古朔方，尊前談笑榮封疆。③
傳呼正肅貔劉令，整暇還行燕喜觴。
毳幕霜零沙草白，虎旌風捲塞雲黃。
長驅共說犁庭事，落日雄心滿大荒。

---

① ［校］計：《朔方新志》卷五《詞翰·詩·登長城關望闕》作"壯"。
② ［校］總制：《朔方新志》卷五《詞翰·詩·長城關飲眺四首》作"總督"。
③ ［校］榮：《朔方新志》卷五《詞翰·詩·長城關飲眺》作"策"。

三秦節鎮早知名，上將仍親秉鉞行。
劍珮中朝推舊德，風雲絕塞奉新盟。
初驚檄下旄裘遁，更喜交論縞紵情。
華髮丹心同報主，敢勞宵旰問西征。

文茵玉帳幾追隨，高閣淩秋駐羽麾。
飲御總談司馬法，橐鞬喜屬丈人師。
天清玄闕摧胡壘，地坼黃河遶漢旗。
露布正看題報後，又傳吉甫有新詩。

鎖鑰西陲百二州，高筵獨敞萬峰秋。
營連大漠胡天盡，馬飲長城瀚海流。
此日廟謨申撻伐，古來荒服重懷柔。
涓埃未効慙多負，潦倒歸心付狎鷗。

〔良晤長城關四首〕　劉敏寬

秋日，楊楚璞中丞撫臨，良晤長城關四首。

樓臺矗矗冠層巒，天限華夷樹大觀。
縹緲煙霞隨劍履，橫斜星斗亂旌干。
頻憑駝嶺臨河套，遙帶銀川挹賀蘭。
函谷玉門堪鼎足，金城百二入安瀾。

袤延萬里舊城隍，勝闕重關鎮朔方。
百雉惟嚴誰猾夏，一丸不塞自來王。
弢戈闉外歸胡馬，釃酒天邊享越裳。①
莫訝祖龍勤遠略，中原千古恃金湯。

邊關秋抄迓行驄，②報導祁連早掛弓。
颯颯朔風三窟遠，娟娟涼月萬山空。

---

① ［校］享：《朔方新志》卷五《詞翰·詩·良晤長城關》作"舞"。
② ［校］抄：《朔方新志》卷五《詞翰·詩·良晤長城關》作"杪"。

谭兵樽俎襟期壮，筹国经纶意气同。
警蹕声从云际落，胡儿稽首浪沙中。

千里神交岁月淹，戍楼邂逅一掀髯。
狂澜昔仗中流砥，虐焰今从前箸拈。
登眺晴岚来远岫，献酬瑞霭薄疏帘。
旌旄迸发英风在，自此穷荒作具瞻。

长城关同定宇饮眺和答①　　杨应聘
秋风乘障度晴峦，万里长烟此纵观。
组练新明司马法，旌旄载舞有虞干。
登临感兴思横草，邂逅论交蔼臭兰。
百二河山归锁钥，何忧瀚海起狂澜。

峥嵘壁垒壮城隍，自古雄图道朔方。
德水朝宗开上国，龙沙环向伏明王。②
凭陵宇宙过楼橹，管领华夷羡衮裳。
何幸步趋随指顾，樽前石画总金汤。

元老行边此驻骢，功高竚听赋彤弓。
开轩移月襟怀爽，把酒临风眼界空。
独抱兵机黄石秘，相将王事赤心同。
慇懃借箸筹边意，黠虏原来在目中。

昼接劳谦客座淹，谭兵慷慨对掀髯。
遥天寥落云霞荡，古戍平临烽火拈。
歌入笳声翻塞曲，情深杯酌敞樕帘。

---

①　[校]长城关同定宇饮眺和答：《朔方新志》卷五《词翰·诗》题作《长城关同刘定宇老先生饮眺和答》。另，本诗共4首。

②　[校]明王：《朔方新志》卷五《词翰·诗·长城关同刘定宇老先生饮眺和答》作"名王"。

餘光攜散蘭山色，翹首星辰倍仰瞻。

長城謁鑑翁　司馬　王業
共逐秋風之塞上，謁今司馬舊都臺。
貔貅養銳停宵柝，犬豕聞風遯海隈。
讜論六條驚抗疏，高情幾度載傳杯。
軍中有范邊人倚，只恐廷宣濟世才。

北門關，關去平虜城北八十里，是寧夏北境極邊之地。

平虜北門關記略①　齊之鸞撰
　　自河東黃沙之長城百里，敵臺十八，②廢不能築。③於是三關遂棄，而虜得取徑賀蘭，以侵莊浪、西海。④朝下其議於總督王公瓊。瓊謂副使牛天麟與之鸞："河東西之障烽，遺墟故在也，何名為復？第未有必守之策耳。如可復，亦可失也。"因上議，請於唐朔方軍故址北數里，為深溝高壘，連屬河山。徙堡之無屯種者近之，以助守望，則虜自不能入，可漸恢復。有詔鎮巡官舉行，時之鸞實董其役。由沙湖西至棗溝兒，凡三十五里，皆内墙外塹。為關門二，東曰平虜，中曰鎮北。為二堡，圍里百二十步，徙故威鎮、鎮北軍實之，又徙内堡軍之無屯種者於西隈，為臨山堡。為敵臺四、燧臺八。沙湖東至河五里，漲則澤，竭則壖，虜可竊出，皆為墙，以旁室其間道。於是河山如故，而險塞一新矣。

北城樓元夕落成　周光鎬
巍巍重峙擁飛軒，皎月河山倚塞垣。

---

①［校］平虜北門關記略：《嘉靖寧志》卷一《寧夏總鎮·北路平虜城·邊防》題作《朔方天塹北關門記》。

②［校］敵臺：《嘉靖寧志》卷一《寧夏總鎮·北路平虜城·邊防》作"燧臺"，《朔方新志》卷四《詞翰·文·平虜北門關記略》作"烽臺"。

③［校］廢不能築："廢"，《嘉靖寧志》卷一《寧夏總鎮·北路平虜城·邊防》作"堞廢"。"築"，《嘉靖寧志》卷一《寧夏總鎮·北路平虜城·邊防》、《朔方新志》卷四《詞翰·文·平虜北門關記略》作"守"。

④［校］侵：《朔方新志》卷四《詞翰·文·平虜北門關記略》作"侵軼"。

雪浚水城流影静，風迴火樹吐花繁。
閭閻漸喜生春色，鎖鑰空慚在北門。
拊髀此宵思古將，當筵命騎奪崑崙。

登北城樓漫賦呈王憲副　尹應元
釃酒凭高眼界開，賀蘭千嶂鬱崔嵬。
城頭樹色連沙磧，塞上春風入草萊。
兵罷郊原猶故壘，樓頭歌吹想餘灰。
安危重鎮須公等，薄劣漸非濟世才。

　　赤木口関，口實劇衝，可容千馬。嘉靖十八年，巡撫楊守禮扼險築関①，後廢，止有石砌関墻一道，塹山一道。

赤木隘口記略②　僉憲　孟霦
　　賀蘭山迴斜四百餘里，崗岑嶂崒，為鎮之壁。其蹊徑可馳入者五十餘處，③而赤木口尤易入。歲久関敞，虜得肆志。④總督劉公天和著《安夏錄》，二年漸次修復。惟赤木関不能固，蓋山勢至此散緩，溪口可容百馬，其南低峰仄徑，通虜窟者，不可勝塞。麓有古墻，可蹴而傾也。以其地多礫少泉，故難為工。劉公乃奏請發金四萬。己亥，⑤巡撫楊公守禮至，則循麓抵口，令人徧剖諸崖谷，得壤土故處，且山多團石，可作砌，省斧斲。又去口二十里，金塔墩有四泉，作水車百輛運之。令都指揮呂仲良董其役。比他関為更固，⑥謀及百年，成於一日。⑦視修葺之慎，其望於來者乎？⑧

---

① [校] 関：原作"開"，據文意及下文"关墙"一詞改。
② 參見《嘉靖寧志》卷一《寧夏總鎮·南路邵剛堡·邊防》。
③ [校] 蹊徑：《嘉靖寧志》卷一《五衛》作"谿徑"。
④ [校] 肆志：《朔方新志》卷四《詞翰·文·赤木隘口記略》作"肆寇"。
⑤ 己亥：嘉靖十八年（1539）。
⑥ [校] 更固：《朔方新志》卷四《詞翰·文·赤木隘口記略》作"最固"。
⑦ [校] 一日：《朔方新志》卷四《詞翰·文·赤木隘口記略》作"一旦"。
⑧ [校] 其望：《朔方新志》卷四《詞翰·文·赤木隘口記略》作"其無望"。

登賀蘭修赤木口　楊守禮

曉登赤木口，萬壑怒生風。
良馬猶驚險，衰身欲墮空。
籌邊不計苦，净虜豈言功。
沙裏三杯酒，出山見月東。

入山勞士①

冒暑巡行不憚難，籌邊為國敢偷安？
蚊虻撲面孤臣血，烽火驚心六月寒。
古塞山靈剛送雨，高城雲爽暫停鞍。
君王自有南風調，萬里煙塵一望殘。

山中夜坐

絕塞通胡地，孤臣夜坐時。
閑雲歸岫遠，新月上山遲。
據險重關固，勒名萬里奇。
不湏愁老大，忠孝是男兒。

再登赤木口②

昔年荒落無人跡，此日從容有客来。
為道邊城堪保障，不妨尊酒共徘徊。
夕陽摑鼓明金戟，寒霧衝風拂草萊。
寄語長安諸俊彥，平胡還待濟時才。③

途中口占

庚子十月念七日，摑鼓揚兵入賀蘭。

---

① ［校］勞士：《嘉靖寧志》卷一《赤木隘口記略》作"捞士"。
② ［校］再登赤木口：《嘉靖寧志》卷七《文苑·詩》題作《赤木口》。
③ ［校］濟時：《朔方新志》卷五《詞翰·詩·再登赤木口》作"濟世"。

仙客多情拚我醉，名山有意待人看。①
籌邊喜見重城固，報國羞稱萬戶安。
分付胡兒休作惡，② 霜風烈烈陣雲寒。

和赤木口韻③　孟霦
重關絕壁鬱崔嵬，立馬煙嵐撲面來。
石上壺觴供笑詠，雲間旌旆且徘徊。
龍沙戍卒閑戈戟，鳥道樵歌度草萊。
誰謂禦戎無上策，人將霹靂比公才。

和途中口占④
追隨旌節此遊觀，曉日繁霜滿賀蘭。
沙徑曲穿丹壑入，石巒亭倚白雲看。
恩加藩鎮連營壯，關阻天驕絕塞安。
喜見干戈作歌舞，邀賓載酒犯隆寒。

赤木口勞軍贈傅遊戎
攜醪尋上將，駐馬對群峰。
虎帳依沙磧，龍泉挂古松。
獨營關塞險，應息戍樓烽。
勖尔平胡志，終期定遠封。

入口犒軍
出塞橫雙戟，⑤ 驅兵仗虎臣。
蘭山含積雪，五月未知春。

---

① ［校］有意：《嘉靖寧志》卷七《文苑・詩》作"無主"。
② ［校］休：《嘉靖寧志》卷七《文苑・詩》、《朔方新志》卷五《詞翰・詩・途中口占》作"莫"。
③ ［校］和赤木口韻：《嘉靖寧志》卷七《文苑・詩》題作《奉和赤木口》，《朔方新志》卷五《詞翰・詩》題作《和赤木口》。
④ ［校］和途中口占：《嘉靖寧志》卷七《文苑・詩》題作《奉和途中口占》。
⑤ ［校］雙戟：《嘉靖寧志》卷一《關隘》作"霜戟"。

鐵馬衝風疾，雲旗耀日新。
登高眺朔漠，萬里絕胡塵。

和赤木口① 潘九齡
不因築塞驅胡遠，安得今朝策馬来。②
深幸有緣陪眺望，敢辞多病倦遲徊。
風喧鼓角驚沙鳥，雲擁旌旄度嶺来。③
千里平原盡樵牧，中丞原是不凡才。

和途中口占
范老提兵遙出塞，偶隨旌節到西蘭。
風前野鹿將群避，谷口寒花帶笑看。
百堵當關千仞險，一勞為國萬年安。
懸知此後烽煙息，共說旃裘膽已寒。

和途中口占④ 張炘
用世才高剸萬難，奇功不羨破樓蘭。
辞章鸚鵡賦中律，名姓麒麟閣上看。
人於赤舄歌姬旦，天為蒼生起謝安。
西邊正得韓公力，點虜聞名膽自寒。

勝金關，在中衛東六十里，山河相逼，一線之路，以通往来。一夫扼之，萬夫莫過，誠衛之吭也。弘治六年，參將韓玉築，謂其過於金陡潼關，⑤故名。

---

① 《朔方新志》卷五《詞翰·詩·和赤木口二律》包括《和赤木口》和下一首《和途中口占》。[校] 和赤木口：《嘉靖寧志》卷七《文苑·詩》題作《奉和赤木口》。
② [校] 策：原作"榮"，據《朔方新志》卷五《詞翰·詩·和赤木口二律》改。
③ [校] 来：《嘉靖寧志》卷七《文苑·詩》、《朔方新志》卷五《詞翰·詩·和赤木口二律》作"萊"。
④ [校] 和途中口占：《嘉靖寧志》卷七《文苑·詩》題作《奉和途中口占》。
⑤ [校] 潼：此字原脫，據《朔方新志》卷二《外威·關隘》補。

北路隘口十有七：滾鐘、黃硤、水吉、鎮北、白寺①、宿嵬、賀蘭、新開、塔硤、西番、大水、小水、汝箕、小風、大風、歸德、打磴。

巡邊望白寺口　羅鳳翱
午夏翻旌蓋，閱闠到水西。
沙城連塞草，龍刹映晴霓。
亙地層巒障，參天喬木齊。
從來形勝具，胡馬望中迷。

拜寺口②　安塞王　樗寮
風前臨眺豁吟眸，萬馬騰驤勢轉悠。
戈甲氣消山色在，③綺羅人去輦痕留。
文殊有殿存遺址，拜寺無僧說舊遊。④
紫塞正憐同罨畫，可堪回首暮雲稠。

入打磴口　楊守禮
打磴古塞黃塵合，疋馬登臨亦壯哉。
雲逗旌旗春草淡，風清鼓吹野煙開。
山川設險何年廢，文武提兵今日來。
收拾邊疆歸一統，憨無韓范濟時才。

宿平羌堡
駐節平羌堡，殘霞入照多。
寒煙浮土屋，衰草藉山阿。⑤

---

①　[校] 白寺：《弘治寧志》、《嘉靖寧志》卷一《寧夏總鎮·關隘》均未載"白寺"，疑當作"拜寺"。
②　[校] 拜寺口：《弘治寧志》卷八《雜詠類》題作《蘭山懷古》。
③　[校] 消：《嘉靖寧志》卷一《關隘》作"銷"。
④　[校] 說：《弘治寧志》卷八《雜詠類·蘭山懷古》作"話"。
⑤　[校] 山阿：此同《嘉靖寧志》卷七《文苑·詩·宿平羌堡》，《朔方新志》卷五《詞翰·詩·宿平羌堡》作"山河"。

立馬傳新令，① 張燈奏凱歌。
明朝應出塞，鼙鼓萬聲和。

和前韻② 潘九齡
野色寒猶淺，煙花暮漸多。③
孤雲飛樹杪，斜日下城阿。
馬首敲佳句，尊前聽雅歌。
山村無夜警，地利更人和。

和前韻④
山城屯虎旅，日暮覺寒多。
荒草連河浦，驚沙暗岫阿。
遙臨百戰地，坐對一罇歌。
虜已寒心膽，橫戈未許和。

和前韻 劉思唐
十月胡霜滿，邊聲出塞多。
旌旗明夕照，笳鼓振巖阿。
已見三軍飽，仍聞一范歌。
行當靖沙漠，羌虜莫言和。

南路隘口十：哈剌木、材泉、雙山南、磨石、獨樹兒、赤木、硤口、雙山、⑤ 靈武、金塔。
西路隘口四：黑山嘴、觀音寺、大佛寺、黃沙。
中衛營墩，九一百有四。

---

① ［校］傳：此字原脫，據《朔方新志》卷五《詞翰·詩·宿平羌堡》補。
② 潘九齡、孟霦、劉思唐《和前韻》均指和《宿平羌堡》，《嘉靖寧志》卷七《文苑·詩》題作《奉和宿平羌堡》。
③ ［校］煙花：《嘉靖寧志》卷七《文苑·詩》作"煙光"。
④ 《朔方新志》卷五《詞翰·詩·和前韻》載此詩作者為孟霦。
⑤ ［校］雙山：《弘治寧志》、《嘉靖寧志》卷一《寧夏總鎮·關隘》均未載"雙山"，前有"雙山南"，疑當作"雙山北"。

廣武營墩，凡五十有九。

玉泉營墩，凡一百有一。

平虜營墩，凡八十有四。

洪武營墩，凡七十有九。

靈州營墩，凡一百一十有三。

興武營墩，凡一十有六。

花馬池營墩，凡四十。

災　異

洪武初，都督馬鑑宅所蓄兔鶻忽生一卵，訪於老者曰："此不祥也，城其空乎？"後詔徙寧夏民於長安，城遂空。

洪武間，指揮徐保廊出兵河套，地名梧桐樹。一日午間，有大星墜於河中，① 火發，延及岸上，營中軍有被傷者。後徐氏父子以事誅。

永樂時，柳安遠守寧夏，南門壕邊柳樹無故自焚，後安遠有南征之禍。

磁窰東南一鹻水池，俗呼"龍王潭"，永樂間，牧馬土人見水上一蛇，人首面赤，乃擲以牛屎，中，遂不見，後其家亡滅。

正統十二年，靈州土人撒的家產一馬，白色捲毛，② 類龍鱗，長喙短尾，跳躍高一二丈，夜行則火光見。

成化二十年，靈州土官某家馬生雙駒，豕生數子，一子宛如象；羊生一羔八足，後其家敗亡。

成化間，③ 六月蝗作，頭面皆淡金色，頂有冠子，肩背翅紫色，如鶴氅，禾稼殆盡，是歲大饑，人多掘地藜子充食。

成化二十二年，衛學生胡璉家黑豕變白，人咸為凶，胡獨曰："此善變者。"殺而為牲。是年，其子汝礪領鄉薦，明年，成進士。

嘉靖四十年六月，地震，城堞、官署、民房多毀，自是月餘屢動。

萬曆二十五年二月初三日，平虜所烈風大作，頃之，參將廳脊、城門

---

① ［校］大星："星"字原脫，據《朔方新志》卷三《祥異》補。
② ［校］捲毛：原作"捲馬"，據《朔方新志》卷三《祥異》改。
③ 《朔方新志》卷三《祥異》載在成化二十年（1484）六月。

楼脊，瓦獸吻內生火，經時方息。

萬曆三十六年三月初三日，正東天鼓晝鳴如雷，八月十五日巳刻，地震有聲，廣武營官廨邊墻，石空等墻堞盡搖覆。

萬曆四十三年六月二十五日，地震，從西北往東南有聲，洪廣營搖倒，城西面月城十三丈、尖塔墩北面月城七丈。十二月二十三日，兩河同時地震，移時方住。大壩、廣武、棗園等堡城垜、墩臺、房屋，俱搖傾。

此災異之見於前□者，從舊志採錄。本朝自順治至雍正年間，雖屢地震，無從細考。乾隆三年，震災冣重，備書於後。

寧夏地震，每歲小動，民習為常。大約冬春二季居多，如井水忽渾濁，砲聲散長，群犬□吠，即防此患。至若秋多雨水，冬時未有不震者。乾隆三年十二月二十四日地大震，數百年來，震災莫甚於此。甲戌夏，余赴舘，寧夏署中有劉姓老火夫并二三故老，遇難幸免，備述是夜更初，太守方晏客，地忽震，有聲在地下如雷，來自西北往東南，地搖蕩掀簸，衙署即傾倒。太守顧爾昌，蘇州人，全家死焉。寧地苦寒，冬夜家設火盆，屋倒火燃，城中如晝。地多裂，湧出黑水，高丈餘。是夜，動不止，城堞、官廨、屋宇，無不盡倒。震後繼以水火，民死傷十之八九，積屍徧野。暴風作，數十里盡成冰海。寧夏前稱"小南京"，所謂"塞上江南"也。民饒富，石坊極多，民屋櫛比無隙地，百貨俱集，貿易冣盛。自震後，武臣府第，如趙府、馬府，俱不存，地多閒曠，非復向時饒洽之象。

參考文獻

一　古代文獻

（一）陝甘寧舊志

《陝西通志》：（明）馬理、呂柟等纂，華東師範大學圖書館藏明嘉靖二十一年（1542）刻本；三秦出版社2006年版董健橋等校注本。簡稱《嘉靖陝志》。

《陝西通志》：（清）賈漢復、李楷等纂，中國國家圖書館藏清康熙六至七年（1667—1668）刻本。簡稱《康熙陝志》。

《甘肅通志》：（清）許容等修撰，中國國家圖書館藏乾隆元年（1736）刻本。簡稱《乾隆甘志》。

《寧夏志》：（明）朱栴撰，日本國立國會圖書館藏明萬曆二十九年（1601）重刻本；寧夏人民出版社1996年版吳忠禮箋證本；中國社會科學出版社2015年版胡玉冰、孫瑜校注本。簡稱《正統寧志》。

《弘治寧夏新志》：（明）胡汝礪撰，《天一閣藏明代方志選刊續編》影印明朝弘治刻本，上海書店1990年版；寧夏人民出版社2010年版范宗興整理本；中國社會科學出版社2015年版胡玉冰、曹陽校注本。簡稱《弘治寧志》。

《嘉靖寧夏新志》：（明）管律等修，《天一閣藏明代方志選刊》影印明嘉靖刻本，上海古籍書店1961年版；寧夏人民出版社1982年版陳明猷校勘本；中國社會科學出版社2015年版邵敏校注本。簡稱《嘉靖寧志》。

《萬曆朔方新志》：（明）楊壽等編，《故宮珍本叢刊》影印明萬曆刻本，海南出版社2001年版；《寧夏歷代方志萃編》影印明萬曆刻本，天津古籍出版社1988年版；中國社會科學出版社2015年版胡玉冰校注本。簡稱《朔方新志》。

《銀川小志》：（清）汪繹辰纂，南京圖書館藏乾隆二十年（1755）稿本；寧夏人民出版社 2000 年版張鐘和、許懷然點校本。

《寧夏府志》：中國國家圖書館藏乾隆四十五年（1780）刻本；寧夏人民出版社 1992 年版陳明猷整理本；中國社會科學出版社 2015 年版胡玉冰、韓超校注本。

（二）經部

《周易正義》：（晉）王弼等注，（唐）孔穎達等正義，北京大學出版社 2000 年版。

《禮記正義》：（漢）鄭玄注，（唐）孔穎達等正義，北京大學出版社 2000 年版。

（三）史部

《史記》：（漢）司馬遷撰，中華書局 2013 年版。

《漢書》：（漢）班固撰，中華書局 1962 年版。

《後漢書》：（南朝宋）范曄撰，中華書局 1965 年版。

《晉書》：（唐）房玄齡等撰，中華書局 1974 年版。

《魏書》：（北齊）魏收撰，中華書局 1974 年版。

《隋書》：（唐）魏徵等撰，中華書局 1973 年版。

《北史》：（唐）李延壽撰，中華書局 1974 年版。

《舊唐書》：（後晉）劉昫等撰，中華書局 1975 年版。

《新唐書》：（宋）歐陽修、宋祁撰，中華書局 1975 年版。

《舊五代史》：（宋）薛居正等撰，中華書局 1976 年版。

《新五代史》：（宋）歐陽修撰，徐無黨注，中華書局 1974 年版。

《宋史》：（元）脫脫等撰，中華書局 1977 年版。

《遼史》：（元）脫脫等撰，中華書局 1974 年版。

《金史》：（元）脫脫等撰，中華書局 1975 年版。

《元史》：（明）宋濂等撰，中華書局 1976 年版。

《明史》：（清）張廷玉等撰，中華書局 1974 年版。

《清史稿》：趙爾巽等撰，中華書局 1977 年版。

《資治通鑒》：（宋）司馬光編著，中華書局 1956 年版。

《續資治通鑒長編》：（宋）李燾撰，中華書局 2004 年第 2 版。簡稱《長編》。

《九朝編年備要》：（宋）陳均撰，影印文淵閣《四庫全書》本，（臺北）商務印書館1986年版。

《通鑒紀事本末》：（宋）袁樞撰，中華書局1965年版。

《宋史紀事本末》：（明）陳邦瞻撰，中華書局1977年版。

《鴻猷錄》：（明）高岱撰，孫正容、單錦珩點校，上海古籍出版社1992年版。

《明史紀事本末》：（清）谷應泰撰，中華書局1997年版。

《隆平集》：（宋）曾鞏撰，影印文淵閣《四庫全書》本，（臺北）商務印書館1986年版。

《通志》：（宋）鄭樵撰，浙江古籍出版社2000年版。

《東都事略》：（宋）王稱撰，影印文淵閣《四庫全書》本，（臺北）商務印書館1986年版。

《明實錄》：臺灣"中央研究院"歷史語言研究所校印，1962年版。

《清實錄》：中華書局1985年版。

《弇山堂別集》：（明）王世貞撰，影印文淵閣《四庫全書》本，（臺北）商務印書館1986年版。

《宋大詔令集》：中華書局1962年版。

《慶土壙志》：寧夏博物館藏。

《明清歷科進士題名碑錄》：（清）李周望撰，影印美國夏威夷大學藏清刻本，（臺北）華文書局1969年版。

《清史列傳》：王鍾翰點校，中華書局1987年版。

《東林列傳》：（清）陈鼎撰，影印文淵閣《四庫全書》本，（臺北）商務印書館1986年版。

《元和郡縣圖志》：（唐）李吉甫撰，賀次君點校，中華書局1983年版。

《太平寰宇記》：（宋）樂史撰，王文楚等點校，中華書局2007年版。

《元豐九域志》：（宋）王存撰，王文楚、魏嵩山點校，中華書局1984年版。

《輿地廣記》：（宋）歐陽忞撰，李勇先、王小紅校注，四川大學出版社2003年版。

《大明一統志》：（明）李賢等撰，影印明天順監刻本，三秦出版社1990年版。

《大清一統志》：影印文淵閣《四庫全書》本，（臺北）商務印書館1986年版。

《增訂廣輿圖》：（明）陸應暘撰，（清）蔡方炳增訂，日本早稻田大學藏康熙二十五年（1686）刻本。

《明集禮》：影印文淵閣《四庫全書》本，（臺北）商務印書館1986年版。

《讀史方輿紀要》：（清）顧祖禹撰，賀次君、施和金點校，中華書局2005年版。

《水經注校證》：（北魏）酈道元注，陳橋驛校證，中華書局2007年版。

《唐會要》：（宋）王溥撰，中華書局1955年版；影印文淵閣《四庫全書》本，（臺北）商務印書館1986年版。

《四庫全書總目》：（清）永瑢等撰，中華書局1965年版。

（四）子部

《容齋隨筆》：（宋）洪邁著，上海古籍出版社1978年版。

《真珠船》：（明）胡侍撰，《四庫未收書輯刊》影印本，羅琳主編，北京出版社2000年版。

《近事會元》：（宋）李上交撰，影印文淵閣《四庫全書》本，（臺北）商務印書館1986年版。

《東原錄》：（宋）龔鼎臣撰，《叢書集成初編》據《藝海珠塵》本排印，中華書局1985年版。

《新校正夢溪筆談》：（宋）沈括撰，胡道靜校注，中華書局1957年版。

《夢溪筆談》：（宋）沈括撰，金良年整理，上海書店出版社2003年版。

《東坡志林》：（宋）蘇軾撰，影印文淵閣《四庫全書》本，（臺北）商務印書館1986年版。

《東坡志林·仇池筆記》：（宋）蘇軾撰，華東師範大學古籍所點校，華東師範大學出版社1983年版。

《類說》：（宋）曾慥輯，《北京圖書館古籍珍本叢刊》據明天啓六年（1626）岳鍾秀刻本影印，書目文獻出版社1988年版。

《自警編》：（宋）趙善璙撰，影印文淵閣《四庫全書》本，（臺北）商務印書館1986年版。

《太平御覽》：（宋）李昉等修撰，夏劍欽等校點，河北教育出版社1994年版。

《冊府元龜》：（宋）王欽若等撰，中華書局1960年版。

《涑水記聞》：（宋）司馬光撰，鄧廣銘、張希清點校，中華書局1989年版。

《桯史》：（宋）岳珂撰，吳企明點校，中華書局1981年版。

（五）集部

《王維集校注》：（唐）王維撰，陳鐵民校注，中華書局1997年版。

《王右丞集箋注》：（唐）王維撰，（清）趙殿成箋注，上海古籍出版社2007年版。

《皇甫冉詩集》：（唐）皇甫冉撰，《四部叢刊三編》影印常熟瞿氏鐵琴銅劍樓藏明刊本，商務印書館1936年版。

《張司業集》：（唐）張籍著，影印文淵閣《四庫全書》本，（臺北）商務印書館1986年版。

《張籍詩集》：（唐）張籍著，中華書局1960年版。

《李遐叔文集》：（唐）李華撰，影印文淵閣《四庫全書》本，（臺北）商務印書館1986年版。

《權載之文集》：（唐）權德輿撰，《四部叢刊初編》影印清大興朱氏刊本，商務印書館1929年版。

《呂衡州集》：（唐）呂溫撰，影印文淵閣《四庫全書》本，（臺北）商務印書館1986年版。

《長江集新校》：（唐）賈島撰，李嘉言新校，上海古籍出版社1983年版。

《賈島集箋注》：（唐）賈島撰，黃鵬箋注，巴蜀書社2002年版。

《畫墁集》：（宋）張舜民撰，清知不足齋刻本。

《華陽集》：（宋）王珪撰，影印文淵閣《四庫全書》本，（臺北）商務印書館1986年版。

《道園學古錄》：（元）虞集撰，《四部叢刊初編》影印明景泰覆元小字本，商務印書館1929年版。

《玩齋集》：（元）貢泰父撰，影印文淵閣《四庫全書》本，（臺北）商務印書館1986年版。

《空同集》：（明）李夢陽撰，影印文淵閣《四庫全書》本，（臺北）商務印書館1986年版。

《文苑英華》：（宋）李昉等編，中華書局1966年版。

《唐文粹》：（宋）姚鉉編，影印文淵閣《四庫全書》本，（臺北）商務印書館 1986 年版。
《宋文鑒》：（宋）呂祖謙撰，齊治平點校，中華書局 1992 年版。
《唐百家詩選》：舊題（宋）王安石編，影印《四庫全書》本，（臺北）商務印書館 1986 年版。
《樂府詩集》：（宋）郭茂倩編撰，中華書局 1979 年版。
《唐詩鼓吹》：不著撰人，影印文淵閣《四庫全書》本，（臺北）商務印書館 1986 年版。
《唐詩品彙》：（明）高棅編，影印文淵閣《四庫全書》本，（臺北）商務印書館 1986 年版。
《石倉歷代詩選》：（明）曹學佺編，影印文淵閣《四庫全書》本，（臺北）商務印書館 1986 年版。
《四六法海》：（明）王志堅編，影印文淵閣《四庫全書》本，（臺北）商務印書館 1986 年版。
《全唐詩》：（清）彭定求等編，中華書局 1960 年版。
《唐詩紀事》：（宋）計有功編，《四部叢刊初編》影印嘉靖間洪氏刊本，商務印書館 1929 年版。
《苕溪漁隱叢話》：（宋）胡仔纂集，廖德明校點，人民文學出版社 1962 年版。
《詩人玉屑》：（宋）魏慶之編，上海古籍出版社 1959 年版。
《明詩綜》：（清）朱彝尊輯錄，中華書局 2007 年版。
《御定歷代題畫詩類》：（清）陳邦彥編校，影印文淵閣《四庫全書》本，（臺北）商務印書館 1986 年版。

二　現當代文獻

（一）著作

《隴右方志錄》：張維編，《中國西北文獻叢書》據北平大北印刷局 1934 年版影印，蘭州古籍書店 1990 年版。
《寧夏方志述略》：高樹榆等編著，吉林省圖書館學會 1985 年內部發行。
《中國地方志聯合目錄》：中國科學院北京天文臺編，中華書局 1985 年版。

《中國地方志總目提要》：金恩暉、胡述兆編，（臺北）漢美圖書有限公司 1996 年版。

《明代文物和長城》：鍾侃撰，寧夏人民出版社 1980 年版。

《周易古經今注》（重訂本）：高亨著，中華書局 1984 年版。

《〈清實錄〉寧夏資料輯錄》：吳忠禮、楊新才主編，寧夏人民出版社 1986 年版。

《中國藏書家考略》：楊立誠、金步瀛合編，上海古籍出版社 1987 年版。

《明清進士題名碑錄索引》：朱保炯、謝沛霖著，上海古籍出版社 1989 年版。

《寧夏歷史地理考》：魯人勇等編著，寧夏人民出版社 1993 年版。

《傳統典籍中漢文西夏文獻研究》：胡玉冰著，中國社會科學出版社 2007 年版。

《寧夏歷代碑刻集》：銀川美術館編，寧夏人民出版社 2007 年版。

《寧夏歷史地理變遷》：吳忠禮、魯人勇、吳曉紅著，寧夏人民出版社 2008 年版。

《方志與寧夏》：范宗興等著，寧夏人民出版社 2008 年版。

《寧夏地方志研究》：胡玉冰著，中國社會科學出版社 2012 年版。

（二）論文

《寧夏同心縣出土明慶王壙志》：牛達生撰，《考古與文物》1981 年第 4 期。

《〈慶王壙志〉與朱棣"靖難之變"》：牛達生撰，《人文雜志》1981 年第 6 期。

《〈銀川小志〉初探》：趙志堅撰，《寧夏圖書館通訊》1982 年第 3 期。

《淺談〈銀川小志〉》：郭曉明撰，《銀川市志通訊》1986 年第 3 期。

《明太祖皇子朱㮵的名次問題》：任昉撰，《中原文物》1986 年第 4 期。

《簡談〈銀川小志〉》：李洪圖撰，《寧夏史志研究》1987 年第 2 期。

《明代王陵區出土三盒墓志疏證》：許成、吳峰雲撰，《寧夏文史》1987 年第 4 期。

《千年古城一春秋——〈銀川小志〉簡介》：張鐘和撰，《寧夏史志研究》2000 年第 1 期。

《內蒙古烏審旗發現的五代至北宋夏州拓拔部李氏家族墓志銘考釋》：鄧

輝、白慶元撰,《唐研究》2002年第8卷,北京大學出版社2002年版。
《西夏紀年綜考》:李華瑞撰,《國家圖書館學刊》2002年增刊《西夏研究專號》。
《〈乾隆銀川小志〉述評》:陳健玲撰,《寧夏社會科學》2003年第6期。